Heiko Flottau

Die Eiserne Mauer

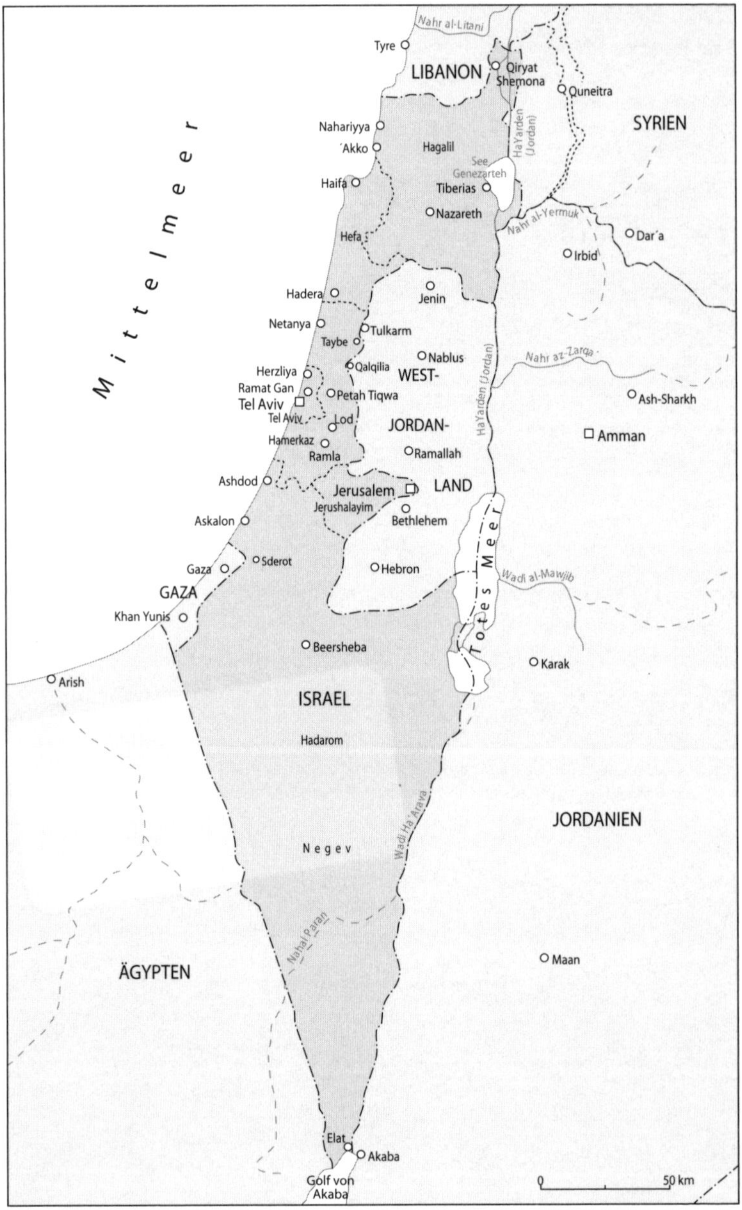

Nahr al-Litani
Tyre
LIBANON
Qiryat Shemona
Quneitra
SYRIEN
HaYarden (Jordan)
Nahariyya
´Akko
Hagalil
See Genezarteh
Haifa
Tiberias
Nazareth
Nahr al-Yermuk
Dar´a
Hefa
Irbid
Mittelmeer
Hadera
Jenin
Netanya
Tulkarm
Taybe
Qalqilia
Nablus
Nahr az-Zarqa
Herzliya
Ramat Gan
Tel Aviv
Petah Tiqwa
WEST-
JORDAN-
LAND
Ash-Sharkh
Tel Aviv
Lod
Amman
Hamerkaz
Ramla
Ramallah
Ashdod
Jerusalem
Jerushalayim
Bethlehem
Askalon
Totes Meer
Sderot
Gaza
Hebron
Wadi al-Mawjib
GAZA
Khan Yunis
Beersheba
Karak
Arish
ISRAEL
Hadarom
Wadi Ha´Arava
JORDANIEN
Negev
Nahal Paran
ÄGYPTEN
Maan
Elat
Akaba
Golf von Akaba
0
50 km

Heiko Flottau

Die Eiserne Mauer

Palästinenser und Israelis in einem zerrissenen Land

Ch. Links Verlag, Berlin

Meinen Eltern, die mich nach 1945 lehrten,
dass Unterdrückung und Krieg nur wieder
Unterdrückung und Krieg hervorbringen.

Die **Deutsche Nationalbibliothek** verzeichnet
diese Publikation in der Deutschen Nationalbibliografie;
detaillierte bibliografische Daten sind im Internet über
http://dnb.d-nb.de abrufbar.

1. Auflage, März 2009

Schönhauser Allee 36, 10435 Berlin, Tel.: (030) 44 02 32-0
Internet: www.linksverlag.de; mail@linksverlag.de
Umschlaggestaltung: KahaneDesign, Berlin, unter Verwendung
eines Fotos von der Mauer in Abu Dis, östlich von Jerusalem,
August 2005 (picture-alliance/dpa; epa/Atef Safadi) und des Grenzzauns
bei Tulkarem, Oktober 2003 (picture-alliance/dpa; epa/Wolberg)
Karten: Matthias Balg, Marktredwitz
Satz: typegerecht, Berlin
Druck und Bindung: Druckerei F. Pustet, Regensburg

ISBN 978-3-86153-515-7

Inhalt

Vorwort

Zu viele Menschen außerhalb des Staates Israel haben Angst, Aspekte des Judaismus in einer kritischen Weise zu betrachten – weil sie fürchten, als Antisemiten beschuldigt zu werden. Die Situation innerhalb des Staates Israel ist anders. Negative Kritik des Judaismus ist sehr häufig in der israelischen, hebräischsprachigen Presse. Würde man das übersetzen und im Ausland veröffentlichen, würde man einen großen Teil dieser Kritik als antisemitisch einordnen.

Norton Mezvinsky, Professor für Geschichte an der Central Connecticut State University, USA

Als ich im Jahre 1996 zum zweiten Mal für die *Süddeutsche Zeitung* und die *Basler Zeitung* Nahostkorrespondent mit Sitz in Kairo wurde, hatte ich die vage Hoffnung, eines Tages über die Gründung eines kleinen palästinensischen Staates berichten zu können. Die Verträge von Oslo, in denen Palästinenser und Israelis unter Vermittlung Norwegens ab 1993 versucht hatten, ihren jahrzehntelangen Disput zu beenden, lagen erst drei Jahre zurück. Davor hatte es 1991 die Friedenskonferenz von Madrid gegeben, auf der, so hatten es wenigstens die Palästinenser verstanden, Israel zugestimmt hatte, das von ihm 1967 besetzte Land zu räumen und dafür die volle Anerkennung der arabischen Welt zu bekommen. Nun, 1996, standen Verhandlungen über den »Endstatus«, über die endgültige Regelung der Beziehungen zwischen beiden Völkern bevor. Jedenfalls war das im Vertragswerk so vorgesehen. Und die Mehrheit der Palästinenser setzte große Erwartungen in diese Gespräche. Ein Prozess, der den Namen »Friedensprozess« tatsächlich verdiente, schien in Gang gekommen zu sein.

Heute, dreizehn Jahre später, von Ernüchterung zu sprechen, wäre eine schnöde Untertreibung. Die von Jassir Arafat ausdrücklich angestrebte Zwei-Staaten-Lösung ist unmöglich geworden. Denn nach den Verträgen von Oslo hat Israel die Kolonisierung des Westjordanlandes intensiviert. In diesem von israelischen Siedlungen zerstückelten und von Siedlerstraßen zerfurchten Gebiet ist die Etablierung eines funktionierenden Staates unmöglich. Der arabische Teil Jerusalems wurde von einem israelischen Neubaugürtel auf palästinensischem Land umgeben. Und: Mauer und Trennzaun, die in Oslo nicht einmal in den allerschlimmsten politischen Szenarien denkbar waren, sind grausame und grauenhafte Wirklichkeit geworden. Auf der anderen Seite hat die Hamas mit ihren perfiden Attentaten auf israelische Bürger und ihren Raketenangriffen auf südisraelische Städte vielen Juden abermals das Gefühl gegeben, sie sollten vernichtet werden. Diese Kriegsstrategie hat dazu beigetragen, dass Israel im Jahr 2002 vorher geräumte palästinensische Gebiete wieder besetzte und eine riesige Mauer errichtete sowie im Dezember 2008 und im Januar 2009 Gaza militärisch attackierte. Die Bildung eines funktionierenden palästinensischen Staates ist ferner denn je.

Die große Mehrheit der Quellen, die auf den folgenden Seiten benutzt und zitiert werden, sind Werke israelischer bzw. jüdischer Autoren. Es gibt eine Reihe israelischer Wissenschaftler, Schriftsteller und Journalisten, welche die Politik ihres Landes gegenüber den Palästinensern durchaus kritisch behandeln. Auch eine Reihe von Organisationen fordert eine neue Politik Israels – etwa die Menschenrechts- und Friedensbewegung B'Tselem, die unabhängige Nachrichtenagentur *News from Within* und die von israelischen Frauen ins Leben gerufene Gruppe Checkpoint Watch, welche die Schikanierung palästinensischer Zivilisten durch israelische Soldaten an den etwa 560 im Westjordanland errichteten Kontrollposten protokolliert. Eine der Forderungen, welche diese kritischen Beobachter stellen, lautet: Gleiche Rechte für die Palästinenser – für jene in Israel und jene in den seit nunmehr 42 Jahren besetzten palästinensischen Gebieten. Denn Israel könne auf Dauer kein demokratischer Staat bleiben, wenn Freiheit und Gleichberechtigung nicht für alle seine Bürger Gültigkeit hätten und wenn die Palästinenser außerhalb der Staatsgrenzen weiterhin unter einem kolonialen Regime leiden müssten. Schließlich argumentieren diese Autoren, dass das Schicksal von Israelis und Palästinensern so eng miteinander verknüpft sei, dass das Verderben des einen das des anderen in sich berge.

Geht man auf den Ursprung des Konfliktes zurück, so haben beide Seiten gute Argumente für sich. Die in Europa verfolgten Juden suchten dringend einen Staat. Doch die Palästinenser fragen sich bis heute, warum sie mit der Herausgabe ihres Landes für den europäischen Sündenfall des Antisemitismus und vor allem für den Holocaust büßen sollen. So herrscht seit langem, genauer gesagt seit den ersten Jahrzehnten des 20. Jahrhunderts, Krieg zwischen beiden Parteien, mal offen, mal verdeckt. Im schwarzen Loch dieses Konfliktes, vor allem aber während des Krieges um Gaza Anfang 2009, sind inzwischen alle Friedenshoffnungen untergegangen. Wer erinnert sich etwa noch daran, dass der Nahe Osten vermutlich jene Region auf der Welt ist, in welche die meisten Friedensnobelpreise verliehen worden sind? Menachem Begin und Anwar As Sadat erhielten ihn für das ägyptisch-israelische Friedensabkommen von Camp David im Jahre 1978. Und Jassir Arafat, von Ariel Scharon später als Friedensfeind bezeichnet, Shimon Peres und Yitzhak Rabin bekamen die Auszeichnung 1994 für das in Oslo geschlossene Abkommen zwischen der PLO und Israel.

Dieses Buch versucht – auch durch einen Blick auf die heute kaum noch bekannten Ereignisse in der ersten Hälfte des 20. Jahrhunderts – den Konflikt von seinen Anfängen aufzurollen. Besondere Aufmerksamkeit gilt der Siedlerbewegung, welche, folgt man den Argumenten des ehemaligen Knessetsprechers Avraham Burg, die israelische Politik praktisch als Geisel genommen habe und so eine Friedenslösung so gut wie unmöglich mache.

Dank

Durch eigene, früher erschienene Beiträge und durch Artikel von Kollegen und Freunden sollen die jeweils in einem Kapitel behandelten Themen aktuell untermauert werden. Dank gebührt daher der *Basler Zeitung* für die Überlassung eines Interviews mit Avraham Burg und dem *Zürcher Tagesanzeiger* für die Erlaubnis zum Abdruck eines Beitrages ihrer Nahostkorrespondentin Astrid Frefel. Dr. Adel Yahya (Ramallah) und Jamal Juma (Al-Ram bei Ramallah) haben sich freundlicherweise bereit erklärt, über den Verlauf der Mauer in Qalqilia bzw. zwischen Jerusalem und Bethlehem zu berichten. Issa Sarras (Ramallah) ist für einen Artikel wider die Strategie der Selbstmordattentate zu danken. Erschütternd, aber leider der Realität entsprechend, ist der persönliche Erlebnisbericht des Arztes Dr. Mahmud Mustafa, der von seinem Studien- und Arbeitsort in Deutschland in seine Heimatstadt Qalqilia zurückkehrte, dort seinen Landsleuten medizinisch helfen wollte und resigniert aufgab, weil die durch den Bau der Mauer geschaffene Situation eine gewissenhafte Ausübung des Arztberufes unmöglich macht. Auf Wunsch von Dr. Mustafa wird sein wahrer Name hier nicht genannt.

Dank ebenfalls an den niederländischen Kollegen Joris Luyendijk, einst Korrespondent der Tageszeitung *NRC Handelsblad* in Nahost. Er steuert seinen deprimierenden Bericht über jene Israelis bei, die nach palästinensischen Selbstmordattentaten die Reste ihrer Mitbürger buchstäblich von der Straße kratzen und verstreute Körperteile aufsammeln und zusammensetzen müssen, um eine würdevolle Beerdigung zu ermöglichen. Und schließlich gebührt Anerkennung dem auf den folgenden Seiten mehrmals zitierten Ha'aretz-Journalisten Gideon Levy, dessen Beiträge über die Politik seines Landes gegenüber den Palästinensern seit Jahren eine informative Lektüre darstellen, wie auch der Redaktion für die Genehmigung zum Abdruck des Meinungsbeitrages von Moshe Ahrens zu danken ist. Dass die israelische Journalistin Amira Hass viele Jahre in Gaza und Ramallah wohnt und über das Schicksal der Palästinenser berichtet, ist auch in Deutschland bekannt, soll aber hier noch einmal ausdrücklich erwähnt werden.

Kairo, im Januar 2009 *Heiko Flottau*

Einleitung

»Die Mauern zwischen Rassen und Stämmen, zwischen Eingeborenen und Einwanderern, zwischen Christen und Muslimen und Juden haben keinen Bestand. Diese Mauern müssen wir einreißen.«
Barack Obama im Juli 2008 in Berlin

»Eine Mauer ist eine Katastrophe und bringt nur immer neue Mauern hervor.«
David Grossman, israelischer Schriftsteller, 2008

»Wer die Palästinenser als politisches Subjekt zerstört, zerstört auch Israel.«
Baruch Kimmerling, jüdischer Soziologe und Autor, gestorben 2007

Zwanzig Jahre nach dem Fall der Berliner Mauer schirmen sich erneut Staaten durch umfangreiche Befestigungswälle von ihren Nachbarn ab. Die USA des George W. Bush begannen an ihrer Südgrenze mit dem Bau eines Hunderte von Kilometern langen Sperrzaunes, um sich vor mexikanischen Einwanderern und vor Drogenhändlern zu schützen. Kuwait hat noch immer Angst vor dem Irak und denkt daran, zwischen beiden arabischen Bruderstaaten die Grenze militärisch entsprechend zu sichern. Und Israel baut seit 2002 zwischen sich und den Palästinensern eine über 700 Kilometer lange Befestigungsanlage. Die israelische Regierung sagt offiziell, es gehe ihr um die Sicherheit ihrer Bürger, denn dadurch werde das Eindringen von Selbstmordattentätern verhindert. Mitglieder der Regierung gestehen aber auch ein, dass Mauer und Zaun ein Mittel der israelischen Politik seien, um die Gründung eines palästinensischen Staates zu verhindern.

Palästinenser klagen, die Mauer nehme ihnen ihr bestes landwirtschaftlich zu nutzendes Land. Auch raube Israel den Palästinensern durch die Sperranlage einen Teil der ohnehin raren Wasservorräte. Andere verweisen darauf, dass Mauer, Zaun, Siedlungen und die etwa 560 Kontrollposten, die Israel auf den für Palästinenser zugänglichen Straßen im Westjordanland errichtet habe, eigentlich nur einen Sinn haben könnten: Palästinenser von Palästinensern zu trennen. Es gehe Israel darum, den Aufbau einer funktionsfähigen palästinensischen Wirtschaft zu verhindern, mithin die Palästinenser als eine wirtschaftliche, soziale und politische Einheit, als einen selbständigen nationalen Souverän auszuschalten. Ebendieses Ziel, die Palästinenser wieder zu einem politisch handlungsfähigen Volk zu machen, hatten Jassir Arafat und seine Mitstreiter angestrebt und zumindest teilweise erreicht. Viele Indizien sprechen für die These, israelische Regierungen aller politischen Richtungen wollten eine solche Entwicklung verhindern und eine Aussage der früheren Ministerpräsidentin Golda Meir bestätigen; diese hatte einst gesagt, dass sie »kein palästinensisches Volk« kenne.

Eine übertrieben pessimistische, gar eine die israelische Regierungspolitik diffamierende Interpretation des Geschehens in den palästinensischen Gebieten?

Zu den kompetenten jüdischen Wissenschaftlern und politisch aktiven Menschen, welche die Politik Israels gegenüber den Palästinensern kritisieren, gehört Kirstein Keshet, Tochter jüdischer Eltern, die aus Deutschland vor den Nationalsozialisten flohen, geboren in Wales. Sie schreibt, dass durch den Mauerbau etwa 32 Prozent der im Westjordanland wohnenden Palästinenser vom Zugang zu medizinischer Versorgung abgeschnitten würden, darunter seien etwa 10 000 chronisch Kranke. Kirstein Keshet, die heute in Israel wohnt, hat sich mit israelischen Frauen zusammengetan, die über lange Zeit beobachtet haben, wie israelische Soldaten an den Kontrollposten im Westjordanland mit Palästinensern umgehen. Ihre Ergebnisse sind im Buch »Checkpoint Watch« zusammengefasst. Die Autorin schreibt, dass Tausende schwangerer palästinensischer Frauen womöglich das Leben ihrer Kinder riskierten, weil sie nicht rechtzeitig in die Klinik kämen. Über 20 kleine lokale Krankenhäuser seien bisher durch den Mauerbau vom allgemeinen palästinensischen Gesundheitssystem abgeschnitten worden; zudem käme etwa die Hälfte aller palästinensischen Ärzte regelmäßig zu spät zur Arbeit, weil sie durch Mauer und Kontrollposten aufgehalten würden.[1] Können solche Fakten – die von vielen anderen bestätigt werden – mit dem Sicherheitsbedürfnis Israels begründet werden?

Die Berliner Mauer fiel, weil das Regime, das sie schützen sollte, zusammenbrach. Sie trennte einen Teil eines Volkes vom anderen. Als der historisch günstige Moment gekommen war, rissen Menschen von beiden Seiten der Mauer das Monstrum ein. Es wurde ein Freudenfest. Die Mauer in Palästina trennt zwei verfeindete Völker, zwei Kulturen, zwei Religionen, sie trennt Besatzer von Besetzten. Auch die Mauer in Palästina wird eines Tages fallen. Doch niemand kann heute sagen, welche Bedingungen erfüllt sein müssen, um den Abriss dieser Mauer zu ermöglichen. Wird endlich ein weitsichtiger israelischer Politiker dafür sorgen, dass auch die Palästinenser ihren Staat bekommen – wie zuvor die Juden? Wird ihm auf der anderen Seite des Sperrwalles ein kluger palästinensischer Führer gegenüber stehen, der Israel anerkennt und um Partnerschaft bemüht ist? Oder werden verarmte, gedemütigte und wütende Palästinenser die Mauer erstürmen allen israelischen Panzern zum Trotz?

Der Bau von Mauer und Trennzaun ist der bisher letzte traurige Höhepunkt in einem Konflikt, den man einen Jahrhundertkonflikt genannt hat. Es ist ein Kampf von Juden und Arabern, von Israelis und Palästinensern um dasselbe Land – um Palästina. Der Konflikt ist auch eine Auseinandersetzung zwischen Europäern und Amerikanern einerseits und Arabern andererseits. Denn der Westen unterstützt, im Allgemeinen jedenfalls, Israel, die Arabische Welt hält zu den Palästinensern. Der Disput hat zudem kolonialistische Aspekte. Entscheidend bei der Gründung Israels waren die Siegermächte der beiden Weltkriege. Die einheimische Bevölkerung, die palästinensischen Araber, wurden nicht gefragt. Übrigens auch nicht von ihren arabischen Nachbarn, denn Jordanien etwa annektierte 1950 einen Teil jenes Gebietes, auf dem Palästinenser nach dem Willen der Vereinten Nationen ihren Staat aufbauen sollten. Bis jetzt hat der Konflikt mindestens fünf Kriege und drei Revolten hervorgebracht. Derzeit verbeißen sich die beiden Seiten in einem Abnutzungskrieg: Palästinenser schießen aus Gaza Raketen auf Israel, Israel liquidiert gezielt Mitglieder der Islamischen Widerstandsbewegung Hamas und interveniert militärisch. Siegen kann in diesem Grabenkrieg niemand.

Der Konflikt ist auch ein Konflikt zwischen unterschiedlichen Kulturen und unterschiedlichen religiösen Mythen. Juden – und auch viele Christen – sagen, Gott habe das Land Kanaan, heute Palästina genannt, dem von ihm ausgewählten jüdischen Volk zu ewigem Besitz gegeben. Muslime, etwa Angehörige der Hamas, halten dagegen, Gott, Allah, habe Palästina den Muslimen als ewiges Lehen übereignet. Für Christen, Juden und Muslime ist Jerusalem eine heilige Stadt. Jahrhundertelang war sie offen für alle. Heute ist sie umgeben von einem festungsartigen israelischen Siedlungsring und einer Mauer. Vielen Palästinensern aus dem Westjordanland, überwiegend Muslimen also, wird der Zutritt zu ihren heiligen Städten wie dem Felsendom und der Al-Aqsa-Moschee von Israel verwehrt, denn immer weniger erhalten einen Berechtigungsschein, der ihnen den Zugang nach Jerusalem erlaubt.

Es gab viele gute Gründe für die Schaffung eines jüdischen Staates. Wer wollte dem durch Jahrhunderte verfolgten, dem Vernichtungsfeldzug der Nationalsozialisten ausgesetzten jüdischen Volk eine »sichere Heimstatt« (der Begriff wurde 1917 erstmals vom britischen Außenminister Lord Balfour benutzt) verweigern? Nur: Es gab kaum einen bewohnbaren Flecken Erde, auf dem sich ein Volk ohne Land ansiedeln und einen funktionierenden neuen Staat aufbauen konnte. Die Erde war verteilt. Ändern konnte man diese Tatsache entweder in Übereinstimmung mit den Einheimischen jenes Territoriums, auf dem man sich niederlassen wollte; oder aber man musste gegen deren Willen handeln. Im gelobten Land Palästina etwa lebten die palästinensischen Araber. Diese hatten zwar über Jahrhunderte friedlich mit einer kleinen jüdischen Gemeinde zusammengelebt. Gegen eine zahlenmäßig begrenzte Zuwanderung weiterer Juden hätten die einheimischen Araber vermutlich nicht viel einzuwenden gehabt. Doch gegen eine Übernahme ihres Landes durch die jüdischen Immigranten, wie sie sich früh abzeichnete, wehrten sie sich von Anfang an. So war der Konflikt zwischen Einheimischen und Zuwanderern wohl unvermeidbar.

Für Deutschland hat dieser Konflikt einen besonders traurigen Aspekt. Dürfen wir, fragen sich Politiker, Journalisten, Professoren, Vertreter der christlichen Kirchen, dürfen wir angesichts des Holocaust Juden und/oder einen jüdischen Staat überhaupt kritisieren? Droht nicht, argumentieren viele, jede Kritik an der Politik Israels sogleich in Antisemitismus auszuarten? Doch Kritik an der Politik Israels, etwa jener gegenüber den Palästinensern, ist keinesfalls gleichzusetzen mit einer grundsätzlichen Ablehnung des jüdischen Volkes oder des jüdischen Staates. Kritik an israelischer Politik ist auch nicht gleichzusetzen mit Ablehnung der jahrtausendealten, bemerkenswerten jüdischen Kultur oder gar Ablehnung der außerordentlichen kulturellen Leistungen, die Juden über Jahrhunderte in der Diaspora hervorgebracht haben. Kritik an Israels Politik bleibt Kritik an der Politik einer Regierung. Wer mehr hineininterpretiert, verfolgt womöglich eine politische Absicht, etwa jene, diese Kritik zu unterbinden, indem man sie ins moralische Abseits stellt.

Es gehört zu den schon fast routinemäßigen Übungen im politischen Betrieb der Bundesrepublik, das Existenzrecht Israels zu betonen. Bundeskanzlerin Angela Merkel etwa nahm im Frühjahr 2008 einen großen Teil ihres Kabinetts mit nach Israel, um die Solidarität der Bundesrepublik mit Israel zu untermauern. Wenn ein solcher Schritt eine Solidaritätskundgebung mit dem jüdischen Volk sein sollte, wäre der

Kabinettsausflug verständlich. Aber die Mehrheit des jüdischen Volkes lebt immer noch außerhalb des jüdischen Staates Israel. Solidarität müsste überall dort geübt werden, wo Juden wohnen. Eine Solidaritätserklärung mit der jeweiligen israelischen Regierung bleibt dagegen so lange zumindest diskussionswürdig, wie die Grenzen Israels nicht definiert sind. Solidarität mit Israel in den Grenzen vor dem Junikrieg von 1967? Dazu kann es nur ein uneingeschränktes Ja geben. Wer würde das grundsätzliche Existenzrecht Israels in sicheren Grenzen heute noch bestreiten? Eine solche Feindschaft pflegt – abgesehen von einigen Extremisten – nicht einmal die Mehrheit der arabischen Staaten. Mehrmals haben diese angeboten, Israel voll anzuerkennen, sofern Israel die 1967 besetzten Gebiete wieder räumt.

Was aber die deutsche Politik betrifft, so verdeckt die ständige Wiederholung der Selbstverständlichkeit des Existenzrechts ein grundlegendes Problem, die Frage nämlich, ob Israel Teile des im Junikrieg von 1967 eroberten Landes mit den dort im Laufe von Jahrzehnten errichteten Siedlungen behalten darf. Forderungen nach Abbau der illegal gebauten Siedlungen sind in der deutschen politischen Öffentlichkeit eher rar. Die oft zu hörenden Bekenntnisse zur Gründung eines unabhängigen palästinensischen Staates bleiben so lange unverbindlich, wie diese Frage unbeantwortet bleibt. Damit verbunden ist eine weitere Frage: Akzeptiert man, dass Israel auch jene palästinensischen Gebiete beansprucht, welche es sich durch den Bau von Mauer und Trennzaun einverleibt hat? Denn der vom seinerzeitigen Ministerpräsidenten Ariel Scharon politisch konzipierte und dann realisierte Grenzwall verläuft zu etwa zehn Prozent auf einem Gebiet, das nach internationalem Verständnis den Palästinensern gehört und Teil eines zukünftigen palästinensischen Staates sein soll. Durch den Bau des Grenzwalles erweitert Israel nun einseitig sein Staatsgebiet, ohne mit seinen palästinensischen Nachbarn gesprochen zu haben. Offiziell stützt die »internationale Gemeinschaft« ein Israel in den Grenzen vom 3. Juni 1967 – also ohne Westjordanland, ohne Gaza und ohne den arabischen Ostteil Jerusalems. Aber stillschweigend haben viele Politiker, besonders in den USA, inzwischen akzeptiert, dass die von Israel durch Siedlungs- und Mauerbau geschaffenen Fakten nicht oder zumindest nicht vollständig rückgängig zu machen seien. Stillschweigend also hat man hingenommen, was nach der Vierten Genfer Konvention vom 12. August 1949 völkerrechtswidrig ist – nämlich die Veränderung des Status eines eroberten Landes durch dessen Kolonisierung.

Zweifellos hat der Bau von Mauer und Grenzzaun die Sicherheit israelischer Zivilisten zunächst erhöht. Die Zahl der von Palästinensern verübten Selbstmordattentate ist zurückgegangen. Doch in den seltensten Fällen haben Mauern politische Probleme tatsächlich gelöst. Langfristig ist die politische Sicherheit Israels durch den Mauerbau nicht größer geworden. Ein Staat, der sich in der globalisierten Welt des 21. Jahrhunderts hinter Mauer und Stacheldraht verschanzt, wird seine »Wagenburgmentalität« – wie einst die jüdische Philosophin Hannah Arendt sagte – niemals verlieren. Eine Politik der Abgrenzung statt des Dialogs, eine Politik der militärischen Interventionen, schafft zunächst nur neue Feinde.

Welches Ziel verfolgt die Regierung in Jerusalem, wenn sie auf arabische Verhandlungsangebote so wenig eingeht? Israel versuche, schreibt der jüdische Autor Baruch Kimmerling, die Palästinenser als politisches Subjekt zu zerstören oder zumindest entscheidend zu schwächen. Wenn aber Israel, argumentiert Kimmerling weiter, die Palästinenser politisch vernichte, werde es, langfristig gesehen, auch sich selbst politisch auslöschen. Denn beide Völker seien so eng miteinander verknüpft, dass der Abstieg des einen den Zerfall des anderen zur Folge haben werde. Baruch Kimmerling selbst bezeichnete sich stets als »patriotischen Zionisten«. Ihm geht es um eine andere Politik zur Sicherung Israels.

Auch der israelische Schriftsteller David Grossman plädiert für die Einrichtung einer normalen Grenze zwischen Israelis und Palästinensern. Er meint: »Eine Mauer ist eine Katastrophe und bringt nur immer neue Mauern hervor. Ich bin für eine klare Grenzlinie mit Zäunen, die uns voreinander schützen. In diesen Zäunen muss es so viele Tore wie möglich geben, so dass in Zukunft zwischen beiden Völkern immer mehr Kommunikation und Handel stattfinden kann.«[2]

Für eine solche Normalität plädieren seit langem auch viele Araber. Im Jahre 2002 stellte der seinerzeitige saudische Kronprinz und heutige König Abdallah die Anerkennung Israels in den Grenzen vom 3. Juni 1967 in Aussicht. Als Gegenleistung forderte er, was schon Jahrzehnte viele Araber gefordert haben: die Gründung eines palästinensischen Staates mit dem Westjordanland, Gaza und Ostjerusalem. Die israelischen Regierungen sind auf dieses Angebot niemals wirklich eingegangen. Zunächst verfolgte man andere Optionen, etwa die Annexion des Westjordanlandes und die Beherrschung der Palästinenser in einer Art Zwei-Klassen-System. Ein anderes Modell wäre die Vertreibung der Palästinenser aus den besetzten Gebieten. Eine eher theoretische Option bildet die Verleihung der vollen Bürgerrechte an alle Palästinenser.

Die erste Version wird de facto praktiziert, sie hat aber den Nachteil, dass immer wieder palästinensische Attentäter unbeteiligte jüdische Zivilisten ermorden. Die zweite Version – Vertreibung der Palästinenser – ist unter den Augen der Fernsehkameras aus aller Welt nicht möglich. Man muss in diesem Zusammenhang daran erinnern, dass Ariel Scharon in seinen frühen Jahren erklärt hat, der palästinensische Staat müsse jenseits des Jordan, also im heutigen Jordanien gegründet werden. Diese Option hätte eine Vertreibung oder eine Umsiedlung der Palästinenser zur Voraussetzung – so wie 1948/49 geschehen, als im ersten Nahostkrieg etwa 700 000 bis 800 000 Palästinenser vor der israelischen Armee nach Jordanien, Syrien und in den Libanon flohen. Die letzte Version – Annexion und Verleihung der Bürgerrechte an alle Palästinenser – wäre das Ende des zionistischen Traumes von der Gründung eines rein jüdischen Staates auf dem Boden Palästinas.

Die Mauer ist offenbar ein Kompromiss aus allen diesen Optionen: Tatsächlich verhindert sie weitgehend, zumindest derzeit, die Ermordung israelischer Bürger durch palästinensische Attentäter. Sie bietet auch eine Alternative zur Einrichtung eines Apartheidsystems, welches eine Annexion ohne Zuerkennung der Bürgerrechte zur Folge hätte. Schließlich löst der Mauerbau, kurzfristig zumindest, ein demographisches Problem. Spätestens im Jahre 2020 werden, nach bisherigen Projektionen, Palästinenser im historischen Palästina die Mehrheit haben. Palästinenser würden dann mehr und mehr nach politischer Gleichberechtigung, nach allgemeinen, freien Wahlen rufen. Gäbe Israel diesen Forderungen nach, bedeutete ein solch wahrlich historisch zu nennender Schritt ebenfalls das Ende der zionistischen Idee.

So bedrückend und so aussichtslos die Lebenssituation der meisten Palästinenser ist, so muss doch einer arabischen Lesart entschieden entgegengetreten werden. Wenn nämlich Araber über das Schicksal der Palästinenser klagen, hört man oft das Argument, was in Palästina geschehe, sei ja eigentlich eine neue Form des Holocaust – begangen am palästinensischen Volk. Nichts zeigt deutlicher als diese Aussage, dass viele Araber nicht wissen oder wissen wollen, was der Holocaust wirklich war – die systematische, industriell organisierte Ausrottung von Millionen Juden (dazu Sinti und Roma sowie geistig Behinderte) durch ein verbrecherisches deutsches Regime. Nichts dergleichen geschieht in Palästina. Im Westjordanland und im Gazastreifen wird ein Volk unterdrückt, nicht aber physisch vernichtet.

Die unverantwortliche Strategie der Hamas und anderer Widerstandsgruppen, israelische Bürger auf dem Staatsgebiet Israels zu ermorden, hat den palästinensischen Bemühungen um einen eigenen Staat weltweit großen Schaden zugefügt und Israel dazu gebracht, sich hinter einer Festungsmauer zu verschanzen. Zudem hat die Hamas-Strategie bei vielen jüdischen Bürgern Israels die Erinnerung an jahrhundertelange Verfolgung wieder erweckt und die Befürchtung hervorgerufen, wieder einmal solle das jüdische Volk vernichtet werden.

Welche Ziele verfolgt Israel in den besetzten Gebieten? Im Unterschied zu Kolonialherren früherer Epochen will Israel nicht in erster Linie Bodenschätze ausbeuten – außer ein wenig Wasser und vielen Olivenbäumen haben die besetzten Territorien nicht viel zu bieten. Israel will eher möglichst viel Land unter seine Kontrolle bringen. Anders ist die Siedlungspolitik der letzten vier Jahrzehnte nicht zu erklären. Von der offiziellen Politik wird dieser Anspruch damit begründet, Siedlungen und Mauer dienten der Sicherheit Israels. Doch als der Siedlungsbau in den Jahren nach 1967 begann, gab es im Westjordanland noch keinen nennenswerten palästinensischen Widerstand. Jassir Arafat war in den Jahren nach 1967 dabei, einen seiner größten politischen Fehler zu begehen, nämlich das jordanische Königshaus zu stürzen und sich selbst zum Herrscher Jordaniens aufzuschwingen. 1970 wurde er aus Amman vertrieben. Er ließ sich im Libanon nieder. (Dort benahmen sich seine Guerillatruppen so rüde, dass sie 1975 einen blutigen Bürgerkrieg auslösten.) Vom Libanon aus organisierte Arafat dann tatsächlich Angriffe auf Israel. Doch der Siedlungsbau in besetztem Gebiet kann nicht als Verteidigung gegen militärische Angriffe auf Israel betrachtet werden. Vielmehr sind Siedlungen ein neuer Unsicherheitsfaktor für Israel. Denn sie rufen den Widerstand der einheimischen Bevölkerung geradezu hervor.

Religiös gesinnte Siedler dagegen greifen auf das Alte Testament zurück, wenn sie ihr Handeln rechtfertigen. Demzufolge hat Gott seinem auserwählten Volk das gesamte Land Kanaan zum Geschenk gemacht. Andere Siedler berufen sich auf die Erklärung des britischen Außenministers Lord Balfour, womit das Britische Empire 1917 den Juden Gesamtpalästina zur Gründung eines Staates überlassen habe.

Alle diese Argumente verfangen indessen kaum. Sicherheit brächte Israel eine fundierte politische Lösung, zu der – anders als Ariel Scharon das seinerzeit darstellte – in seinen späteren Jahren sogar ein Mann wie Jassir Arafat bereit war. Die Berufung auf das Alte Testament kann, mehr als zweieinhalbtausend Jahre später, in der Ära der Nationalstaaten kaum als Basis für einen territorialen Anspruch herhalten. Und schließlich: Lord Balfour benutzte 1917 diplomatisch vorsichtig die Formulierung »jüdische Heimstatt in Palästina«. Von einem jüdischen Staat in Gesamtpalästina sprach er nicht. Die einzige und völlig ausreichende völkerrechtliche Legitimierung Israels ist der Teilungsbeschluss der Vereinten Nationen aus dem Jahre 1947. Damals sprach die neu gegründete UNO den einwandernden Juden etwa 53 Prozent, den Palästinensern etwa 45 Prozent des Landes im einstigen Mandatsgebiet zu, Jerusalem sollte unter internationale Verwaltung gestellt werden. In dem von der arabischen Welt begonnenen Krieg verloren die Palästinenser einen beträchtlichen Teil des ihnen zugestandenen Territoriums. Die Palästinenser wurden auf etwa 23 Prozent des vor der israelischen Staatsgründung von ihnen bewohnten Gebietes zurückgeworfen. Selbst diese 23 Prozent werden seit dem Sechstagekrieg von 1967 von Israel kontrolliert und streckenweise kolonisiert.

Die von Israel 1949 erreichten Grenzen werden heute allgemein als Israels legitime Staatsgrenzen anerkannt – selbst von den meisten Palästinensern – und auch von der Palästinensischen Befreiungsorganisation (PLO). Dass ein Volk, das sich unterdrückt und seines Landes beraubt sieht, wenn auch auf massiven internationalen Druck hin, auf drei Viertel seines Landes verzichtet, ist ein wohl einmaliger Vorgang in der neueren Geschichte. Dennoch haben die Palästinenser, jedenfalls aus ihrer Sicht, vergeblich auf Gegenleistungen gewartet. Die UNO-Resolutionen 242 und 338 aus den Jahren 1967 und 1973, in denen Israel zum Rückzug aus den besetzten Gebieten aufgefordert wird, sind nicht befolgt worden. Und: Seit 1967 wurden in den damals von Israel eroberten Gebieten 650 000 Männer (40 Prozent der männlichen Bevölkerung) kurzfristig oder für längere Zeit von Israel inhaftiert. 12 000 palästinensische Häuser wurden zerstört,[3] die meisten von ihnen mussten Platz machen für jüdische Siedlungen.

Die von Israel in Anspruch genommene rechtliche Grundlage seiner Landnahme ist ein altes Osmanisches Gesetz, wonach nicht benutzte landwirtschaftliche Flächen nach einiger Zeit in Staatsbesitz fallen. Viele palästinensische Bauern werden aber seit Jahren an der kontinuierlichen Nutzung ihres Bodens gehindert, ihre Bewegungsfreiheit ist durch Hunderte von israelischen Straßensperren eingeengt. Systematisch wurde zudem versucht, eine der Grundlagen palästinensischer Wirtschaft zu zerstören: Bis zu einer Million Olivenbäume – so lauten Schätzungen – wurden von der israelischen Armee gerodet. Eine der

Begründungen lautete, die Bäume seien eine Gefahr für israelische Siedler, da die Bäume gute Deckung für palästinensische Attentäter böten.

Man mag natürlich, besonders als Deutscher, fragen, warum die Regierung eines Volkes, das den Holocaust erlitten hat, nun ihrerseits ein anderes Volk unterdrückt. Denn eigentlich sollte die Lehre aus der Shoa eine umgekehrte sein: Wer die Todeslager der Nazis erfahren hat, sollte im Umgang mit einem anderen Volk, besonders mit jenem, auf dessen Territorium man sich niedergelassen hat, aufrichtig nach einer Friedenslösung suchen, statt dessen Restterritorium gewaltsam zu besiedeln.

Für die Bundesrepublik stellt sich die Frage, ob sie nicht der israelischen Regierung im Verlaufe eines kontinuierlichen Gesprächs in zurückhaltender Form zu verstehen geben sollte, dass ein Dialog mit den Nachbarn erstrebenswert wäre. Der israelische Schriftsteller David Grossman meint sogar: »Deutschland muss alles tun, Israelis und Palästinenser zusammenzubringen. Ich weiß, dass man in Deutschland aufgrund der Shoa meint, keinen zu großen Druck auf Israel ausüben zu dürfen. Vielleicht ist es aber gegen unsere Interessen, dass wir nicht genug unter Druck gesetzt werden. Ein Freund Israels muss auch ein Freund der Interessen Israels sein.«[4] Und Uri Avnery, israelischer Publizist und Friedensaktivist, schreibt: »Dürfen Deutsche Israel kritisieren? Um Himmels willen, warum denn nicht? Das Schreckliche, das Deutsche den Juden vor 60 Jahren angetan haben, hat mit der heutigen israelischen Politik nichts zu tun. Daraus den Schluss zu ziehen, Deutsche müssten schweigen, wenn sie glauben, dass wir Unrecht begehen, ist unmoralisch. Das Vermächtnis des Holocaust sollte doch sein, dass gerade Deutsche mehr als andere gegen Unrecht auftreten, ganz egal, wo es passiert.«[5]

Das erste und allerhöchste Interesse Israels ist es, den Staat der Juden als jüdischen Staat zu erhalten. Dazu bedarf es einer klaren, auch den palästinensischen Interessen gerecht werdenden Lösung. Diese Lösung kann nur in der Existenz zweier lebensfähiger Staaten liegen, des israelischen und des zu schaffenden palästinensischen. Doch der Uhrzeiger steht bereits auf fünf Minuten vor Mitternacht. Das heutige von Siedlungen und Siedlerstraßen zerstückelte Westjordanland kann niemals eine Basis für einen gesunden Staat darstellen. Ansätze für ein eigenes Staatswesen wurden immer wieder zerstört. Nach verheerenden, nicht zu rechtfertigenden palästinensischen Selbstmordattentaten ließ Premier Ariel Scharon Anfang 2002 die israelische Armee ins Westjordanland einmarschieren. Das Ziel dieser »Operation Defensive Shield« sei, so Baruch Kimmerling, jedoch nicht nur der Kampf gegen palästinensischen Terror gewesen. Bei dem Feldzug wurden zugleich Verwaltungsgebäude, Infrastruktureinrichtungen, Radio- und Fernsehstationen zerstört sowie Computerarchive und Dokumente als Kriegsbeute nach Israel geschafft. Auf diese Weise ist eine jahrelange harte Arbeit der Palästinenser während der Nach-Oslo-Periode, also der Zeit seit der Unterzeichnung der Verträge von Oslo im Jahre 1993, zerstört worden. Wasseraufbereitungsanlagen, Elektrizitätswerke und Straßen wurden beschädigt oder total niedergewalzt. Diese Operation zerstörte nicht nur politische Organisationen und ihre Einrichtungen, sondern auch zivile Institutionen wie Universitäten, Schulen, Krankenhäuser, Kirchen, Moscheen – alles unter dem Vorwand, dass sich dort Terroristen verschanzt hätten.[6] Der Feldzug diente zugleich dem Schutz israelischer Siedlungen. In ihnen lebten Ende 2006 etwa 270 000 Menschen. In jenen Siedlungen, die nach dem Sechstagekrieg von 1967 unmittelbar um Jerusalem herum errichtet wurden, wohnen weitere 220 000 Menschen.[7] Die Folgen, welche die Siedlungspolitik sowohl für den inneren Zustand der israelischen Gesellschaft als auch auf den sogenannten Friedensprozess haben, sind verheerend. Die Kolonisierung des Westjordanlandes ist inzwischen das größte Hindernis auf dem Weg zu einer friedlichen Lösung des Konfliktes.

An Warnungen vor einer solchen Entwicklung hat es nicht gefehlt. Die große jüdische Philosophin Hannah Arendt (1906–1975) etwa befürwortete durchaus die Ansiedlung von Juden in Palästina. Sie kritisierte aber das von Theodor Herzl propagierte Konzept, welches auf der Idee des jüdischen Nationalstaates beruhte und die Palästinenser ausgrenzte. Hannah Arendt befürchtete, dass mit der Gründung eines rein jüdischen Staates in Palästina der Antisemitismus nicht entscheidend zurückgedrängt werden könne. Und sie argumentierte, dass ein solcher Staat mit den Interessen der in Palästina ansässigen Araber nicht zu vereinbaren sei. Deshalb befürwortete sie eine Föderation zwischen Arabern und Juden.[8] Hannah Arendt hatte den wunden Punkt des Zionismus erkannt: Niemand unter den Zionisten wusste exakt zu sagen, wie man mit dem »anderen Volk« in Palästina umgehen sollte.

Immerhin, es gab Visionen, Illusionen, Ideen. Zwei Jahre vor seinem Tod (1904) veröffentlichte Theodor Herzl, der Begründer des politischen Zionismus, 1902 seine Vorstellung von einem künftigen Zusammenleben von Arabern und Juden in Palästina. Seinen Roman nannte er »Altneuland«. Dieses alte, durch die jüdische Kolonisierung neu gestaltete Land solle von einer Institution geleitet werden, die Herzl »Neue Gesellschaft für die Kolonisierung von Palästina« nennt. Sie sei genossenschaftlich organisiert, habe mit dem Osmanischen Reich (das damals noch existierte) einen Vertrag abgeschlossen, zahle eine jährliche Abgabe an den Sultan in Istanbul, sei aber sonst vollkommen selbständig. Sie verantworte die Einwanderung der Juden, organisiere den Bau von Straßen und Eisenbahnen, kümmere sich um die Krankenversicherung, die kostenlose Erziehung und den Strafvollzug. Dieser solle aber nicht in traditionellen Gefängnissen organisiert werden, sondern in landwirtschaftlichen oder industriellen »Kolonien«, die als Gefängnis nicht zu erkennen seien. Durch diesen humanen Vollzug würden die Straftäter schnell resozialisiert werden.

Zunächst sollten, schreibt Theodor Herzl weiter, Juden einwandern, die in Europa verarmt seien. Sie würden in »Altneuland« von Ingenieuren ausgebildet und für die Kolonisierung des Landes vorbereitet. Die meisten Wirtschaftsunternehmen, welche die »Neue Gesellschaft« ansiedelte, seien genossenschaftlich organisiert. Zunächst sollten sich Warenhausfirmen niederlassen, damit die Einwanderer Nahrungsmittel und vor allem Gegenstände des täglichen Bedarfes einkaufen könnten. Angebaut würden Zitrusfrüchte und Wein. Elektrizität werde aus Wasserkraft gewonnen. Für diese wiederum nutze man das Gefälle zwischen Mittelmeer und Totem Meer. Der hier zu bauende Kanal werde das Tote Meer auffüllen, weil, wie Herzl plante, das Wasser des Jordan gänzlich zur Bewässerung in der Landwirtschaft benötigt werde. Vor allem wollte Herzl den Tourismus fördern, die wohlhabende Gesellschaft Mitteleuropas sollte hier vom Alltag ausspannen können.

Und wie hielt es Theodor Herzl mit der Gretchenfrage, der Beziehung zwischen den einwandernden Juden und jenem seltsamen »anderen Volk« in »Altneuland«, den Arabern? Der utopische Staat am sonnigen Mittelmeer werde für alle offen sein: für Juden, Araber, Türken. Freilich lebten anfangs fast nur Juden in Herzls Utopia. Araber hätten die Handelsbeziehungen mit »Altneuland« übernommen und so von der Kolonisierung profitiert, schreibt der Autor. Auch dürften sie der »Neuen Gesellschaft« beitreten. Denn diese sorge dafür, dass überall nicht nur Synagogen, sondern auch christliche Kirchen und Moscheen errichtet würden, an der Küste sogar buddhistische Tempel.

Wenn diese Vision nur ansatzweise Realität geworden wäre, brauchte man sich um die Zukunft der Region weniger Sorgen zu machen. Doch historisch hat sich das Konzept der Gründung eines ausschließlich jüdischen Staates durchgesetzt. Das »andere Volk« versuchte, sich der massiven Einwanderung und Fremdbestimmung zu erwehren – 1948 mit einem schlecht organisierten militärischen Feldzug gegen das neu gegründete Israel, später mit Jassir Arafats Guerillakrieg, dann mit der Ermordung israelischer Bürger durch die Hamas und andere Gruppen. Heute teilen eine Mauer und ein Zaun das Juden, Christen und Muslimen gleichermaßen heilige Land.

Dass sich die einwandernden Juden von den einheimischen Arabern abschirmen müssten, hat schon einer der frühen Zionisten, Wladimir Jabotinsky, im Jahre 1923 vorausgesagt. Er hielt Visionen, wie sie Theodor Herzl in »Altneuland« träumte, von vornherein für vollkommen abwegig. Jabotinsky schrieb einen Aufsatz, den er »Die Eiserne Mauer« nannte.[9] Darin argumentierte er, dass ein einheimisches Volk der Kolonisierung durch ein zuwanderndes Volk niemals zustimmen werde. Deshalb müssten sich die Einwanderer, in diesem Falle die Zionisten, durch eine »Eiserne Mauer« und durch befestigte Siedlungen von der einheimischen arabischen Bevölkerung abschirmen.

Diese Situation ist nun eingetreten. Mauer und Zaun sind fast vollendet. Die Siedlungen werden beständig erweitert – trotz des 1991 in Madrid eingeleiteten und 1993 in Oslo fortgesetzten »Friedensprozesses«. Doch der Grenzwall bringt keineswegs die Lösung des Problems. Mauer und Zaun sind lediglich der in Stahl und Beton gegossene Beweis, dass eine Lösung nicht in Sicht ist. Der Konflikt tritt in eine neue Phase ein – in verschärfter Form.

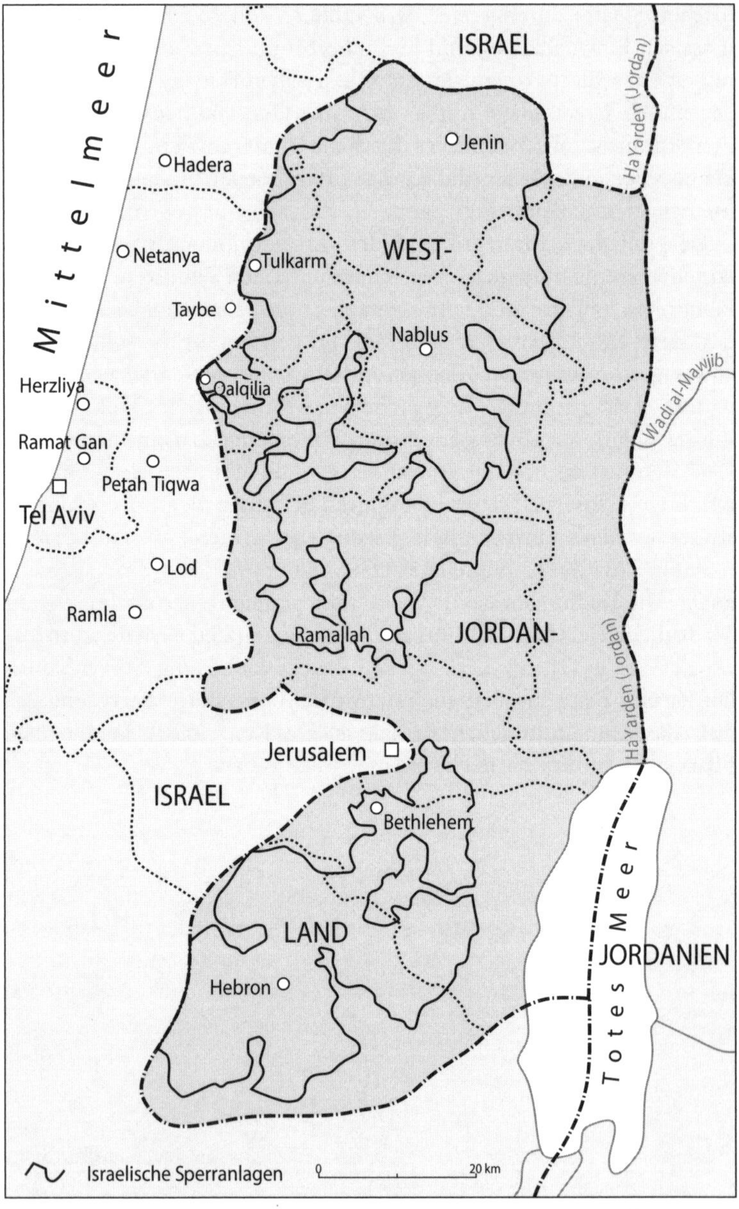

Die israelischen Sperranlagen, die seit 2002 errichtet werden und im Norden, Westen und Süden weitgehend fertiggestellt sind.

Die Mauer im Westjordanland

*Von Dr. Adel Yahya, Ramallah**

Die Idee, Israel von den Palästinensern zu trennen, wurde zuerst von Premierminister Yitzhak Rabin im Jahre 1992 geäußert. Unter seiner Regierung entstand dann auch 1994 der Trennzaun um den Gazastreifen herum. Die Sperranlagen im Westjordanland sind dagegen viel größer und viel kontroverser als der Gazazaun. Die israelische Rechte einschließlich der Scharon-Regierung war anfangs gegen den Bau der Mauer, weil sie glaubten, damit israelische Ansprüche auf das Westjordanland aufzugeben. Aber schließlich kamen sie 2002, zwei Jahre nach dem Ausbruch der Al-Aqsa-Intifada (und den damit verbundenen Selbstmordattentaten), auf die Idee zurück. Israel begann, im Westjordanland eine massive Anlage zu bauen, die aus mehr als 700 Kilometern Metallzaun mit Stacheldraht und bis zu acht Metern hohen Betonmauern besteht. Davor sind Gräben ausgehoben, die Fahrzeuge abhalten sollen. Hinzu kommt eine 60 bis 100 Meter breite Kontrollzone, die kein Zivilist betreten darf. (…)

Der Bau der Mauer ist eine hoch kontroverse Angelegenheit, sogar der Name der Mauer ist kontrovers. Die israelische Regierung nennt sie den Trenn- und Sicherheitswall oder sogar den Anti-Terror-Zaun. Die Palästinenser dagegen nennen sie die »Apartheid-Mauer« oder gar die »Mauer der Rassentrennung«. Der Internationale Gerichtshof nannte das Bauwerk schlicht »Mauer«. Der offizielle Zweck ist, Palästinenser daran zu hindern, nach Israel zu gehen und somit Israelis vor palästinensischen Angriffen zu schützen. Die israelische Regierung argumentiert, dass die Mauer die Anzahl der Angriffe bereits reduziert habe. Die Palästinenser andererseits glauben, dass die Mauer nur ein weiterer israelischer Versuch ist, ihr Land unter dem Vorwand der Sicherheit zu annektieren. Die palästinensische Autonomiebehörde befürchtet, dass die Mauer Ergebnisse von möglichen Endstatusverhandlungen vorwegnehmen werde. Die Palästinenser im Allgemeinen sind wütend über die scharfen Einschränkungen ihrer Bewegungsfreiheit

* Dr. Adel Yahya, geboren 1950 im Dschelazoun-Flüchtlingslager bei Ramallah, Sohn von Flüchtlingen aus der Gegend von Ramleh im heutigen Israel; Historiker mit Studium in den USA und Deutschland; früher Lektor an der Universität Bir Zeit bei Ramallah; Aktivist der Intifada von 1987–1993; mehrfach von Israel inhaftiert, 1996 Mitbegründer der Palestinian Association for Cultural Exchange (Pace). Der Beitrag wurde für dieses Buch verfasst.

im Westjordanland und bei der Möglichkeit, in Israel zur Arbeit zu gehen. Die Mauer hat bei den Palästinensern zu ernsthaften Zukunftsängsten geführt. Was sie noch schwerer verstehen, ist die Tatsache, dass das Land, auf dem die Mauer gebaut wird, zu dem fruchtbarsten im Westjordanland gehört. Es ist die Heimat von mehr als 500 000 Palästinensern, welche in etwa 40 Dörfern und Städten leben.

Die Trennmauer sollte ursprünglich auf der Grünen Linie (der Waffenstillstandslinie von 1949) gebaut werden, aber in Wirklichkeit werden weniger als 20 Prozent der Mauer auf dieser Linie gebaut. An den meisten Stellen weicht die Mauer von der Grünen Linie ab, um die größeren jüdischen Siedlungsblöcke einzuschließen wie etwa Ariel, Gush Etzion, Emmanuel, Karnei Schomon, Givat Ze'ev, Oranit, Maale Adumim und andere. Diese Abweichung von der Grünen Linie variiert zwischen 200 Metern und 20 Kilometern. Als Folge davon sind Dutzende Städte und Dörfer komplett von der Mauer eingekreist. 125 000 Palästinenser sind in 28 Ortschaften auf drei Seiten vom Grenzwall eingeschlossen. Bekanntestes Beispiel ist Qalqilia. Etwa 35 000 Palästinenser müssen zwischen der Mauer und der Grenze auf der Grünen Linie leben.

Die Grüne Linie ist etwa 300 km lang, wegen der vielen Umwege über palästinensisches Territorium zur Umgehung von etwa 80 jüdischen Siedlungen wird sich der Grenzwall am Ende aber über etwa 700 km erstrecken. Im Norden des Westjordanlandes ist er bereits vollendet. Der Teil um Jerusalem soll 2009 fertig werden, die restlichen Lücken in der Gegend von Hebron im Süden will das israelische Militär nach bisherigen Planungen im Jahre 2010 schließen.

Der größte Teil der Sperranlagen besteht aus einem System mit vielen Abschnitten. Die Gesamtbreite beläuft sich auf 60 bis 100 Meter. Dazu gehören drei Zäune mit pyramidenähnlichen Spitzen aus Stacheldraht auf den beiden äußeren Zäunen und einem leichteren Zaun in der Mitte. Dieser ist mit Bewegungsmeldern ausgestattet. Auf beiden Seiten des mittleren Zaunes sind die Wege für Patrouillengänge gebaut. Ein Graben, der die Annäherung von Fahrzeugen verhindern soll, befindet sich auf der palästinensischen Seite. Auf der israelischen Seite liegt ein geharkter Sandstreifen. Dieser soll helfen, Eindringlinge zu entdecken. Etwa fünf Prozent der Anlage ist aus bis zu acht Meter hohen und drei Meter breiten Betonblöcken als massive Mauer gebaut. Somit ist dieser Teil des Bauwerkes etwa doppelt so hoch wie einst die Berliner Mauer. Solch gewaltige Mauern befinden sich überwiegend in städtischen Gebieten wie in Qalqilia, Jerusalem und Bethlehem. In regelmäßigen Abständen gibt es Beobachtungsposten, automatische Bewegungsmelder und andere elektronische Überwachungsapparate, dazu Tore, die von der israelischen Armee bewacht werden.

Der Trennwall hat einschneidende Folgen für die Palästinenser, darunter eingeschränkte Bewegungsfreiheit, Verlust von Grund und Boden, erschwerter Zugang zu medizinischer Versorgung sowie reduzierter Zugang zu Wasserquellen. Ein besonders markantes Beispiel für die Folgen der Mauer ist die Stadt Qalqilia mit etwa 45 000 Einwohnern. Um sie herum ist eine acht Meter hohe Betonmauer gebaut worden. Zugänglich ist sie durch ein Tor vom Osten. Im Süden ist sie durch einen Tunnel mit den Dörfern der Umgebung wie Habla und Rais Atiya verbunden. Das meiste Ackerland Qalqilias liegt außerhalb der Mauer. Die Bauern müssen von den israelischen Behörden einen Erlaubnisschein beantragen, um auf ihre Felder auf der anderen Seite der Mauer gehen zu können. In Qalqilia sowie in den anliegenden Dörfern Jayyus und Habla gibt es Tore in der Mauer. Hier können Bauern mit Erlaubnisschein zwei- bis dreimal am Tag zu ihren Feldern gehen. Die Tore sind aber nicht mehr als insgesamt eine Stunde pro Tag geöffnet. Sie sind allerdings schon oft ganz willkürlich für längere Zeit geschlossen geblieben. Das hat zu Ernteverlusten geführt. Alle palästinensischen Bauern, die Land hinter der Mauer haben, müssen täglich um den Zugang bangen. Ebenso bangen sie um den Verkauf ihrer Waren in anderen Gebieten des Westjordanlandes. Landwirtschaft ist eine der wichtigsten Einkommensquellen für die palästinensischen Gemeinden, die entlang der Mauer liegen, und Schäden im landwirtschaftlichen Sektor haben bereits drastische wirtschaftliche Folgen. Viele Familien in diesen Orten sind in die Armut getrieben worden.

Im Oktober 2003 hat die israelische Armee die Flächen zwischen der Trennmauer und der Grünen Linie zu einer militärischen Sperrzone erklärt. Jeder Palästinenser, der in der Enklave zwischen Mauer und Grüner Linie wohnt, muss bei der israelischen Zivilverwaltung eine Daueraufenthaltserlaubnis beantragen, um in seinem eigenen Haus weiter leben zu können. Andere Bewohner des Westjordanlandes müssen eine spezielle Erlaubnis beantragen, um diese Gebiete betreten zu können. Darüber hinaus sind durch den Bau der Mauer mehr als 100 000 Oliven- und Zitrusbäume gefällt worden. Mehr als 100 Acre Fläche (etwa 40 Hektar) in Gewächshäusern und 37 Kilometer Bewässerungsrohre wurden zerstört. Die Mauer steht auf 15 000 Dunam (1 Dunam gleich 1000 m^2) konfisziertem Land.

Stellungnahmen Israels zum Mauerbau

Erklärung von Daniel Taub, Leiter der Rechtsabteilung des israelischen Außenministeriums, zum Urteil des Internationalen Gerichtshofes in Den Haag über den Bau der israelischen Sperranlagen in den palästinensischen Gebieten (23. Februar 2004, Auszug)

Wir wollten diesen Zaun nicht bauen. Er ist hässlich, er ist teuer. Obwohl er nur vorübergehend ist, verursacht er ernsthafte Beschwernis für viele Palästinenser – Beschwernis, die wir mit allen Mitteln lindern müssen. Deshalb haben wir den Zaun in den letzten zweieinhalb Jahren palästinensischer Gewalt nicht gebaut, deshalb warteten wir, während 935 Israelis getötet wurden, bis wir nicht länger warten konnten. (...) Wir konnten nicht länger warten, weil der Zaun seine Funktion erfüllt. Nicht ein einziger Selbstmordattentäter hat den Zaun zwischen Israel und dem Gaza-Streifen überwunden. In jenen Gebieten des Westjordanlandes, wo der Zaun bereits gebaut ist, wurde die Zahl der Selbstmordattentate um 30 Prozent reduziert. Kürzlich haben wir, aufgrund des Zaunes, zwei Selbstmordattentäter gefangen, die ein Gymnasium im Norden Israels sprengen wollten. Die einfache Wahrheit ist, dass der Zaun Leben rettet. (...)

Wir versuchen keineswegs, eine Grenze zu errichten. Wir wissen, dass die zukünftige Grenze zwischen uns ausgehandelt werden muss. (...) Sobald es eine palästinensische Führung gibt, die Verantwortung übernimmt und die zu ihrem Volk über die Notwendigkeit schmerzlicher Konzessionen spricht, wie das jeder israelische Führer über die letzten zehn Jahre getan hat – eine Führung wie Präsident Sadat von Ägypten und König Hussein von Jordanien –, sobald es eine solche Führung gibt, werden wir aufhören, Zäune zu bauen und beginnen Brücken zu errichten.

Stellungnahme der »Israeli Defence Force« (IDF) vom 7. Juli 2004

Es ist klar, dass der Sicherheitszaun, der gebaut wird, um Leben zu retten, genau das tut, wozu er gebaut wurde: Er rettet Leben, jeden einzelnen Tag. (...) Wenn man Fakten und Zahlen vergleicht, kann man verschiedene wichtige Feststellungen machen:

- eine starke Abnahme von etwa 90 Prozent der Zahl erfolgreicher Terrorattacken – von einem Durchschnitt von 26 Angriffen pro Jahr vor dem Bau des Zaunes auf drei pro Jahr seit Fertigstellung des Zaunes;

- eine starke Abnahme von ungefähr 85 Prozent der Zahl der Verletzten, von einem Durchschnitt von 688 Verwundeten vor dem Bau des Zaunes auf 83 pro Jahr nach Fertigstellung des Zaunes. Die Zahlen beweisen, dass der Sicherheitszaun Leben rettet.

Ein Vorposten westlicher Kultur

Kurzer Blick auf den Zionismus

Die arme (arabische) Bevölkerung trachten wir unbemerkt über die Grenze zu schaffen, indem wir ihr in den Durchgangsländern Arbeit verschaffen, aber in unserem Land jederlei Arbeit verweigern.
Theodor Herzl in einem Tagebucheintrag 1895

Nicht dies ist also der Weg. (…) Wir wollen lieber sorgen, dass der Gedanke (an Palästina) immer mehr Wurzeln schlage und in die Breite wie in die Tiefe dringe, nicht durch Macht und nicht durch Gewalt, sondern durch den Geist; dann wird auch der Tag kommen, an dem unsere Hände Erfolgreiches leisten.
Achad Ha'Am 1897 nach dem von Herzl einberufenen ersten Zionistischen Weltkongress in Basel

Gott war gütig zu Amerika, weil Amerika gütig zu den Juden war.
Jerry Falwell 1973

Es war ein kühner Satz, den der österreichische Jude Theodor Herzl nach dem Ende des von ihm nach Basel einberufenen ersten Zionistischen Weltkongresses sprach. »In Basel«, erklärte er, »habe ich den Judenstaat gegründet.« Das war im Jahre 1897. Doch bis zur Gründung Israels dauerte es noch 51 Jahre. Dazwischen lagen der erste Weltkrieg (den Herzl schon nicht mehr erlebte, er starb 1904), der heute außerhalb Palästinas kaum wahrgenommene »Große Arabische Aufstand« gegen die britische Besatzungsmacht und gegen die einwandernden Juden (1936–39) sowie der zweite Weltkrieg mit dem Völkermord an sechs Millionen von Herzls jüdischen Zeitgenossen.

Herzls grundlegende Gedanken finden sich in einer kleinen Broschüre. Der Autor gab ihr den Namen eines Staates, der noch gar nicht existierte. Die Schrift, die alsbald zum Programm des politischen Zionismus werden sollte, lautete schlicht »Der Judenstaat«. Sie erschien im Jahre 1896. Ganz im imperialen Sinne der Epoche forderte Herzl den Osmanischen Sultan auf, den durch den europäischen Antisemitismus bedrängten Juden ein Stück seines Vielvölkerstaates zu überlassen – nämlich Palästina. Selbstbewusst formulierte Herzl: »Wenn Seine Majestät der Sultan uns Palästina gäbe, könnten wir uns dafür anheischig machen, die Finanzen der Türkei gänzlich zu regeln.«[1]

Und dann formuliert Herzl einen Satz, der dem Zeitgeist des ausgehenden 19. Jahrhunderts perfekt entspricht, den aber ein gutes Jahrhundert später, um der »political correctness« willen, niemand mehr aussprechen dürfte. Der Autor sieht nämlich keinen Grund, seine Auffassung von der Überlegenheit der europäischen Kultur über die orientalische zu verschweigen. Herzl schreibt: »Für Europa würden wir dort (in Palästina) ein Stück des Walles gegen Asien bilden, wir würden den Vorpostendienst der Kultur gegen die Barbarei besorgen.«[2]

Mit seinem »Judenstaat« begründete Theodor Herzl den jüdischen Nationalismus, genannt Zionismus (nach dem Zionsberg in Jerusalem). Der Zionismus ist die Bewegung, die sich die Rückkehr der Juden nach Palästina und die Gründung eines jüdischen Staates in Palästina zum Ziel gesetzt hat. Sie entstand aus den Erfahrungen der Diskriminierung von Juden in Europa, speziell Osteuropa. Dort gab es weitgehende Einschränkung der Bewegungsfreiheit und zumeist bittere Armut. Die fünf Millionen Juden des russischen Zarenreiches etwa mussten in den westlichen Gebieten des Imperiums leben, die sie, nach einem Befehl Katharinas der Großen, nicht verlassen durften. Im Allgemeinen durften Juden keinen Boden besitzen und lebten daher kaum in Dörfern, weshalb viele Städte einen hohen jüdischen Bevölkerungsanteil hatten. Warschau (damals russisches Zarenreich) zählte 220 000 jüdische Einwohner. Es war eine der größten von Juden bewohnten europäischen Städte. Ihm folgte Odessa (damals ebenfalls Zarenreich) mit 140 000 Juden. Aber auch in Litauen, Weißrussland, Galizien und Rumänien lebten viele Juden.

1892 besuchten Beamte der amerikanischen Einwanderungsbehörde Osteuropa. Sie wollten herausfinden, warum die Zahl der jüdischen Einwanderer in die USA so sprunghaft gestiegen war. In ihrem Bericht stellten sie fest, sie hätten noch niemals zuvor solche Armut und solches Elend gesehen, und sie hofften, Lebensumstände wie diese auch nie wieder erleben zu müssen. Von 1881 bis zum Beginn des ersten Weltkrieges 1914 emigrierten etwa 2,5 Millionen Juden aus Ost- und Mitteleuropa, 1,3 Millionen davon allein aus Russland. Unter ihnen fand die Idee der Gründung eines jüdischen Staates besonderen Anklang.

Der jüdische Nationalismus erfuhr eine starke Belebung, als der Antisemitismus auch in Westeuropa Blüten trieb. In Paris begann am

19. Dezember 1894 der Hochverratsprozess gegen den jüdischen Hauptmann Alfred Dreyfus, über den Theodor Herzl als Frankreichkorrespondent der angesehenen Wiener Tageszeitung *Neue Freie Presse* berichtete. Fälschlicherweise wurde Dreyfus vorgeworfen, dem deutschen Militärattaché in Paris geheime Dokumente des französischen Generalstabes zugespielt zu haben. Er wurde verurteilt, deportiert und erst 1906 rehabilitiert. Im politischen Denken Herzls bedeuteten die Dreyfus-Affäre und die sie begleitende Welle des Antisemitismus einen Wendepunkt. Wenn sich schon ein zivilisiertes Volk wie die Franzosen solche rassistischen Exzesse leistete, dann gab es wohl für die Juden keine Hoffnung mehr auf ein gleichberechtigtes und ungestörtes Leben in ihren Gastländern. Theodor Herzl begann seine rastlose Kampagne zur Gründung eines neuen Staates. Argentinien kam ins Gespräch, aber auch Uganda. Doch Palästina, die alte Heimat der Juden, erwies sich bald als der stärkste Magnet. Das Osmanische Reich war schwach, es musste also möglich sein, dem Sultan ein Stück Land zu entlocken.

Wie Herzl in seiner Schrift »Der Judenstaat« 1896 angekündigt hatte, machte er danach die »Judenfrage zu einer Weltfrage«. Etwa acht Jahrzehnte später erhob ein Mann, Jassir Arafat war sein Name, eine andere Frage zur »Weltfrage« – nämlich die der Palästinenser. Theodor Herzl reiste durch Europa und durch den Orient, um für seinen Judenstaat zu werben. Später tourte Jassir Arafat um die halbe Welt, um die Führer bedeutender Mächte für seinen Palästinenserstaat einzunehmen. Theodor Herzl handelte ganz im Geist des imperialen geostrategischen Denkens seiner Epoche. Und er handelte, jedenfalls nach außen, so, als ob Palästina ein menschenleeres Land sei. Schnell machte die Parole »Ein Land ohne Volk für ein Volk ohne Land« die Runde. So jedenfalls drückte sich Herzls Zeitgenosse Israel Zwangwill aus. In einem Tagebucheintrag vom 25. April 1896 schildert Herzl ein Gespräch mit dem Großherzog von Baden. Ganz im Stil eines Mächtigen, der am Schreibtisch die Welt neu ordnet, dozierte Herzl: »Würde die Türkei in absehbarer Zeit getheilt, so könnte man in Palästina einen etat tampon schaffen. Zur Erhaltung der Türkei könnten wir jedoch viel beitragen. Wir würden den Staatshaushalt des Sultans definitiv regeln gegen Überlassung dieses für ihn nicht sehr werthvollen Territoriums.«[3]

Doch Herzl hatte zunächst kaum Erfolg. Einer seiner Mitarbeiter erhielt vom Osmanischen Sultan eine abschlägige Antwort. Der Sultan sagte: »Ich kann keinen Fußbreit meines Landes veräußern. Denn es gehört nicht mir, sondern meinem Volke. Mein Volk hat dieses Reich mit seinem Blut erkämpft und gedüngt. Wir müssen es wieder mit unserem Blut bedecken, bevor man es uns entreißt. (…) Wenn mein Reich getheilt wird, bekommen Sie vielleicht Palästina umsonst. Aber theilen wird man erst unseren Cadaver. Eine Vivisection wird es nicht geben.«[4]

Aber auch jüdische Glaubensbrüder widersprachen Herzl. 1897 schrieben deutsche Rabbiner, die Pläne der Zionisten, in Palästina eine Heimstatt für Juden zu errichten, widersprächen der messianischen Verheißung des Judaismus; Juden hätten die Verpflichtung, den Ländern, in denen sie lebten, zu dienen. Allerdings sei die Kolonisierung Palästinas durch jüdische Bauern durchaus zulässig.[5] Andere Juden waren ebenfalls skeptisch. Treffen mit den Bankiers Rothschild blieben erfolglos.

Doch es gab auch Erfolgserlebnisse. Herzl beschloss, sich an die armen jüdischen Massen und an jüdische Studenten zu wenden. Nach ein paar Vorträgen erhielt er Zuspruch aus vielen Teilen der Welt.[6] Den vorläufig größten Erfolg seiner politischen Lobbyarbeit konnte Theodor Herzl nicht mehr erleben. Auf Drängen Chaim Weizmanns verkündete der britische Außenminister Lord Arthur Balfour im Jahre 1917, seine Regierung beabsichtige, den Juden in Palästina eine »Heimstatt« zu verschaffen.

Herzls Weltsicht spiegelt den Geist der Epoche. Der Orient war eine Verfügungsmasse der Europäer. Dass es in Palästina Menschen gab – Araber, die sich später Palästinenser nannten –, nahm man kaum zur Kenntnis. Noch die spätere israelische Ministerpräsidentin Golda Meir sagte 1969 bekanntlich den Satz: »Ich kenne kein palästinensisches Volk.«[7]

Für ebendieses palästinensische Volk nahm sich der Zionismus indessen ganz anders aus. Er war aus arabischer Sicht eine Variante des aggressiven europäischen Imperialismus. Die jüdische Einwanderung glich einer versteckten Invasion, die Einwanderer selbst galten bald als Kolonialisten. Das von ihnen aus Europa importierte Prinzip des Nationalstaates war den Arabern damals noch weitgehend fremd. Ihr Bewusstsein war eher von der islamischen Umma, der großen muslimischen Gemeinschaft, geprägt. Antisemitismus im europäischen Sinne existierte nicht. Christen und Juden hatten in islamischen Reichen zwar eine untergeordnete Stellung, aber verfolgt wurden sie kaum. Nun sollten plötzlich Palästinenser durch Herausgabe ihres Landes erst für den europäischen Antisemitismus und später für den Holocaust büßen.

In klare Worte fasste diese Auffassung der saudische Staatsgründer

Ibn Saud. Auf Bitten des amerikanischen Präsidenten Franklin D. Roosevelt trafen sich der Amerikaner und der neue starke Mann auf der arabischen Halbinsel am 14. Februar 1945 auf dem US-Kriegsschiff »Quincy« im Suezkanal. Roosevelt kam gerade von der Konferenz von Jalta zurück und wollte den mächtigen arabischen Herrscher von der Notwendigkeit der Gründung eines jüdischen Staates in Palästina überzeugen. Er berichtete dem Saudi vom europäischen Antisemitismus und vom Inferno des Holocaust. Der König erwiderte höflich, aus den Worten des Präsidenten gehe hervor, dass die deutschen, nicht aber die Araber für die Gräuel verantwortlich zu machen seien. Deshalb müssten die Deutschen, nicht aber die Araber den Preis für diese Verbrechen bezahlen. »Geben Sie«, wandte sich der König an den Präsidenten, »den Juden und ihren Familien die besten Ländereien und die besten Häuser der Deutschen.« Als sich der Amerikaner nicht überzeugt gab, fügte der Araber hinzu: »Der Verbrecher muss den Preis bezahlen, nicht aber der unschuldige Zeuge.«[8]

Konflikte zwischen einheimischen Arabern und zuwandernden Juden wurden von manchen früh prognostiziert. So etwa berichtete im März 1920 der britische Chefverwalter in Palästina, Sir Louis Bols, nach London, dass 90 Prozent der Bevölkerung – Muslime, Christen und auch Juden – antizionistisch eingestellt seien. Wenn die Politik der massiven jüdischen Einwanderung weitergeführt werde, schrieb Bols, würde diese sicher eine Revolution hervorrufen, welche die Juden aus dem Land vertreiben werde. Fast hellseherisch fügte Bols hinzu, diese Vertreibung könne nur verhindert werden, wenn die Juden vom mächtigen Militär der Mandatsmacht (Großbritannien) unterstützt würden.[9] Später, nach 1945, nach dem Ende des Britischen Empire, übernahm die Großmacht Amerika den Schutz der Einwanderer nach Palästina.

Schon lange bevor Balfour dem jüdischen Volk eine »Heimstatt« in Palästina versprochen hatte, war es unter der einheimischen arabischen Bevölkerung zu Protesten gegen eine massive jüdische Einwanderung gekommen. Am 7. Juli 1914 erschien in dem arabischen Magazin Al-Karmel ein Aufruf; darin wurden die Araber aufgefordert, sich mit Eingaben bei den Regierungen in Istanbul und London und mit lokalen Protestaktionen gegen die jüdische Einwanderung zu wenden. Eine in diesen Appell eingeschobene Frage lautete: »Wollt ihr Sklaven der Zionisten sein, die hierher gekommen sind, um euch aus eurem Land zu werfen, indem sie behaupten, dieses Land gehöre ihnen? Seid ihr – Muslime, Palästinenser, Syrer, Araber – darüber beglückt?«[10]

Nur ein weiteres von den vielen Memoranden des arabischen Protestes gegen eine jüdische Einwanderung sei hier erwähnt – das Memorandum des »Muslimisch-Christlichen Komitees« von Jaffa vom November 1918. Darin heißt es, der zionistische Anspruch auf Palästina berge den nicht praktikablen Anspruch in sich, eine neue politische Landkarte der Welt zu entwerfen. Und dann: »Wir Araber sind anderen gegenüber nicht feindlich gesinnt, und wir tragen uns niemals mit der Idee, andere Elemente aus unserem Land zu weisen. Wir können es aber nicht dulden, dass unsere Gäste, die Juden, uns unsere politischen Rechte nehmen. Wir sind auch nicht bereit, jene als Einheimische anzusehen, die von außerhalb unseres Landes kommen. Wir lehnen es ab, Millionen von Juden nach Palästina kommen zu sehen, denn sie werden die Güter Palästinas monopolisieren. Man darf nämlich nicht vergessen, dass der Jude nur den Juden mag und nur dem Juden und sonst niemandem hilft.«[11]

Chaim Weizmann erklärte 1918 bei einem seiner Besuche in Palästina, das Problem zwischen Arabern und Juden sei kein politisches, sondern ein ökonomisches. Vom politischen Standpunkt aus gesehen, liege der Schwerpunkt der Araber nicht in Palästina, sondern im Hedschas (der Region um Mekka und Medina), in Damaskus und in Bagdad. Der englischen Mandatsmacht erklärte Weizmann, er werde Faisal, dem Sohn des Königs des Hedschas, bei seinem geplanten Besuch erklären, wenn er ein starkes arabisches Königreich aufbauen wolle, seien es die Juden, die ihm dabei helfen könnten. »Wir können ihm die notwendige Unterstützung an Geld und organisatorischer Tatkraft geben. Wir werden seine Nachbarn sein, und wir werden keinerlei Gefahr für ihn darstellen, und wir sind keine und werden niemals eine große Macht darstellen.«[12]

Tatsächlich schlossen Faisal und Weizmann im Mai 1918 am Roten Meer in Akaba (heute Jordanien) ein Abkommen, in dem Faisal den Juden Palästina abtrat, sofern es ihm gelänge, jenes arabische Königreich zu gründen, das die westlichen Kriegsmächte den Arabern zuvor versprochen hatten. Faisal verbündete sich mit den Zionisten, weil er, so vermutete man damals, wohl die Unterstützung der Juden suchte, ein einiges arabisches Königreich zu schaffen. Der in englischer Sprache verfassten Vereinbarung fügte Faisal, der des Englischen nicht mächtig war, einen arabischen Absatz hinzu. Dort erklärte er, er werde sich an den Pakt mit Weizmann nicht gebunden fühlen, wenn die Araber nicht, wie von den Alliierten versprochen, ihre Unabhängigkeit bekämen. Aber die Siegermächte hielten sich nicht an ihre den Arabern öffentlich gegebenen Versprechen. Denn heimlich, im Sykes-Picot-Abkommen von 1916, hatten sie vereinbart, die arabische Region in Einflusssphären zu zerstückeln und dann unter sich aufzuteilen. So sezierten sie die arabische Welt und stellten sie unter ihre eigene Oberaufsicht. Syrien etwa wurde französisches Einflussgebiet, Palästina britisches.

Inzwischen aber hatte die jüdische Einwanderung nach Palästina eingesetzt. Sie wird im Allgemeinen mit dem hebräischen Wort Aliya bezeichnet, der Begriff bedeutet so viel wie Aufstieg. Es gab verschiedene Einwanderungswellen. Nach der Vertreibung von Juden aus England (1290), Frankreich (1391) und Spanien (1492) etwa siedelten sich immer wieder Juden in Palästina an. Die vom Zionismus – und von den erbärmlichen Lebensumständen im Zarenreich – ausgehenden Einwanderungswellen begannen im späten 19. Jahrhundert. Im Verlauf der ersten Aliya zwischen 1882 und 1903 siedelten sich etwa 35 000 Juden in Palästina an. Zwischen 1904 und 1914 (zweite Aliya) kamen nochmals 40 000 Juden. Zwischen 1919 und 1923 (dritte Aliya) erreichten abermals etwa 40 000 jüdische Einwanderer das Land. Zwischen 1924 und 1929 kamen etwa 82 000 Juden nach Palästina (vierte Aliya). Und in dem Jahrzehnt zwischen 1929 und 1939 (fünfte Aliya) kamen etwa 250 000. Der Mord an Millionen von Juden in Deutschland und in den von Hitler eroberten Gebieten, besonders in Polen, führte im Mai 1942 zu einer Konferenz im New Yorker Biltmore-Hotel. Die dort versammelten etwa 600 Delegierten aus achtzehn Ländern forderten angesichts des Holocaust eine ungebremste Einwanderung von Juden nach Palästina. Eine solche unbegrenzte Einwanderung war im Mai 1939 von den Briten angesichts steigender arabischer Proteste abgelehnt worden. So hieß es in der Schlussdeklaration lediglich, die Konferenz »sendet ihren jüdischen Landsleuten in den Ghettos und den Konzentrationslagern in dem von Hitler unterjochten Europa eine Botschaft der Hoffnung und der Ermutigung, und sie betet, dass ihre Stunde der Befreiung nicht zu weit entfernt sein wird.«

Im nächsten Absatz der Erklärung wenden sich die Delegierten den Arabern zu. Dort schreiben sie: »Das jüdische Volk in seiner Anstrengung nach nationaler Erlösung heißt die wirtschaftliche, landwirtschaftliche und nationale Entwicklung der arabischen Völker und Staaten willkommen. Die Konferenz bestätigt ... den Willen und das Verlangen des jüdischen Volkes nach voller Zusammenarbeit mit seinen arabischen Nachbarn.« Am Ende forderten sie aber, dass die Einwanderung und der Aufbau des Landes vollständig in die Hände der entsprechenden jüdischen Organisationen gelegt werden solle.[13]

Nur einige Monate zuvor, am 15. Januar 1942, hatten sich fünfzehn Naziführer in Berlin zur sogenannten Wannseekonferenz getroffen. Auf ihr wurde die »Endlösung« der Judenfrage, die Deportation und Ermordung der europäischen Juden, beschlossen. Nachdem sich das volle Ausmaß der Katastrophe 1945 aller Welt offenbarte, war aus westlicher Sicht die Gründung eines eigenständigen jüdischen Staates folgerichtig. Die neu gegründete UNO beschloss am 29. November 1947 die Aufteilung Palästinas in einen arabischen und einen jüdischen Staat. Am 14. Mai 1948 rief David Ben Gurion den Staat Israel aus. Herzls Traum vom »Judenstaat« hatte sich erfüllt – der Weg dorthin allerdings war ein ganz anderer, als Herzl ihn geplant hatte.

Der von Herzl ins Leben gerufene, aus dem europäischen Antisemitismus und dem Nationalismus geborene politische Zionismus hatte sein Ziel zumindest teilweise erreicht. Es gab einen »Judenstaat« – wenn auch nicht in ganz Palästina. Die arabischen Nachbarn wollten sich mit dieser Tatsache nicht abfinden. Schließlich waren es nicht die Araber gewesen, die, wie Ibn Saud bemerkt hatte, für den Holocaust verantwortlich waren. Arabische Armeen griffen den neuen Staat an. Bis 1949 dauerten die Kämpfe. Israel verteidigte sich nicht nur, sondern eroberte Land hinzu. Die Grenzen von 1949 werden heute, zumindest inoffiziell, von den meisten Mitgliedern der internationalen Staatenwelt als Israels Grenzen anerkannt. Der Krieg von 1948/49 war einerseits die Fortsetzung der Auseinandersetzungen, die es schon in den Jahrzehnten zuvor zwischen Arabern und Juden gegeben hatte. Gleichzeitig war er auch der Auftakt einer leidvollen, bis heute andauernden Geschichte, im Verlaufe derer zwei Völker um ein und dasselbe Land kämpfen.

Viele haben diese Konflikte vorausgesehen. So verfasste Hannah Arendt genau zwei Jahre vor der Gründung Israels einen Essay, in dem sie Herzls Tatkraft lobte sowie auch die Scharfsicht, mit welcher er die europäische Gesellschaft seiner Epoche analysiert hatte. Dann aber schrieb sie: »Herzl begriff nicht, dass das Land seiner Träume nicht existierte, dass es keinen Ort auf der Welt gab, wo ein Volk wie der organische Nationalkörper, den er sich vorstellte, leben konnte und dass die wirkliche historische Entwicklung einer Nation sich nicht innerhalb einer nach außen abgeschotteten biologischen Wesenheit vollzieht. Und selbst wenn es ein Land ohne Volk gegeben hätte, … hätte Herzls Politik immer noch für erhebliche Schwierigkeiten in den Beziehungen zwischen dem neuen jüdischen Staat und anderen Nationen gesorgt.«[14]

Bleibt noch anzumerken, dass der von Herzl gegründete politische

Zionismus bis zum Holocaust keineswegs von allen Juden als die Lösung ihrer Probleme angesehen wurde. Einige sahen weiter in der Assimilation einen Weg zu Anerkennung und Gleichberechtigung. Andere dachten an Emigration. Und wieder andere glaubten, ihre gesellschaftliche Lage im Rahmen einer sozialistischen Gesellschaftsordnung auf befriedigende Weise dauerhaft verbessern zu können.

Der christliche Zionismus

In Kenntnis der verhängnisvollen Geschichte ist es schwer vorstellbar, dass es noch ein ganz anderes zionistisches Konzept gab – und bis auf den heutigen Tag gibt. Dieses Konzept hat viel mit dem christlichen Glauben, genauer gesagt, viel mit einer fundamentalistischen Richtung innerhalb des Christentums zu tun. Deren Vertreter sehen ausschließlich eine wortgetreue Auslegung der Bibel, besonders des Alten Testamentes, als verbindlich an. Danach gilt auch für Christen noch immer jenes Wort, wonach die Juden Gottes ausgewähltes Volk seien, und wonach Gott seinem Volk das Land Kanaan (heute Palästina genannt) zum »ewigen« Besitz gegeben habe, das dem jüdischen Volk auch noch über 2000 Jahre später zustehe.

Diese Ideologie des »Christlichen Zionismus« hat ihren Ursprung im England des 19. Jahrhunderts. Heute ist sie besonders in den USA virulent, gewinnt aber auch in Deutschland zunehmend an Einfluss. Sie äußert sich in Form eines ausgeprägten Philosemitismus. In den USA ist er besonders unter den Evangelikalen anzutreffen. Ihre wortwörtliche Bibelauslegung fördert einen messianisch zu nennenden Zionismus, dessen Ziel eine hundertprozentige Unterstützung Israels ist. Von dieser Unterstützung profitieren vor allem jene jüdischen Siedler, die sich nach 1967 im eroberten Westjordanland und um Jerusalem herum niedergelassen haben. Denn ihr ideologisches Fundament ist diese messianische Heilsversion. (Siehe Kapitel »Wir da oben, ihr da unten«). Religiöse Zionisten, schreibt Stephan Sizer, Vikar und Vorsitzender der britischen »Internationalen Bibelgesellschaft« »standen an der Spitze der illegalen Besetzung palästinensischen Landes, der Angriffe auf Muslime und Moscheen und der systematischen Ausdehnung der Siedlungen im Westjordanland«.[15]

Der englische christliche Zionismus beeinflusste auch Arthur Balfour, der als britischer Außenminister 1917 die berühmte »Heimstatt«-Erklärung abgab. In einem Memorandum zu der Frage nach der Haltung der Palästinenser schrieb er 1919: »In Palästina denken wir nicht daran, die Wünsche der gegenwärtigen Bevölkerung zu konsultieren. (…) Die vier Großmächte sind dem Zionismus verpflichtet. Und der Zionismus ist – zu Recht oder zu Unrecht, im Guten wie im Schlechten – in jahrhundertealten Traditionen verwurzelt; in gegenwärtigen Notwendigkeiten, in zukünftigen Hoffnungen. All dies ist von ungleich größerer Bedeutung als die Wünsche und Vorurteile von 700 000 Arabern, welche jetzt dieses alte Land bewohnen.«[16]

Macht man nun einen historischen Sprung vom späten 19. bzw. frühen 20. Jahrhundert zum Ende des 20. Jahrhunderts und von Großbritannien in die USA, so wird man fast identische Meinungen hören – auf theologischer wie auf politischer Seite. Zu den vehementen Befürwortern einer jüdischen Einwanderung nach Palästina gehörte der Pfarrer Jerry Falwell (1933–2007). Wie viele Amerikaner ließ sich auch Falwell durch den israelischen Blitz-Sieg im Sechstagekrieg von 1967 immens beeindrucken. Wie er sahen viele in dem Ereignis eine Art göttliches Zeichen. Fortan setzte sich Falwell so sehr für die israelische Sache ein, dass ihm Ministerpräsident Menachem Begin 1979 ein Privatflugzeug, einen Learjet, zur Verfügung stellte, damit er in den USA überall den israelischen Standpunkt verkünden könne. Außerdem erhielt Falwell als Anerkennung seines steten Einsatzes für die Sache Israels den Wladimir-Jabotinsky-Preis. Als Premier Benjamin Netanyahu im Januar 1998 die USA besuchte, traf er zuerst mit Falwell und der »National Unity Coalition for Israel« zusammen und danach erst mit Präsident Bill Clinton.[17]

Schon kurz nach seiner Wahl 1996 hatte Netanyahu 17 einflussreiche christliche Zionisten aus den USA nach Israel geladen. Zum Abschluss ihres Aufenthaltes unterzeichneten die Teilnehmer ein Manifest, in welchem sie Israel unverbrüchliche politische Treue gelobten. Weiter sprachen sich die amerikanischen Abgesandten für den Ausbau der Siedlungen im Westjordanland, in Gaza und auf den Golanhöhen aus. Natürlich plädierten sie für ein vereinigtes Jerusalem unter israelischer Souveränität. »Jede dieser Deklarationen wurde von biblischen Zitaten in einem Furnier evangelikaler christlicher Sprache untermauert«, schreibt der amerikanische Wissenschaftler Donald Wagner.[18]

Weitere einflussreiche Vertreter des christlichen Zionismus sind der Fernsehprediger Pat Robertson (geboren 1930), der 1960 das »Christian Broadcasting Network« gründete, das inzwischen in 71 Sprachen in 180 Länder sendet, und der Prediger Hal Lindsay (geboren 1929). Bekannt wurde er durch seine Bücher, besonders durch jenes mit dem Titel »The

Late Great Planet Earth«. Seit seinem Erscheinen 1970 hat es über 100 Auflagen erlebt. Allein bis 1993 wurden mehr als 20 Millionen Exemplare verkauft. In diesem Werk besteht Lindsay darauf, dass die biblischen Prophezeiungen vom Untergang der Welt, von der Wiederkehr des Messias und vom Jüngsten Gericht noch in naher Zukunft Wirklichkeit würden. Lindsays Einfluss und der anderer Vertreter des christlichen Zionismus, schreibt Stephen Sizer, seien kaum zu überschätzen. Regelmäßig träfen sie sich mit Vertretern Israels etwa an Plätzen wie der Harvard Business School. Die Beziehung zwischen christlichem und jüdischem Zionismus habe sich über die Jahre so intensiviert, dass sich heute kaum ein gewählter amerikanischer Politiker finde, der es wage, die israelische Regierung offen zu kritisieren.[19]

Offenbar ist es sehr schwer, der oft wiederholten Botschaft von der göttlichen Mission Israels zu entkommen. Jerry Falwell und Pat Robertson behaupten, sie erreichten wöchentlich einhundert Millionen Amerikaner. Die Anhängerschar des christlichen Zionismus in den USA wird auf etwa 25 Millionen Menschen geschätzt. In 1000 christlichen Radio- und 100 Fernsehstationen wird regelmäßig die christlich-zionistische Weltsicht verbreitet. Etwa 80 000 fundamentalistische Pastoren verkünden die Botschaft von der von Gott gewollten Rückkehr des jüdischen Volkes nach Israel. Zahlreiche Organisationen, wie die Christian Witness for Israel, Christian Friends of Israeli Communities, Christians United for Israel, Church's Ministry among Jewish People und die International Christian Embassy Jerusalem (ICEJ) verbreiten die Botschaft der christlichen Zionisten besonders in den USA.

Eine der einflussreichsten Lobby-Gruppen darunter ist zweifellos die ICEJ. Nachdem Israel 1980 in einem einseitigen Akt den 1967 eroberten arabischen Ostteil der Stadt annektiert hatte, verlegten aus Protest gegen diesen Bruch internationalen Rechtes und vielleicht auch aus Angst vor einem arabischen Wirtschaftsboykott 13 Botschaften, darunter die niederländische, ihren Sitz von Jerusalem nach Tel Aviv (andere Länder hatten diesen Schritt schon nach dem Krieg von 1967 vollzogen). Auf Initiative des Holländers Jan Willem van der Hoeven gründeten daraufhin noch im Jahr 1980 christlich-zionistische Organisationen die ICEJ. Van der Hoeven bezeichneten dies als Akt des Protestes gegen die »Feigheit und gegen die schamvolle Verweigerung des israelischen Rechtes auf seine vereinigte Hauptstadt durch die Welt«. Inzwischen hat die Organisation Büros in vielen Ländern. Die ICEJ fördert die Einwanderung besonders osteuropäischer Juden nach Israel und hilft ihnen bei der Integration in den israelischen Alltag.

Dieser christliche Zionismus hatte und hat großen Einfluss auf amerikanische Präsidenten – von Lyndon B. Johnson über Jimmy Carter und Ronald Reagan bis zu George Bush jr. 1968 erklärte Johnson: »Die meisten von Ihnen, wenn nicht alle, haben tiefe Bindungen mit den Menschen Israels – so wie ich, denn mein christlicher Glaube entsprang dem Ihrigen. Die Geschichten der Bibel sind in meine Kindheitserinnerungen verwoben so wie der ritterliche Kampf der modernen Juden, sich von Verfolgung zu befreien, ebenso in unsere Seelen gewebt ist.« Ähnlich empfand zunächst Präsident Jimmy Carter, der 1976 gewählt wurde. Carter sprach von Israel als der »Rückkehr ins biblische Land, aus dem die Juden vor so vielen hundert Jahren vertrieben« worden seien. Carters größte außenpolitische Tat war dann die Vermittlung des Friedensabkommens von Camp David zwischen Israels Premierminister Menachem Begin und dem ägyptischen Präsidenten Anwar As Sadat im Jahre 1979. Doch als Carter die Siedlungspolitik der Regierung Begin deutlich kritisierte und die Gründung eines palästinensischen Staates anregte, verlor er die Unterstützung der christlichen Zionisten und der israelischen Lobby. Im Jahre 2006 veröffentlichte Jimmy Carter sein Buch »Palestine – Peace not Apartheid«. Dass Carter Israel Apartheid-Politik gegenüber den Palästinensern vorwarf, brachte ihm noch einmal harsche Kritik von vielen jüdischen Lobbygruppen in den USA ein.

Nachfolger Ronald Reagan hatte schon als Gouverneur von Kalifornien bezeugt, dass er viele Prophezeiungen der Bibel wörtlich nehme. Auch die beiden Präsidenten aus der Bush-Dynastie bemühten sich um die Stimmen der Evangelikalen. Bush Junior nannte sich einen »wiedergeborenen Christen« und erklärte einst gegenüber dem Journalisten Bob Woodward, er hole bei Entscheidungen manchmal auch den Rat Gottes ein. Nachdem der damalige israelische Premier Ariel Scharon 2002 (nach einem verheerenden Hamas-Attentat auf Bürger der Stadt Netanja) das Westjordanland wieder besetzt hatte, forderte Präsident Bush jr. Israel auf, seine Truppen zurückzuziehen. Nach einer von christlich-zionistischen Gruppen organisierten Telefon- und Internetkampagne schwächte Bush diesen Appell wieder ab.

Kritik am christlich-zionistischen Fundamentalismus übt das Middle East Council of Churches (MECC). Das 1974 gegründete MECC ist die Vereinigung der orientalischen christlichen Kirchen – der orthodoxen, protestantischen und, seit 1990, auch der katholischen. In einer Stellungnahme zum christlichen Zionismus heißt es, die Bewegung habe die Tendenz, »dem Nahen Osten das zionistische Modell eines theokratischen und ethnozentrischen Nationalismus aufzudrängen«. Dabei lehnten Anhänger dieses Modells jene Suche nach christlicher Einheit und interreligiöser Verständigung ab, die von den Kirchen der Region so sehr gefördert werde. Weiter schreiben die Autoren: »Das Programm des christlichen Zionismus, zusammen mit dem modernen politischen Zionismus, bietet dem Christen eine Weltsicht, in welcher die Bibel mit der Ideologie des Erfolges und des Militarismus identifiziert wird. Diese Weltsicht legt ihren Schwerpunkt auf Ereignisse, die zum Ende der Geschichte führen, statt heute die Liebe und Gerechtigkeit Christi zu leben.«

Natürlich hat jedermann das Recht, die Schriften der Bibel wörtlich zu nehmen. In den USA etwa folgt eine zunehmende Zahl der sogenannten Kreationisten dem Wortlaut der Schöpfungsgeschichte und lehnt die Evolutionstheorie von Charles Darwin ab. Diese private Einstellung wird aber dann problematisch, wenn sie sich auf die Politik der Gesellschaft bezieht. Denn wenn man die Bibel über zweieinhalbtausend Jahre nach ihrem Entstehen als Handlungsanweisung für die Gegenwart nimmt, steht man schnell im Gegensatz zum Völkerrecht, wie es etwa auch in der Charta der Vereinten Nationen verankert ist. Dann nämlich läuft eine wortwörtliche Bibelauslegung auf Duldung von Unterdrückung der Palästinenser, auf Duldung oder sogar Förderung religiöser Intoleranz gegenüber Muslimen, auf Obstruktion jedweder Friedensbemühungen und letztlich auf Förderung eines Apartheid-Systems hinaus.

Genau solch eine Entwicklung ist in den von Israel 1967 eroberten und bis heute besetzten palästinensischen Gebieten zu beobachten. Die Juden, die sich dort angesiedelt haben, betrachten das von den Palästinensern genommene Land als ihr eigenes, weil es in der Bibel, ihrer Meinung nach, den Juden, nicht aber den Arabern, versprochen worden sei. Die Araber hätten in ihren Staaten genug Land, auf dem und von dem sie leben könnten.

Doch diese extreme Meinung wird von vielen in Israel heftig bestritten. Zu ihnen gehört Avraham Burg, einst Vorsitzender der Knesset, des israelischen Parlamentes, und Präsident des Zionistischen Weltkongresses. In seinem in Israel und in Frankreich erschienenen Buch »Hitler besiegen« (siehe auch letztes Kapitel) kritisiert er vor allem die Siedler: »Das ganze Land ist Geisel eines Grüppchens von Siedlern, die mit Bürgerkrieg und passivem Widerstand drohen und die Legitimität des Staates und den Willen der Mehrheit missachten.«[20]

Wir da oben, ihr da unten

Von Siedlern und Eingeborenen

»Eine substantielle Ansiedlung israelischer Zivilisten in den besetzten Gebieten einschließlich Ost-Jerusalems ist gemäß der Genfer Konvention ganz klar illegal. Das Bestehen dieser Siedlungen wird von meiner Regierung als Friedenshemmnis angesehen.«
William W. Scranton, US-amerikanischer Botschafter bei den Vereinten Nationen, 1976

»Der Sicherheitsrat der Vereinten Nationen ... entscheidet, dass die Politik und die Praktiken Israels, in palästinensischen und anderen arabischen 1967 eroberten Gebieten Siedlungen einzurichten, keine rechtliche Grundlage haben und ein ernsthaftes Hindernis darstellen, einen umfassenden, gerechten und dauerhaften Frieden im Nahen Osten zu erreichen.«
UN-Sicherheitsrats-Resolution Nr. 446 vom 22. März 1979

Es gibt viele Ereignisse, welche die tragische Entwicklung markieren, die der Nahe Osten seit der ersten Hälfte des letzten Jahrhunderts durchlaufen hat. Man muss den Arabischen Aufstand von 1936 bis 1939 nennen, in dem sich Palästinenser gegen die britische Besatzungsmacht und gegen die jüdische Einwanderung wehrten. Dem folgte die von den Vereinten Nationen legitimierte Gründung Israels 1948. 1953 stürzte der amerikanische Auslandsgeheimdienst CIA den iranischen Ministerpräsidenten Mohammed Mossadeq; der Coup hatte weitreichende Folgen und führte auf Umwegen letztlich zur Machtübernahme Ayatollah Chomeinis im Jahre 1979, wodurch der Iran zum Feind Israels und der USA wurde. 1956 griffen Israel, Großbritannien und Frankreich Ägypten an, weil sie die Verstaatlichung des Suezkanals durch Präsident Gamal Abdel Nasser nicht hinnehmen wollten. Im Sechstagekrieg vom Juni 1967 eroberte Israel das Westjordanland, Gaza, Ost-Jerusalem, die Golanhöhen (von Syrien) und die Halbinsel Sinai (von Ägypten). Diesem Waffengang folgte der »War of Attrition«, der »Abnutzungskrieg« zwischen Ägypten und der Palästinensischen Befreiungsorganisation (PLO) einerseits und Israel andererseits. Er dauerte bis 1970 und sollte Israel dazu zwingen, die eroberten Gebiete wieder herauszugeben. 1973, im Yom-Kippur-Krieg, drangen ägyptische und syrische Truppen nach Israel ein.

Wie der »Abnutzungskrieg« zuvor sollte auch dieser Krieg Israel zum Verlassen eroberter Gebiete bewegen. Die Angreifer verloren die militärische Schlacht, aber die Auseinandersetzung führte letztlich 1978/1979 in Camp David zum Frieden zwischen Israel und Ägypten. Dieser Friedensvertrag machte Israel aber auch militärisch den Rücken frei. So konnte Ariel Scharon, damals Verteidigungsminister, 1982 im Libanon Jassir Arafats Untergrundkämpfer angreifen, ohne befürchten zu müssen, auf der anderen Seite von Ägypten überfallen zu werden. 1980 schließlich betrat Saddam Hussein die Kriegsbühne in Nahost, er ließ den Irak in das Nachbarland Iran einfallen, um die Mullahs zu vertreiben. 1990 schlug Saddam Hussein wieder zu und überfiel Kuwait, von wo er 1991 von den USA und einer von ihnen versammelten Koalition vertrieben wurde. Schließlich schickte George W. Bush 2003 Truppen in den Irak, um Saddam Hussein zu stürzen. Nicht erwähnt in dieser Kriegschronik sind der libanesische Bürgerkrieg (1975 bis 1990) sowie der Krieg zwischen dem Libanon und der schiitischen Hisbollah-Miliz im Jahre 2006. Durch den Krieg zwischen der Hamas und Israel wurde dieser erschreckenden Kriegschronik am Ende des Jahres 2008 und zu Beginn des Jahres 2009 ein weiteres tragisches Kapitel hinzugefügt.

Zwei Kriege aus dieser Abfolge von Katastrophen haben eine ganz besondere Bedeutung für die Entwicklung des israelisch-arabischen Verhältnisses und für das Schicksal der Region insgesamt: die Eroberung Gazas, des Westjordanlandes, des Sinai und Ost-Jerusalems durch Israel im Sechstagekrieg vom Juni 1967 und, als Folge davon, die ägyptisch-syrische Invasion in Israel im Oktober 1973. Es ist besonders der Krieg von 1967, dessen Nachbeben bis heute zu spüren sind. Denn auf beiden Seiten – der arabischen und der israelischen – förderte der Krieg den Extremismus. Während die Araber ihre Niederlage im Krieg gegen Israel von 1948/49 den schwachen und korrupten arabischen Regimes anlasteten, interpretierten sie die Niederlage von 1967 auch als Niederlage ihrer Gesellschaften. Irgendetwas war schief gelaufen in der Entwicklung ihrer Länder. Auf der Suche nach den Ursachen, nach einer neuen Identität und einer neuen Ausrichtung kamen viele Menschen zu dem Schluss, die Rückbesinnung auf die eigenen Wurzeln, auf den Islam, sei die einzige Möglichkeit, Würde und Selbstbewusstsein wiederzugewinnen. Manche griffen sogar zu den Waffen.

Personifiziert wird diese gewalttätige Entwicklung auch durch einen

Mann wie Aiman al-Zawahiri, heute zweiter Mann in der Terrorgruppe Al-Qaida. Al-Zawahiri stammt aus einer alteingesessenen, wohlhabenden, durchaus bürgerlichen Kairoer Familie. Aber schon während seines Militärdienstes organisierte er unter Offizieren islamistische Zellen. Wegen Beteiligung an der Ermordung des ägyptischen Präsidenten Anwar As Sadat (1981), der 1979 mit Israel Frieden geschlossen und dafür den Sinai zurückbekommen hatte, wurde er zu einer langen Gefängnisstrafe verurteilt. Nach Meinung al-Zawahiris und vieler anderer hatten im Krieg von 1967 die bestehenden Ideologien wie Liberalismus, Sozialismus und auch der besonders von Ägypten verfochtene Pan-Arabismus ihre Unfähigkeit bewiesen, die arabische Welt aus ihrem Dilemma zu führen. Die einzige Lösung sei, sagen al-Zawahiri und seine Anhänger, die Besinnung auf die eigenen Grundlagen, den Islam. So ist das Jahr 1967 in gewisser Weise eine der Geburtsstunden des politischen Islam. Andere, die nicht wie al-Zawahiri zu den Waffen griffen, haben persönliche Konsequenzen gezogen: Manche, jedenfalls in Ägypten, änderten ihren Lebensstil. Sie hörten auf, Alkohol zu trinken, Frauen verhüllten ihr Haar mit dem Kopftuch, obwohl man ein solches Gebot aus dem Koran nicht zwingend ableiten muss. Und mehr als früher folgen viele dem islamischen Gebot, fünfmal am Tag zu beten. Kurz: Viele wandten sich von ihrer bis dahin verhältnismäßig liberalen, weltoffenen Lebensführung ab und beugten sich den Geboten des Koran, wie sie diese Gebote eben verstanden bzw. wie sie in den Moscheen interpretiert wurden.

Während in Arabien die militärische Niederlage im Sechstagekrieg zu politischer Radikalisierung führte, war es in Israel der Sieg in ebendiesem Krieg, der bei vielen eine Radikalisierung der politischen Haltung auslöste. Diese Wendung hin zum politischen Extremismus erfasste sowohl jene religiösen Zionisten, die in der Gründung Israels ein Werk Gottes sahen, als auch jene, die in der Nachfolge Theodor Herzls Israel nicht als ein Geschenk des Himmels, sondern als Ergebnis der 1896/97 begonnenen, wohlorganisierten politischen Kampagne – und bittererweise auch als Folge des Holocausts – sahen. Beide Gruppen zogen aus dem Sieg über die Araber dieselbe Schlussfolgerung: Da nun »Eretz Yisrael«, das gesamte historische Israel bis zum Fluss Jordan unter jüdischer Kontrolle stand, sollte dieses Land, so lautete die Forderung, auch von Juden besiedelt werden.

Zwei Monate nach dem Triumph über die Nachbarn gründeten Schriftsteller, Journalisten, Generäle, Kibbuz-Führer die »Bewegung für das gesamte Land Israel«. Sie standen ganz in der Tradition des zionistischen Kampfes, der 1948 zur Gründung Israels geführt hatte. Im Manifest der Bewegung vom August 1967 heißt es: »Das ganze Land Israel (»Eretz Yisrael«) befindet sich nun in der Hand des jüdischen Volkes, und da es uns nicht erlaubt ist, den Staat Israel aufzugeben, so ist es uns befohlen zu behalten, was wir von Eretz Yisrael empfingen. Wir sind verpflichtet, loyal zu sein gegenüber dem gesamten Land. Die Loyalität schulden wir der Vergangenheit des Volkes ebenso wie seiner Zukunft. Keine Regierung Israels hat das Recht, diese Gesamtheit aufzugeben, denn diese repräsentiert das inhärente und unveräußerliche Recht unseres Volkes vom Beginn seiner Geschichte an.«[1]

Noch radikaler traten nach dem Sieg von 1967 die religiösen Zionisten auf. Der israelische Historiker Shlomo Sand bewertet das so: Der militärische israelische Sieg von 1967 habe den »allmählichen Prozess der Säkularisierung« des sich bildenden israelischen Nationalbewusstseins erheblich verlangsamt. Gleichermaßen sei die Entwicklung der sich formierenden israelischen Zivilkultur beeinträchtigt worden. Stattdessen sei der »messianische Nationalismus«, der seit Beginn der sechziger Jahre langsam in den Hintergrund getreten sei, ins Zentrum der politischen Bühne zurückgekehrt.[2]

Tatsächlich folgte dem Sieg von 1967 eine Renaissance jener auf der Bibel beruhenden Auffassung, wonach Gott dem jüdischen Volk das Land Kanaan zu ewigem Besitz übereignet habe. Politisch nämlich, wenn auch noch nicht organisatorisch, war der Triumph über die Araber die Geburtsstunde der radikalen religiösen Siedlerbewegung Gush Emunim (Block der Getreuen). Diese Radikal-Religiösen – »eine Allianz aus ungeduldigen Politikern, die an die Macht wollten, und dynamischen Intellektuellen«[3] – nahmen das Alte Testament mit seiner Verheißung, dem Volk Israel sei das Land Kanaan versprochen, ebenso wörtlich wie radikale Islamisten ihren Koran. Gush Emunim sah und sieht in der Gründung Israels ein Werk Gottes. Die Ideologen der Bewegung berufen sich auf Genesis 15:18; 17:8: »Gott sagte zu Abraham: Deinen Nachkommen gebe ich dieses Land, vom Fluss Ägyptens zum großen Fluss Euphrat. Das ganze Land Kanaan, wo du jetzt ein Fremder bist, gebe ich Dir als immerwährenden Besitz, dir und deinen Nachkommen. Und ich werde ihr Gott sein.«

Rabbiner Tzvi Yehuda Kook (1891–1982), der führende Ideologe der Siedlerbewegung Gush Emunim, interpretierte 1978 den UNO-Beschluss von 1947, einen Teil Palästinas dem jüdischen Volk zu geben, als göttliches Werk: »Der Staat Israel wurde geschaffen und gegründet vom Rat der Nationen auf Befehl des souveränen Herren des Universums, damit die klare Anweisung in der Thora, dass sie das Land erben und besiedeln, erfüllt werde.«[4] Nach derselben Ideologie ist Israel nichts anderes als der »Thron Gottes in dieser Welt« und sei deshalb vollkommen anders als Staaten, die auf den Ideen von Philosophen wie John Locke und Jean Jacques Rousseau aufbauten.[5]

Diese Interpretation biblischer Worte hat sich unter religiösen Siedlern bis auf den heutigen Tag erhalten. Ein Vierteljahrhundert nach Rabbiner Kooks alttestamentarischer Interpretation des historischen UNO-Beschlusses erhob Rabbiner Eliezer Waldman im Juni 2002 einen analogen Anspruch auf ganz Palästina. Die Okkupation des Westjordanlandes rechtfertigte er mit den Worten: »Lasst es uns klar und deutlich sagen: Wir besetzen keine ausländischen Gebiete in Judäa und Samaria (biblischer Ausdruck für das Westjordanland). Dies ist unsere alteingesessene Heimat. Und Gott sei gedankt, dass wir diese zum Leben zurückgebracht haben. Unglücklicherweise sind einige unserer traditionellen Städte in YESHA (Hebräisches Akronym für Judäa, Samaria und Gaza) immer noch illegal besetzt von Fremden, die in den göttlichen Prozess der Erlösung Israels eingreifen.« Eliezer Waldman war damals Leiter einer Religiösen Schule in der Siedlung Kiryat Arba oberhalb von Hebron.[6]

Gegenstimmen gab es nur wenige. Eine kam von dem eher liberalen religiösen Philosophen Yeshayahu Leibowitz (1903–1994). Leibowitz war in Riga geboren worden und wanderte 1935 nach Palästina aus. Er war von Beruf Naturwissenschaftler, als Philosoph forderte er, der Mensch habe die Gebote Gottes zu befolgen, ohne auf Belohnung hoffen zu dürfen. Die politische und kulturelle Entwicklung Israels nach dem Sieg von 1967 veranlasste ihn zu der Warnung, der militärische Erfolg könne Israel in eine »militaristische und oppressive Nation« verwandeln und könne zudem den »kompletten Verlust der spirituellen jüdischen Tradition« nach sich ziehen.[7]

Doch solche Appelle fruchteten nichts. Die Siedler sahen sich in ihrer fast messianischen Weltsicht bestätigt, das ganze Land, vom Mittelmeer bis zum Jordan und möglichst noch darüber hinaus, müsse von Juden besiedelt werden. Besonders die jungen Mitglieder des national-religiösen Lagers sahen im Sechstagekrieg, wie die israelischen Autoren Idith Zertal und Akiva Eldar in einer ausgedehnten Untersuchung schreiben, jenen »Big Bang, der dem religiösen Zionismus die Möglichkeit gab, teilzunehmen am nächsten Schritt der Erlösung, der jüdischen Besiedlung des größeren Landes Israel«. Die Siedler hatten Erfolg. Im Jahre 2006 veröffentlichte die israelische Friedensbewegung

»Peace Now« eine auf offiziellen Angaben beruhende Statistik. Danach waren 40 Prozent des für Siedlungen benutzten Landes im Westjordanland von Palästinensern enteignet worden; zudem waren weitere 130 Siedlungen auf Land gebaut, das der Staat zu »privatem Land« erklärt und konfisziert hatte.[8]

In der Siegesstimmung von 1967 war es ausgerechnet der Auslandsgeheimdienst Mossad, der eine andere Politik befürwortete. Bereits wenige Tage nach dem israelischen Sieg legte er ein Papier vor, in dem dringend die möglichst schnelle Gründung eines palästinensischen Staates empfohlen wurde. Der Mossad hatte im gerade eroberten Westjordanland mit Repräsentanten der arabischen Bevölkerung gesprochen und herausgefunden, dass diese der Gründung eines unbewaffneten palästinensischen Staates im Westjordanland und Gaza zustimmen würden.[9] In dem Dokument wird Israel auch aufgefordert, das Problem der palästinensischen Flüchtlinge von 1948 zu lösen, indem es sich an die Spitze einer internationalen Initiative setze, die zum Ziel habe, die Flüchtlinge wieder in ihrer Heimat anzusiedeln.

Doch diese Einsicht wurde nicht befolgt. Zwar wandte sich Verteidigungsminister Moshe Dayan zunächst gegen die Errichtung von Siedlungen in den eroberten Gebieten. Doch schon gewannen jene Stimmen an Gewicht, welche die Besiedlung der neuen Gebiete forderten. Speerspitze war die national-religiöse Bewegung unter ihrem Sprecher Hannan Potat. Am 23. September 1967, gut drei Monate nach dem israelischen Sieg über die Armeen arabischer Staaten, begann er in Gush Etzion mit dem Bau einer Siedlung. Gush Etzion, südlich von Jerusalem, war und ist für Juden ein symbolträchtiger Ort. Hier hatten sich Ende der zwanziger Jahre des 20. Jahrhunderts Juden angesiedelt, im arabisch-israelischen Krieg von 1948 waren hier über 100 Juden gefallen, viele andere waren von den Jordaniern gefangen genommen worden. Widerwillig stimmten 1967 Premier Levi Eshkol und dann auch Moshe Dayan zu. Der Druck der Religiösen war zu groß.

Das Beispiel Gush Etzion wurde eine Art Muster für die Zukunft. Einerseits sah sich die israelische Regierung dem Druck des Auslands ausgesetzt, das den Siedlungsbau als völkerrechtswidrig wertete, denn die Vierte Genfer Konvention vom 12. August 1949 verbietet es bekanntlich, den Status eines eroberten Landes zu verändern. Andererseits wurde die Lobby der National-Religiösen immer stärker. Durch den Bau von Siedlungen, also durch das Schaffen von Fakten, wollte sie die eroberten Gebiete mehr und mehr an Israel binden und schließlich zu einem Teil des Staates machen.

Bald nach Gründung von Gush Etzion suchten sich die religiösen Siedler einen weiteren für die Juden symbolträchtigen Ort aus, um die neue jüdische Präsenz in den eroberten Gebieten zu manifestieren. Rabbi Moshe Levinger, der spätere Mitbegründer von Gush Emunim, und einige andere beschlossen, das Passahfest (am Passah- oder Pesachfest wird der biblische Exodus des jüdischen Volkes aus Ägypten und die Befreiung aus der Sklaverei gefeiert) im Jahr 1968 in Hebron zu begehen. Der Name Hebron erweckt bei Juden schlimme Erinnerungen. Hier wurden im Jahre 1929 67 Juden von palästinensischen Arabern ermordet. Das Pogrom entstand allerdings nicht aus reiner Mordlust oder purem Antisemitismus. Es war eine Reaktion auf die massive jüdische Einwanderung in den Jahren zuvor und auf den Vorschlag Chaim Weizmanns, den Tempelberg mit dem muslimischen Felsendom und der Al-Aqsa-Moschee unter jüdische Verwaltung zu stellen. Es kam zu Auseinandersetzungen zwischen Arabern und Juden, die sich bis nach Hebron südlich von Jerusalem ausdehnten. Die britische Mandatsmacht setzte eine Untersuchungskommission unter dem Vorsitz von Sir Walter S. Shaw ein. Diese kam zu dem Schluss, dass es in den Jahren zuvor nur zu außerordentlich wenigen Übergriffen von Arabern auf Juden gekommen sei und dass Juden und Araber in gegenseitiger Toleranz gelebt hätten, eine Situation, wie der Bericht hinzufügt, die »heute in Palästina fast unbekannt ist«.[10]

An diese vier Jahrzehnte zurückliegenden Ereignisse knüpften Rabbi Moshe Levinger und seine Gefolgsleute an, als sie im Frühjahr 1968, ein gutes halbes Jahr nach dem Sechstagekrieg, beim israelischen Militärgouverneur beantragten, für 48 Stunden in Hebron wohnen zu dürfen.[11] Doch nachdem diese 48 Stunden des 12. und 13. April 1968 vorüber waren, dachten Levinger und seine Freunde in keiner Weise daran, Hebron wieder zu verlassen. Ein paar Tage später wurden die Siedler schon mit einem Besuch von Minister Yigal Allon beehrt, wieder ein paar Tage danach antwortete Moshe Dayan auf die Frage des Knesset-Abgeordneten Uri Avnery, ob man die Absicht der Siedler, in Hebron zu bleiben, nicht hätte voraussehen können, er habe die »innersten Gedanken« der Siedler nicht geprüft. So wurde letztlich mit der Zustimmung der Regierung eine jüdische Siedlung mitten in das Herz der arabischen Stadt Hebron gepflanzt. Diese Siedler mussten alsbald von der Armee vor palästinensischen Übergriffen beschützt werden, was wiederum die Armee veranlasste, zahlreiche palästinensische Häuser zu beschlagnahmen und deren Besitzer bzw. Bewohner zu vertreiben. Die Siedler wurden schon bald von der Armee mit Waffen ausgestattet. Ihre von Mauer und Stacheldraht beschützten Quartiere verließen sie nur noch bewaffnet. Minister Yigal Allon bestätigte Ende September 1968, also nur gut ein Jahr nach Eroberung des Westjordanlandes, Gazas, Ost-Jerusalems und der Sinaihalbinsel, dass sein Land den Bau von Siedlungen zum festen Bestandteil seiner Politik gemacht habe. Israel habe die ganze Welt daran gewöhnt, »den Akt der Besiedlung als Tatsache von besonderem Gewicht« zu sehen. Diese Entwicklung sei ein fester Bestandteil »unserer Bewegung der nationalen Wiedergeburt«.

Sowohl für die Regierung als auch für religiöse Zionisten wie Rabbi Moshe Levinger galt Hebron weiter als idealer Ort, der Welt diese nationale Wiedergeburt zu präsentieren. Juden nennen diesen Ort »Stadt der Patriarchen«, denn hier sollen Abraham, Isaac und Jacob mit ihren Frauen Sarah, Rebeccah und Leah begraben sein. Da auch Christentum und Islam Abraham anerkennen und verehren, wurde Hebron allerdings zu einem von allen drei Religionen verehrten Ort. Am 25. März 1970 beschloss die Knesset den Bau einer neuen Siedlung oberhalb Hebrons, in Kiryat Arba. Auf den Einwand des Abgeordneten Uri Avnery, die Gründung einer neuen Sieldung könne die Friedenschancen mit den Palästinensern mindern, antwortete Yigal Allon, inzwischen Erziehungsminister und stellvertretender Premierminister, das Pogrom von 1929 dürfe nicht dazu führen, dass Hebron auf alle Zeiten ohne Juden bleiben müsse. 1971 zogen die ersten jüdischen Siedler in Kiryat Arba ein, die neu errichteten Häuser standen auf Land, das den palästinensischen Eigentümern entschädigungslos genommen worden war. Allerdings waren sich palästinensische Unternehmer nicht zu schade, die neuen jüdischen Siedlungen zu bauen und an diesem Geschäft kräftig zu verdienen.

Hebron wurde ein Muster für solche Geschäfte. Auch an anderen Orten des Westjordanlandes nahmen palästinensische Baufirmen lukrative Aufträge zum Bau jüdischer Siedlungen an.

In Hebron und im neuen Kiryat Arba gaben sich die jüdischen Siedler bald nicht mehr mit dem Erreichten zufrieden. In einem Brief an die Regierung schrieben sie, in der Umgebung einer arabischen Stadt von 50 000 Einwohnern, von denen viele den Juden feindlich gesinnt seien, müsse eine jüdische Stadt von doppelter Größe entstehen. »Nur ein jüdischer Ort von 100 000 Menschen«, schrieben die Siedler, »mit Industrieprojekten, einer großen Straße und elektrischem Strom wird die arabische Stadt in den Schatten der jüdischen Stadt stellen.« Doch der Traum von der jüdischen Dominanz in Hebron und Kiryat Arba hat sich nicht erfüllt. Von den bis 1977 gebauten 877 Wohnungen waren zumindest zeitweise nur 400 bewohnt, manche Siedler verließen die Stadt, denn sie wurde ein Ort, wo »das Leben hart und bitter war«.[12] Selbst Mitglieder von Gush Emunim waren zögerlich, ins gelobte Kiryat Arba zu ziehen. Immerhin, heute zählt die Siedlung 6000 Einwohner, andere Statistiken nennen die Zahl von 7000.

Nachdem ägyptische und syrische Truppen im Yom-Kippur-Krieg vom Oktober 1973 Israel angegriffen hatten, um die 1967 verlorenen Gebiete zurückzugewinnen, schlugen israelische Truppen massiv zurück und gewannen den Krieg militärisch. (Politisch führte der Krieg 1979 zum ägyptisch-israelischen Friedensabkommen von Camp David). Im Jahr 1974 erfolgte die offizielle Gründung der Siedlerbewegung, die nach Ansicht des amerikanischen Wissenschaftlers Ian Lustik der »religiöse Ausdruck« einer verbreiteten Unzufriedenheit war.[13] Die Gründungsversammlung fand im symbolträchtigen Kfar Etzion statt, die 200 Teilnehmer waren zumeist Absolventen religiöser Schulen, der Yeshivas. Einer der Gründer, Rabbi Moshe Levinger, gehörte zu jenen, welche die Siedlung Kiryat Arba oberhalb Hebrons errichtet hatten. Ihre Ideologie war die Revitalisierung des religiös verstandenen Zionismus, wie man in der Gründungserklärung lesen kann: »Unser Ziel ist es, im jüdischen Volk eine große Erweckungsbewegung zu schaffen und die Erfüllung der zionistischen Vision im vollen Umfang zu erreichen. Die Quelle dieser Vision ist die jüdische Tradition. (…) Das ultimative Ziel ist die volle Erlösung des jüdischen Volkes und der ganzen Welt.«[14]

Diese Erlösung – so sehen es die Anhänger von Gush Emunim – soll sich auch auf die strikte Einhaltung der jüdischen Gesetze, wie sie etwa im Talmud vorgeschrieben sind, beziehen. In ihrer Forderung nach strenger Befolgung jahrhundertealter religiöser Gesetze ähneln jüdische Fundamentalisten ihren muslimischen Gegenspielern. Wie so oft manifestiert sich eine solch überkommene, von Männern geschaffene Ideologie an der Haltung gegenüber Frauen. So etwa heißt es in der Halacha, dem jüdischen Gesetzeskodex, dass es Männern verboten sei, dem Gesang von Frauen zuzuhören, denn das Hören einer (singenden) Frauenstimme sei gleichbedeutend mit Ehebruch. Als etwa religiöse Siedler in den neunziger Jahren die Radiostation »Arutz« gründeten, sahen sie sich vor dem Problem, ob es ihnen erlaubt sei, die Lieder populärer jüdischer Sängerinnen zu senden. Nachdem der religiöse Zensor entschieden hatte, dass das Hören von von Frauen gesungenen Liedern durch einen Mann »Ehebruch« bedeute, kam es zu weiteren

Beratungen. Man entschied, die von Frauen gesungenen Schlager von Männern nachsingen zu lassen, sie dann elektronisch zu verfremden, sodass die Männerstimmen wie Frauenstimmen klangen.[15] Hätte so ein muslimischer Geistlicher entschieden, wäre die westliche Presse wohl voll gewesen von ironischen Kommentaren.

Rabbiner Azr'el Ariel schrieb über den tieferen theologischen Sinn der Siedlungen: »Die religiösen Siedlungen wurden nicht nur gebaut, um Fakten am Boden zu schaffen, sondern auch, um die Herzen und die Seelen des jüdischen Volkes zu beeinflussen. Wir glaubten, indem wir den heiligen Teilen des Landes gegenübertraten, als ob sie lebendig wären, würden die Herzen der jüdischen Massen vereinigt werden mit dem Herzen des Landes. Wir wollten, dass dieser Prozess das nationale jüdische Bewusstsein mit seinen spirituellen Wurzeln vereinigte.«[16]

Da Gush Emunim Israel als Geschenk Gottes ansieht, müsse – so die Stellungnahmen vieler Rabbiner – Israel auch nach den alten jüdischen Gesetzen leben. Vor allem aber könne es, so argumentieren sie, auf dem Boden Israels keinen zweiten, also keinen palästinensischen Staat geben.

Umso harscher fiel die Kritik der Siedler 1993 an der Verträgen von Oslo aus, in denen sich Israel und die Palästinensische Befreiungsorganisation (PLO) gegenseitig anerkannten und in denen Israel in Aussicht stellte, zumindest Teile des von ihm besetzten Westjordanlandes ziviler palästinensischer Kontrolle zu übergeben. Die jüdischen Fundamentalisten betrachteten diese Vereinbarung als eine Beleidigung Gottes und beschuldigten die »jüdischen Verräter«, den nationalen Willen geschwächt zu haben.

Yossi Beilin, einer von Israels Verhandlungsführern in Oslo, berichtete dagegen: »Die Vereinbarung wurde um Monate verzögert, weil wir sicherstellen wollten, dass alle Siedlungen intakt blieben und dass die Siedler ein Maximum an Sicherheit bekämen. Das schloss ein immenses finanzielles Investment ein. Die Situation in den Siedlungen war niemals besser als jene, die nach den Verträgen von Oslo geschaffen wurde.«[17]

Die Ideologen von Gush Emunim räumen den Palästinensern drei Möglichkeiten ein: 1.) Palästinenser können den Zionismus, also die Vorherrschaft des jüdischen Volkes, anerkennen und dafür mit vollen Bürgerrechten ausgestattet werden. 2.) Sie können die Anerkennung des Zionismus verweigern, aber die Gesetze Israels anerkennen und dafür als Fremde mit Aufenthaltserlaubnis in Israel leben. 3.) Sie können wirtschaftliche Hilfe annehmen und diese dazu benutzen, Israel zu verlassen und in arabische Länder auszuwandern.

Eine extreme Version der Gush-Emunim-Ideologie hat Harold Fish, seinerzeit Rektor der religiösen Bar Ilan Universität, 1978 in seinem Buch »Die zionistische Revolution« gegeben. Man muss allerdings gleich klarstellen, dass viele, besonders laizistisch ausgerichtete Israelis, diese Ideologie ablehnen. Fish wendet sich gegen die These, die Juden seien ein ganz normales Volk wie alle anderen Völker auch. Die Meinung, die Juden müssten von der internationalen Gemeinschaft so behandelt werden wie alle anderen Völker, sei »die erste Selbsttäuschung des säkularen Zionismus«. Die Juden seien kein normales Volk, sondern unterschieden sich von anderen dadurch, dass Gott mit ihnen auf dem Berg Sinai einen Sondervertrag geschlossen habe, in welchem dem jüdischen Volk das Land Kanaan versprochen worden sei.[18]

Die israelische Gesellschaft erscheint in diesem Punkt tief gespalten. Die laizistisch eingestellte Linke sieht das jüdische Volk als ein normales Volk wie alle anderen und wünscht sich nichts so sehr wie diese »Normalität« – also Weltoffenheit, gleiche Rechte für die Frau, Demokratie nach westlichem Muster. Ein großer Teil des rechten politischen Spektrums, besonders aber die religiös motivierten Siedler, sind der Überzeugung, ihr Gott Yahwe habe mit dem jüdischen Volk einen speziellen Pakt geschlossen, habe das jüdische Volk »auserwählt«, ihm das Land Kanaan, also das heutige Palästina, gegeben und es aufgefordert, stets und immer nach den Gesetzen des Talmud und der Halacha zu leben.

Akzeptierte die israelische Gesellschaft dieses Modell, würde Israel einem jüdischen Gottesstaat ähneln. Natürlich wird sich dieser fast heilsgeschichtlich, messianisch zu nennende Lebensentwurf in Israel kaum jemals durchsetzen. Unvorstellbar ist etwa, dass die Bürger der Metropole Tel Aviv ihre Liberalität gegen ein von religiösen Rechtsgelehrten diktiertes Dasein eintauschen würden.

Die den Arabern feindlich gesinnte Haltung der Siedler entspringt vor allem ihrer religiösen Weltsicht. Angesichts der von Ariel Scharon geleiteten Libanoninvasion von 1982 und der Kämpfe mit den Guerillaverbänden Jassir Arafats sagte Eliezer Waldman, Direktor der Yeshiva (religiösen Schule) in Kiryat Arba und Parlamentsmitglied: Indem Israel die Araber bekämpfe, handle es »als Herz der Welt, das in Kontakt mit allen Organen steht, wobei die Welt erkennt, dass sie das Lebensblut vom Herzen empfängt«. Im Übrigen seien die Kämpfe im Libanon ein Teil jenes Prozesses, im Verlaufe dessen das jüdische Volk »die Erlösung« erreichen werde.[19] Kernpunkt dieser Bewegung, die zur Erlösung des jüdischen Volkes führen soll, sind für Gush Emunim die neuen homogenen Siedlungen, die sie als Modelle einer neuen Gesellschaft ansehen. Ihre Hoffnung ist es, dass sich diese neue Gesellschaft ausdehnt und die säkulare, traditionelle jüdische Gesellschaf Israels absorbiert.

Kurz nach der Gründung schritten Mitglieder von Gush Emunim zur Tat, ihre messianische Vision von einem gottgegebenen Groß-Israel zu verwirklichen. Wie ihre Vorgänger in Hebron, so setzten sie sich eines Tages mitten in dicht besiedeltem palästinensischen Gebiet fest. Wie im Falle Hebron suchten sie sich auch diesmal eine für die jüdische Geschichte symbolträchtige Gegend aus – Ofra. Der Ort, östlich von Ramallah gelegen, war ein Zentrum jüdischen Lebens im zweiten Jahrhundert v. Chr. Ihr Plan ähnelte dem der Besatzer von Hebron: Erst versuchte man, in der Region Arbeit zu suchen, möglichst für die Armee, dann beantragte man die Erlaubnis, am Arbeitsort über Nacht bleiben zu dürfen. Das war 1975. Der damalige Verteidigungsminister Shimon Peres ließ sich überreden, den Siedlern das Aufenthaltsrecht in dem als militärisches Sperrgebiet geltenden Ofra zu gewähren. Die Siedler bauten eine Art Arbeitslager und schützten dieses mit einem Zaun. Innerhalb dieses Zauns legten sie, ohne offizielle Erlaubnis, die Grundsteine für eine Siedlung. In einem Bulletin veröffentlichte Gush Emunim einen Beitrag unter dem Titel: »Ofra – ein Zaun, der eine Siedlung hervorbrachte«. Der Parlamentsabgeordnete Yossi Sarid wunderte sich nach der Rückkehr von einer Reise nach Ofra: »Es ist kaum zu verstehen, wie eine gesamte Siedlung entstehen konnte, ohne dass die Regierung einen Beschluss gefasst hat.« Heute hat Ofra etwa 3000 Einwohner.[20] Es wird übrigens selten zur Kenntnis genommen, dass es der als »liberal« geltende Shimon Peres war, der dazu beigetragen hat, Gush Emunim zum Durchbruch zu verhelfen.

Doch nicht nur die messianisch-religiösen Emunim-Anhänger propagierten die möglichst dichte Besiedlung der eroberten Gebiete. Zwei Jahre nach der Gründung von Ofra meldete sich ein Mann zu Wort, der ein durchaus irdisch-weltliches Interesse an dem 1967 eroberten Schatz hatte. Es war Ariel Scharon, seinerzeit Landwirtschaftsminister. Im Jahre 1977 ließ er die israelische Öffentlichkeit an seiner »Vision Israels am Ende des Jahrhunderts« teilhaben. Bis zum Jahre 2000, so träumte Scharon demnach, sollten sich eine Million Israelis in den eroberten Gebieten niederlassen.[21] Ganz so weit hat es der Patron der

Siedler nicht gebracht. Heute gibt es im Westjordanland und im Gürtel um Jerusalem Siedlungen mit einer Gesamtbevölkerung von etwa 480 000 Einwohnern. Die israelische Friedens- und Menschenrechtsbewegung B'Tselem hat die geographische Anordnung der Siedlungen analysiert und drei von Norden nach Süden verlaufende Siedlungsstreifen ausgemacht.[22] Die folgenden Zahlen stammen aus dem Jahr 2002. Im Osten, im Jordantal, leben demnach etwa 5400 Siedler, viele von ihnen in Kibbuzim. Den Palästinensern werde durch die Anwesenheit der Siedlungen die wirtschaftliche Entwicklung erschwert, weil ihnen die notwendigen Ressourcen – Land und Wasser – vorenthalten würden. Im mittleren Siedlungsstreifen wohnen etwa 34 000 Menschen. Er erstreckt sich über die Hügel des Westjordanlandes, entlang der Straße Nummer 60, der von Norden nach Süden verlaufenden Hauptverkehrsachse. »Um die Sicherheit der Siedler zu garantieren, engt die israelische Armee die Bewegungsfreiheit der Palästinenser entlang dieser Straße erheblich ein. Diese Maßnahme macht es (den Palästinensern) unmöglich, ein normales tägliches Leben zu führen«, schreibt B'Tselem. Auch werde das Wachstum palästinensischer Städte wie Hebron, Ramallah, Nablus und Dschenin stark eingeschränkt.

Der westliche Siedlungsstreifen mit insgesamt etwa 85 000 Menschen verläuft entlang der »Grünen Linie«, jener inoffiziellen Grenze, die vor dem Krieg von 1967 Israelis und Palästinenser trennte. Auch hier ist die Bewegungsfreiheit der Palästinenser durch zahlreiche Kontrollposten auf den Hauptdurchgangsstraßen entscheidend eingeengt. Eine Reise von Ramallah ins 70 Kilometer entfernte Nablus kann einen halben Tag oder auch länger dauern. Die oben genannten Siedlerzahlen (etwa 124 000 im Westjordanland und zusätzlich ca. 160 000 bis 170 000 im Siedlungsgürtel um Ost-Jerusalem im Jahr 2002) haben sich bis heute erheblich erhöht. B'Tselem gibt für Ende 2007 folgende Zahlen an, die sich auf offizielle israelische Statistiken stützen: 271 000 Siedler im Westjordanland und 191 000 im Siedlungsgürtel um Ost-Jerusalem, zusammen 462 000 Siedler. Dazu kommen die gut 18 000 Siedler auf den 1967 von Israel eroberten syrischen Golanhöhen. Insgesamt ergibt das eine Zahl von 480 000 Siedlern. (Die Zahlen weichen in verschiedenen Statistiken geringfügig voneinander ab.)

Der Siedlungsgürtel um Ost-Jerusalem herum zerschneidet das Westjordanland praktisch in zwei Teile. Die weiter südlich gelegene Siedlung Gush Etzion behindert die Entwicklung von Bethlehem. Unmittelbar nach der Konferenz von Annapolis im November 2007, welche die Friedensverhandlungen zwischen Israel und den Palästinensern wieder in Gang bringen sollte, begann Israel zudem mit der Ausweitung der Siedlung Har Homa auf dem Weg nach Bethlehem. Dieser ausgedehnte Siedlungsbau auf palästinensischem Land macht de facto die Gründung eines selbständigen, unabhängigen und souveränen palästinensischen Staates unmöglich. Insgesamt hat Israel etwa zwei Millionen Dunam (2000 km^2, ein Dunam entspricht 1000 m^2) Land enteignet. B'Tselem, die israelische Friedensbewegung, kommt zu folgendem deprimierenden Schluss: »In den besetzten Gebieten hat Israel ein Regime der Separation geschaffen, welches auf Diskriminierung beruht. (…) Dieses Regime ist das einzige dieser Art in der Welt, und es erinnert an unappetitliche Regimes der Vergangenheit wie etwa an das Apartheid-Regime in Südafrika.«

Tatsächlich ist der Einfluss der Siedler auf die Politik Israels außerhalb des Landes wohl oft unterschätzt worden. Der amerikanische Präsident Bill Clinton etwa versuchte 1997 vergeblich, Israels Ministerpräsident Benjamin Netanjahu vom Bau der Siedlung Har Homa abzuhalten. Nicht einmal einen Aufschub der Arbeiten konnte er erwirken. Als Jassir Arafat, Präsident der Palästinensischen Autonomiebehörde, das Thema in Washington zur Sprache brachte, musste er nach dem Gespräch mit Clinton auf einer Pressekonferenz resigniert fragen, ob eine einzige Siedlung denn wirklich wichtiger sei als der gesamte Friedensprozess.[23] Netanjahu stand fest auf der Seite der Siedler. Einen von ihnen ernannte er zu seinem Büroleiter. »Ich bin auf Ihrer Seite«, erklärte Netanjahu, »ich teile Ihre Meinung, aber Sie können die Tatsache nicht ignorieren, dass die Nation schwach ist.« Nachdem Netanjahu im Oktober 1998 auf der Wye River Farm in Maryland versprechen musste, 13 Prozent des Westjordanlandes an die Palästinenser zu übergeben, nannten die Siedler dieses Zugeständnis ein »Unterwerfungsabkommen«. Und Hannan Potat sprach von einem »erbärmlichen Fehlschlag«, den Netanjahu habe einstecken müssen auf Kosten der Sicherheit Israels.[24]

Dass, wie Jassir Arafat andeutete, der israelischen Regierung der Siedlungsbau wichtiger sein könne als Frieden, zu dieser Überzeugung kam auch der ehemalige amerikanische Präsident Jimmy Carter. Nach der Friedenskonferenz von Madrid im Herbst 1991 habe Israel »der Konfiskation palästinensischen Landes Vorrang vor dem Frieden« gegeben, schrieb er.[25] Außenminister James Baker habe damals erklärt: »Ich glaube, es gibt kein größeres Hindernis für den Frieden als den

Bau von Siedlungen, der nicht nur kontinuierlich fortgesetzt wird, sondern auch noch mit größerer Eile.« Präsident George Bush sen. habe zu jener Zeit ein Ende des Siedlungsbaus gefordert und später einen Kredit an Israel um 400 Millionen Dollar gekürzt – um jenen Betrag, den Israel in der vorangegangenen Zeit gegen den Willen der USA bereits in den Siedlungsbau gesteckt hatte. An anderer Stelle seines Buches[26] berichtet Jimmy Carter, dass in der Zeit, als Präsident Bill Clinton mit dem israelischen Premier Ehud Barak Friedensverhandlungen geführt habe, die Zahl der Siedler immens angewachsen sei, speziell während dessen Amtszeit von 1999 bis 2001.

Auch eines der schlimmsten Ereignisse im Verlaufe der Auseinandersetzungen zwischen Palästinensern und Israelis ist mit den Siedlern verbunden. Am 25. Februar 1994 machte sich ein Mann namens Dr. Baruch Goldstein morgens vor fünf Uhr aus der Siedlung Kiryat Arba auf den Weg ins nahe gelegene Hebron. Mit sich führte er ein kleines Maschinengewehr. Die Muslime feierten den islamischen Fastenmonat Ramadan, die Juden begingen das Purimfest, bei welchem sie sich daran erinnern, dass sie im fünften Jahrhundert v. Chr. der Vernichtung durch ihre persischen Oberherren entgingen. Im Gotteshaus über dem Grab der Propheten, das sowohl eine Synagoge als auch eine Moschee unter seinem Dach vereint, hatten sich Muslime zum Frühgebet versammelt. Von keinem Wächter behindert, betrat Goldstein die Moschee, holte seine Waffe hervor und erschoss insgesamt 29 betende Muslime. Viele andere wurden verletzt. Goldstein selbst wurde von den anwesenden Muslimen getötet. Es war kein Zufall, das Goldstein ausgerechnet Hebron zum Ort seines Massakers gemacht hatte: Hier waren, wie oben geschildert, im Jahre 1929 67 Juden von Palästinensern ermordet worden. Goldstein verstand seinen Amoklauf als nachträglichen symbolischen Racheakt.

Das Massaker hatte fatale Folgen. Zunächst kam ein junger Mann namens Yigal Amir beim Begräbnis von Baruch Goldstein, dem »Heiligen von Hebron«, wie Siedler den Attentäter nannten, auf den Gedanken, Israels Premierminister Yitzhak Rabin zu töten. Rabin versuchte zu jener Zeit, mit den Palästinensern über eine Friedenslösung zu verhandeln.[27] Tatsächlich erschoss Yigal Amir den israelischen Premier dann am 4. November 1995. »Es dämmerte mir nach Goldstein«, sagte Yigal Amir später zur Polizei, »dass man Rabin beseitigen müsse.«

Yigal Amir hatte zunächst eigentlich nichts anderes getan, als einem Ausspruch Rabins zu folgen. Der hatte nach Ausbruch der Intifada 1987 gesagt, man solle den Palästinensern die Knochen brechen. Während dieser Intifada tat der spätere Attentäter Amir einige Zeit als Soldat Dienst im Flüchtlingslager Dschabalia bei Gaza-Stadt. Die Autorin Amira Hass berichtet[28], Yigal Amir sei stets dabei gewesen, wenn Armeemitglieder Palästinenser schikaniert hätten. Nachdem Yitzhak Rabin aber plötzlich mit jenen Palästinensern über Frieden verhandelt habe, deren Knochen er zuvor noch hatte brechen wollen, habe Yigal Amir diese politische Wende nicht akzeptiert. Vielmehr habe er seinen Zorn auf Rabin gerichtet und diesen erschossen.

Nach der Mordtat von Hebron traf die »Islamische Widerstandsbewegung« (Hamas) eine folgenschwere Entscheidung. Sie nahm den Tod der Muslime zum Anlass, ihre Strategie im Kampf gegen Israel zu ändern. Hamas begründet heute seine Selbstmordattacken auf israelische Bürger auch mit dem Attentat von Baruch Goldstein auf Muslime in Hebron. Hamas-Sprecher Mahmoud al-Zahar erklärte gegenüber dem Autor im Sommer 2002, der Anschlag Goldsteins habe Hamas die Strategie der Attentate auf israelische Bürger nahegelegt.[29] Tatsächlich beginnt die vom israelischen Außenministerium im Internet veröffentlichte Liste von Selbstmordattentaten am 8. April 1994 mit einem von Hamas organisierten Autobombenanschlag in Afula. Einige andere Anschläge hatte es allerdings schon vorher gegeben.

Die israelische Regierung versuchte, die Tat Baruch Goldsteins herunterzuspielen, indem sie Goldstein als Einzeltäter hinstellte. Das war er in gewisser Weise auch. Andererseits aber war Goldstein, der aus dem New Yorker Stadtteil Brooklyn nach Israel eingewandert war, für die Behörden kein Unbekannter. Wie nach und nach bekannt wurde, hatte sich Goldstein als Armeearzt mehrfach geweigert, Nichtjuden (etwa in der israelischen Armee dienende Drusen) zu behandeln. Verschiedene Interventionen der Armee, Goldstein zu maßregeln, blieben erfolglos, weil »Goldstein bereits damals von hochrangigen Beamten in bedeutenden Ministerien geschützt wurde«. Die Siedler von Kiryat Arba feierten Goldstein als Helden, und kein anderer als Präsident Ezer Weizman schaltete sich in die Vorbereitungen für die Beerdigung Goldsteins ein. Der Sarg Goldsteins wurde von Angehörigen des Militärs nach Kiryat Arba transportiert. Menschen riefen »Was für ein Held. Ein gerechter Mann. Er hat es für uns getan.« Der israelische Journalist Yuyal Katz zog aus dem Massaker und der Reaktion vieler Israelis auf die Mordtat ein ernüchterndes Resümee: »Es ist jetzt die richtige Zeit, die offensichtliche Schlussfolgerung zu ziehen, dass wir, die Juden, nicht sensibler und gnadenvoller sind als die Nichtjuden. Viele Juden sind von demselben rassistischen Computer programmiert worden, der die Mehrheit der Völker auf dieser Welt formt. Wir müssen zugeben, dass der von uns vermutete Fortschritt hin zu progressiven und demokratischen Verhaltensweisen die archaischen Formen jüdischen Tribalismus nicht beeinflusst hat.«[30]

Freilich bekommen, das muss hier angemerkt werden, religiös ausgerichtete Parteien, welche die Siedler unterstützen, in Parlamentswahlen meistens weniger Stimmen, als man ihrem Einfluss auf die Politik nach zu erwarten hätte. Aber die »National Religiöse Partei« (NRP) war über Jahrzehnte in vielen Kabinetten vertreten, oft auch in Regierungen, die von der Arbeitspartei geführt wurden. Oft waren es religiöse Parteien, die den jeweiligen Regierungen eine Mehrheit im Parlament verschafften. Im Kabinett, das Ariel Scharon 2003 bildete, stellte die NRP zwei Minister. Die NRP ist eine zionistische Partei. Sie spricht sich für eine harte Haltung gegenüber den Palästinensern und für den Siedlungsbau aus. Im Gegensatz zu den beiden anderen religiös motivierten Parteien, Shas und Vereinigte Thora und Judaismus, will die NRP aber keinen jüdischen Gottesstaat in Israel errichten, sondern akzeptiert die demokratischen Grundstrukturen.

Shas, gegründet 1984, ist die Partei der religiösen orientalischen Juden (Sephardim), die Partei des Thora-Judaismus vertritt die streng religiösen Ashkenasi-Juden, die aus Mittel- und Osteuropa eingewandert sind. Beide Gruppen bilden die Haredim. Diese lehnen viele Errungenschaften der Moderne ab und würden in Israel gern eine Gesellschaft errichten, die streng nach den religiösen Regeln der Halacha – des jüdischen Gesetzeskodex – lebt. Die religiösen Juden der NRP dagegen streben eher einen Ausgleich zwischen allen in Israel lebenden Gruppen an. Diese drei religiösen Parteien bekamen etwa bei den Wahlen von 1996 37 von 120 Sitzen im israelischen Parlament. Ende 2008 hatte Shas zwölf Sitze in der Knesset, die Nationalreligiösen waren mit neun Abgeordneten vertreten, die Partei des Thora-Judaismus mit sechs.

Die beiden Haredim-Parteien stehen dem ursprünglichen, von Theodor Herzl ins Leben gerufenen politisch-nationalen Zionismus skeptisch gegenüber. Juden, so lautet eines ihrer Argumente, dürften erst nach Palästina zurückkehren, wenn der Messias nahe. Manchmal bezeichnen sie den Staat Israel als eine neue Diaspora der Juden. Sie berufen sich dabei auf eine Passage im Talmud, in der es heißt, dass Juden nicht gegen Nicht-Juden rebellieren sollten und dass die Juden als Gruppe nicht massiv nach Palästina auswandern sollten, bevor der Messias wiedergekehrt sei. Andere haben eine pragmatischere Sicht.

Die Gründung Israels, argumentieren sie, sei ein Zeichen Gottes, ein Zeichen dafür, dass der Weg zur Erlösung eingeschlagen sei. Daher sei die Einwanderung nach Israel auch jetzt schon mit dem religiösen Gesetz vereinbar.

Die frühen israelischen Siedler gehörten kaum zu den religiös motivierten Einwanderern. Sie beriefen sich auf die schlechten Lebensverhältnisse in Europa und auf ihre Heimatlosigkeit. Aus der Geschichte der Region hatten sie gelernt. Sie verließen sich auf dasselbe Prinzip, das schon die Kreuzfahrer ihrer Kolonisierung zugrunde gelegt hatten: strategisch wichtige Hügel oder Bergspitzen ummauern und militärisch befestigen, die jeweils nicht allzu weit auseinander liegen. Dieses Prinzip gilt auch noch heute. Viele, wenn nicht die meisten Siedlungen liegen auf Anhöhen. Doch was Israel Sicherheit bringen soll – die Besiedlung und Befestigung der Bergspitzen – ist für den israelischen Journalisten Gideon Levy von der Zeitung *Ha'aretz* Israels Schwachpunkt. Die Kolonisierung verhindere, argumentiert Levy, ein Übereinkommen mit den Palästinensern. Fast systematisch habe man die Siedlungen auf Hügel und Bergrücken gebaut – »die Landschaft zerstörend, die Plateaus dominierend, provokativ und arrogant«. Weiter beklagt Gideon Levy: »Unten, in der Ebene, wohnen die ›Eingeborenen‹, die Palästinenser, die dort ihre Häuser gebaut haben, um zu leben, nicht um Sarkasmus und Provokationen auszuhalten oder Feindschaft herauszufordern. Die Siedler oben, die Palästinenser unten – die ganze Essenz der Geschichte ist hier vorhanden. (…) Seite an Seite leben zwei Gemeinschaften in Hass und Furcht voreinander. Die eine oben mit ihren Panzern, ihren Straßensperren und ihren Helikoptern. Die andere unten, bewaffnet nur mit ihrem Vorsatz, sich auf diesem Land zu halten. Welche Gemeinschaft ist die stärkere? Welche wird überleben?«[31]

Im Oktober 2000 brach eine neue Intifada aus. Nach 1987 war es der zweite Aufstand der Palästinenser; zählt man die Rebellion der Palästinenser gegen die britische Mandatsmacht und gegen die jüdischen Einwanderer von 1936–1939 hinzu, war es der insgesamt dritte große Protest gegen die Besiedlung palästinensischen Landes. Es gab viele Gründe für diese neue, Al-Aqsa-Intifada genannte Rebellion: die gescheiterten Friedensverhandlungen von Camp David vom Sommer 2000; Ariel Scharons demonstrativer Besuch auf dem Tempelberg in Jerusalem Ende September 2000 und schließlich die nicht aufhörende Besiedlung der von Israel seit 1967 besetzten Gebiete. So sieht es jedenfalls der jüdische Journalist Amon Kapeliouk. Er schreibt: »Die Siedler stellen einen der Hauptgründe für die neue Intifada dar. Und sie trugen auch zur außergewöhnlichen Gewalt bei, mit welcher Israel versucht hat, den Aufstand niederzuringen. Dazu entschieden, auf alle Kosten eine Übereinkunft zwischen der israelischen Regierung und der Palästinensischen Autonomiebehörde zu verhindern, halfen sie der Armee, die Rebellion zu unterdrücken.«[32]

Es lohnt sich, in diesem Zusammenhang noch einen kurzen Blick auf die Frühzeit der zionistischen Siedlungsgeschichte im Palästina der zwanziger Jahre des vorigen Jahrhunderts zu werfen. Die ersten Siedlungen waren naturgemäß über das Land zerstreut, denn die einwandernden Juden kauften dort Land, wo ein palästinensischer Grundbesitzer gerade zum Verkauf bereit war. Aber umgeben waren diese ersten Siedler von einer skeptisch bis feindlich gesinnten einheimischen arabischen Bevölkerung. Wegen ihrer isolierten Lage und wegen ihrer gefährlichen Umgebung mussten diese Siedlungen geschützt werden. Viele von ihnen glichen demnach kleinen Festungen. »Die Isolierung bedeutete«, schreibt der israelische Historiker Ilan Pappé, »dass diese Siedlungen eher als militärische Garnisonen und nicht als Dörfer gebaut wurden.« Dann argumentiert Pappé: »Was ihre Anlage und ihren Gesamtentwurf bestimmte, waren Gesichtspunkte der Sicherheit und nicht Gesichtspunkte des Wohnens. Ihre introvertierte Abschirmung stand in einem bizarren Gegensatz zu den offenen Räumen traditioneller palästinensischer Dörfer mit ihren natürlichen Steinhäusern und ihren offenen ungehinderten Zugängen zu den nahe gelegenen Feldern, Obstgärten und Olivenhainen.«[33]

Diese Abschirmung hat mit den Erfahrungen der letzten Jahrzehnte zu tun. Die Palästinenser in den von Israel 1967 besetzten Gebieten haben die zunehmende Okkupierung ihres Landes durch israelische Siedler nicht widerstandslos hingenommen. Obwohl die Siedlungen fast wie Burgen befestigt und die Siedler bewaffnet sind – durch den arabischen Teil Jerusalems laufen sie manchmal mit umgehängter Maschinenpistole – kommt es immer wieder zu palästinensischen Angriffen auf Siedler. Oft werden diese mit einem Messer ausgeführt. Andererseits greifen auch Siedler Palästinenser an. Praktisch herrscht ein regelrechter Kleinkrieg. Dabei unterstehen die Siedler dem israelischen Recht, während für die Palästinenser auf ihrem eigenen Land Militärrecht gilt.

Während der 1987 ausgebrochenen Intifada beispielsweise wurden bis 1990 insgesamt 233 israelische Zivilisten (Siedler und Nichtsiedler) von Palästinensern getötet. Von einem typischen Überfall dieser Art berichtete der britische *Guardian*. Danach haben am 26. Juli 2002 palästinensische Kämpfer in zwei Angriffen bei Hebron vier Siedler, darunter ein Kind, getötet. Die *New York Times* informierte am 31. Dezember 2007, dass bewaffnete Palästinenser im Westjordanland zwei jüdische Siedler erschossen haben.

Wenigstens genauso häufig sind Attacken israelischer Siedler gegen Palästinenser. Im Dezember 2008 legte das *United Nations Office for the Coordination of Humanitarian Affairs* (OCHA – www.ochaonline.un.org) unter dem Titel »Unprotected: Israeli settler violence against Palestinian civilians and their property« eine aktuelle Bilanz vor. Insgesamt habe die OCHA in den ersten zehn Monaten des Jahres 290 gewaltsame Übergriffe registriert. Im Jahre zuvor habe es 243 und 2006 insgesamt 183 Angriffe von Siedlern auf Palästinenser gegeben. Generalmajor Gadi Shammi von den israelischen Streitkräften erklärte diesen Anstieg der Gewalt mit der Ermunterung, welche die Siedler von der israelischen Öffentlichkeit, von Rabbinern und von der Führung der Siedlerbewegung erhalten haben. Dem OCHA-Bericht zufolge sind die meisten Attacken auf Palästinenser nicht von einzelnen Siedlern, sondern von bewaffneten Siedlergruppen ausgeführt worden. Diese gingen auch gegen palästinensische Zivilisten vor, während diese zur Schule oder zum Markt gingen, ihre Herden ausführten oder ihre Felder bestellten. Ziele der Angriffe sind laut dem UN-Bericht auch Kinder im Alter von acht und alte Menschen mit 95 Jahren gewesen.

Wer heute durch die von Israel 1967 eroberten und bis jetzt besetzten Gebiete reist, findet nur noch wenig von den einst offenen Räumen. Auf den Bergen ummauerte Siedlungen, in den Ebenen palästinensische Dörfer, deren Bewohner durch viele israelische Kontrollposten voneinander getrennt sind. Viele Siedlungen sind durch neue, nur für Siedler zugelassene Straßen miteinander verbunden. Diese Siedler- oder Bypass-Straßen (weil sie palästinensische Orte umgehen) hatten, nach palästinensischen Angaben, im Jahre 2001 eine Gesamtlänge von fast 350 Kilometern. Auf jeder Seite dieser Straße gibt es eine sogenannte Pufferzone von jeweils 75 Metern. Diese darf kein Palästinenser betreten. Straßen und Pufferzonen wurden meistens auf konfisziertem palästinensischen Land angelegt. Diese Siedlerstraßen und ihre Pufferzonen beanspruchen schätzungsweise 1,9 Prozent der Fläche des Westjordanlandes.

An den Berghängen erinnern Olivenhaine an die einst intakte Kulturlandschaft. Doch oft können diese Haine von den palästinensischen Bauern nicht mehr kultiviert werden, weil sie durch die gesperrten Straßen von den Siedlungen abgeschnitten sind. Und auf den erlaubten Straßen behindern immer wieder Kontrollposten die Weiterreise. Im Westjordanland sind es ca. 560. Diese sollen nicht Israelis vor Palästinensern schützen, denn die Israelis wohnen ohnedies in befestigten Siedlungen. Vielmehr sollen diese Checkpoints Palästinenser von Palästinensern trennen. Viele, wenn nicht die meisten Orte des Westjordanlandes sind seit dem Ausbruch der Al-Aqsa-Intifada im Herbst 2000 von einer israelischen Straßensperre blockiert. So wird den Palästinensern die Freiheit der Bewegung genommen, ihr tägliches Leben wird zerrissen, ihre Wirtschaft gelähmt. Der Bau von Mauer und Trennzaun hat diese traurige Lebenssituation noch einmal verschärft.

Steine auf Alifas Haus

Augenschein in Hebron

Reportage aus der Süddeutschen Zeitung *vom 11. September 2001*

Alifa Jussif sitzt in ihrem Haus. Vielmehr: Sie sitzt in ihrem Gefängnis. Denn ihr Haus gleicht einem Gefängnis. Wie das Viertel, in dem sie wohnt. Alifa lebt in Hebron. Und Hebron ist alles: religiöses Zentrum von Juden und Arabern, Brennpunkt palästinensisch-israelischer Auseinandersetzungen und Symbol für die historische Dimension des schon einhundertjährigen Kampfes um Palästina.

In Alifas Haus hat schon der Großvater gewohnt. Wer es betritt, geht durch einen kleinen, sonnigen Vorhof. Doch der Hof ist nach oben vergittert, dichter Maschendraht schirmt Alifa und ihre Familie ab. Denn über Alifas Haus, auf einem kleinen Hügel, leben jüdische Siedler. 1982 sind sie plötzlich gekommen und haben die Siedlung »Abraham Avino« gegründet. Das bedeutet so viel wie »Unser Vater Abraham«. Und seit diesem Jahr 1982 versuchen die Siedler, Alifa und ihre Familie zu vertreiben. Mal werfen sie kiloschwere Steine in Alifas Hof, mal kommen sie mit einem Bulldozer, der das Haus zum Einsturz bringen soll, mal bieten sie Alifa Geld, damit sie endlich abzieht. Doch Alifa und die hier mit ihr lebenden fünf Familienmitglieder denken nicht daran aufzugeben. Der Maschendraht über dem Hof schützt sie einigermaßen vor Verletzungen durch Steinwurf. Das Geld haben sie stets zurückgewiesen. »Wir werden bleiben«, sagt Alifa. Diese Standhaftigkeit hat sie von ihrem Vater geerbt. Und diese Standhaftigkeit ist sie ihm schuldig. Als nämlich der Bulldozer kam, um das Familienhaus plattzuwalzen, hat sich der Vater vor den Koloß gestellt und gerufen: »Bevor ihr das Haus zerstört, müsst ihr mich töten.« Die Siedler gaben nach. Beim späteren Tod des Vaters 1998 stimmten die Siedler von »Vater Abraham« Freudengesänge an. Alifa erinnert sich mit Schrecken. Die Siedler hätten »getanzt und gefeiert«, sagt sie.

Alifa ist Lehrerin. Ihr feines Gesicht ist durch ein Kopftuch halb verhüllt. Wenn sie erzählt, macht sie einen entschlossenen Eindruck trotz des Leides der letzten Jahre. Zehn Zimmer, berichtet Alifa, habe ihr geräumiges Familienhaus. Fast alle seien sie durch die auf dem Hügel lebenden Siedler so beschädigt worden, dass heute nur noch eines bewohnbar sei. In den letzten Wochen hätten die Siedler auch mit Stöcken angegriffen. »Neulich wollte mein Bruder über den Hof zur Toilette. Da warfen sie wieder mit Steinen. Ich schrie so laut um Hilfe, bis sie aufhörten.«

Doch Hilfe ist meistens nicht zur Hand. Denn die etwa 20 000 Einwohner der Altstadt dürfen ihre Häuser nicht verlassen. Dann verhängen die Israelis eine Ausgangssperre – oft für 24 Stunden am Tag. 1997 nämlich haben Benjamin Netanjahu, damals Premierminister Israels, und Jassir Arafat ein unseliges Abkommen getroffen. Sie teilten die historische Stadt, die zu den ältesten der Region gehört, in zwei Teile. In »Hebron eins«, wie es im Vertragstext heißt, leben ca. 100 000 Palästinenser. Sie unterstehen der Kontrolle der Palästinensischen Autonomiebehörde in Ramallah. In »Hebron zwei«, der Altstadt, leben 20 000 Araber und etwa 480 jüdische Siedler. Hebron zwei unterliegt israelischer Kontrolle.

Um, wie die Israelis sagen, die 480 Siedler zu schützen, verhängen sie über die die 20 000 Palästinenser immer wieder Ausgangssperren. Seitdem teilt eine unsichtbare Mauer das historische Hebron. Etwas außerhalb der Altstadt preisen Händler ihre Waren an, Kaffeehäuser und Restaurants sind geöffnet. Ein paar Schritte weiter – zumindest wenn die Palästinenser wieder einmal ihre Häuser nicht verlassen dürfen – eine Geisterwelt. Dann sind die Läden verriegelt, die Straßen sind menschenleer, es herrscht Friedhofsstille. Kein Hund, keine Katze, kein lebendiges Wesen ist zu sehen. Nur einige israelische Soldaten patrouillieren dann gelegentlich auf den Straßen.

Die Siedler sind neu in Hebron. Sie kamen, wie sie sagen, da Hebron altes jüdisches Gebiet sei. Und weil, wie ihre Anklage lautet, im Jahre

1929 palästinensische Araber in Hebron 67 Juden umgebracht hätten. Was die Siedler nicht sagen, ist dies: Seinerzeit, im Jahre 1929, war Hebron wie heute überwiegend von Arabern bewohnt. Die wehrten sich gegen die jüdische Landnahme jener Jahre. Denn sie fürchteten um ihre wirtschaftliche Existenz. Und die Siedler verschweigen noch etwas. Etwa zwei Drittel aller Juden Hebrons wurden 1929 durch Araber gerettet. Diese versteckten die Juden in ihren Häusern, um sie vor ihren palästinensischen Verfolgern zu schützen.

Nach dem Massaker verließen die meisten Juden Hebron. Erst nach 1967 kamen sie allmählich wieder – als Siedler. Zumindest einer von ihnen wollte Rache üben. Im Februar 1994 ermordete der jüdische Siedler Baruch Goldstein in der Moschee 29 Palästinenser. Goldstein selber wurde von den betenden Muslimen getötet. Die jüdischen Einwohner der Siedlung Kiryat Arba oberhalb Hebrons, aus der Goldstein kam, errichteten dem Mörder ein prunkvolles Grab. Es gleicht einem Denkmal.

Mit Beginn der Al-Aqsa-Intifada im Jahr 2000 ist der seit einem dreiviertel Jahrhundert andauernde Kampf um Hebron in eine neue Phase getreten. Das Schicksal, welches Alifa und ihre Familie heimgesucht hat, ist keineswegs ein Einzelfall. Ein paar Straßen weiter lebt Dschihad Sidi Ahmed mit seiner Familie. Dschihad ist 38 Jahre alt, seine Frau Sausa 33. Früher hat Dschihad als Gastarbeiter in Israel sein Geld verdient. Jetzt aber hat er kein Einkommen mehr. Die kargen Ersparnisse sind aufgebraucht. Manchmal borgt sich Dschihad Geld von Nachbarn. Doch auch die haben inzwischen kaum noch Reserven. Fünf Kinder und Ehefrau Sausa hat Dschihad zu ernähren. Das jüngste Kind wälzt sich in einer Decke auf dem Boden. Auf der Straße können die Kinder meistens nicht spielen – wegen der häufigen Ausgangssperren. Direkt auf dem Dach seines Hauses haben die Israelis einen Militärposten eingerichtet.

Einmal, berichtet Dschihad verzweifelt, hätten Siedler unter dem Schutz israelischer Soldaten sein Haus mit Steinen beworfen. »Wir liefen auf die Straße. Doch die Armee zwang uns ins Haus zurück.« Dschihad wurde in einen Militärjeep gesteckt. Seine couragierte Ehefrau Sausa protestierte. Doch der Offizier ließ sich nicht beeindrucken: »Er ist ein Unruhestifter.« Sausa ließ sich ebenfalls nicht beeindrucken. Sie werde, rief sie den Soldaten zu, jemanden töten, wenn ihr Mann nicht freikomme.

Dschihad hat sein Haus jetzt doppelt verschlossen: Riegel und Eisenstangen sollen die Tür einbruchsicher machen. Damit nicht eines

Nachts Siedler kommen und sie alle vertreiben, wie Dschihad sagt. Sausa ist noch immer außer sich, wenn sie an die Ereignisse zurückdenkt. Neulich habe ihre Schwägerin ein Kind zur Welt gebracht. Doch die Soldaten hätten ihr jeden Besuch verwehrt. Oft sei es so, klagt sie bitter, dass hier niemand zum Arzt oder zur Apotheke oder zur Schule gehen könne. Sausa ist zu einem deprimierenden Schluss gekommen: »Wir sollen hier alle vertrieben werden.« Fast 20 000 Menschen leben so wie Alifa, Dschihad, Sausa und ihre fünf Kinder. Zuweilen behindern die israelischen Besatzungstruppen auch die Verteilung von Lebensmitteln. Als einst südafrikanische Reporter Hebron besuchten, erklärten sie, solche Zustände hätten nicht einmal zu schlimmsten Apartheid-Zeiten in Soweto geherrscht.

Auch Ausländer sind nicht immer ganz sicher in Hebron – auch jene nicht, welche im Rahmen einer internationalen Beobachtergruppe das 1997 geschlossene Hebron-Abkommen überwachen. Diese Männer und Frauen aus verschiedenen, meist europäischen, Ländern sind von ihrem Beruf her teils Militärs, teils Polizisten, teils Zivilisten. Sie sollen die Situation in Hebron beobachten und ihren Regierungen Bericht erstatten. Gelegentlich stellen sie ihre Rundgänge durch die Altstadt ein. Die Situation für sie sei nicht mehr sicher, sagten sie. Siedler hätten sie beleidigt, hätten sie angespuckt und auch Steine auf ihre Autos geworfen, berichtet ein Mitglied der Truppe. Die Anwesenheit der internationalen Beobachter soll einen, wie sie sagen, »beruhigenden Effekt« auf die Situation in Hebron haben.

Menschen wie Alifa mit ihrer Familie, das Ehepaar Dschihad und Sausa mit ihren fünf Kindern sowie ihre Mitbewohner haben diesen Effekt allerdings noch nicht bemerkt.

In der Ferne ein paar Palästinenser

Über die Weltsicht der Siedler

*Von Gideon Levy**

Nehmen wir zum Beispiel die Siedlung Beit El. Die Mehrheit der Israelis hat noch niemals eine Siedlung von solchem Ausmaß gesehen. Sie haben keinerlei Vorstellung über das, was die Einwohner dieser Umge-

* Gideon Levy: »Les Points Faibles d'Israel«. In: Une occupation civile. La politique de l'architecture israelienne, Paris 2003, S. 170.

bung sehen, wenn sie ihre Fenster öffnen. Nach Osten zu sieht der Einwohner von Beit El nichts als Soldaten. Die Zugangsroute zu seiner Siedlung durchquert eine enorme Militärbasis, die jenen zahlreichen Soldaten als Quartier dient, die notwendig sind, die Siedlung und ihre Umgebung zu schützen. Um zu sich nach Hause zu kommen, passiert man Panzer sowie Waffen- und Munitionsdepots – ein Erlebnis, das in sich zweifelhaft ist. Nach Westen hin nimmt der Einwohner von Beit El eine verlassene Straße wahr, übersät mit Steinen und Straßenbarrieren. Das ist die alte Straße von Ramallah nach Nablus, eine palästinensische Straße, in Vergessenheit geraten, seitdem sie von Israel blockiert wurde. Wenn der Siedler ein wenig darüber hinaus blickt, kann er an der abfallenden Straßenseite kleine gelbe Flecken wahrnehmen. Das sind palästinensische Taxis, die über Feldwege fahren, die eine Handvoll Dorfbewohner transportieren, denen es gelungen ist, die vielen Straßenbarrieren zu Fuß zu umgehen. Bei Regen und Wind, bei jedem Wetter laufen sie im Zickzack um die Barrieren herum, ihnen bleibt keine andere Wahl. Nach Norden zu, im tiefer gelegenen Teil der verlassenen Straße, verbirgt sich eine Gruppe zusammenhängender schäbiger Häuser hinter einem Sperrwall wie in einem Gefängnis. Dort leben gut 6000 Palästinenser im Flüchtlingslager Dschelasun. (...) Manchmal finden sie die Möglichkeit, zu Fuß entlang der Täler zu entkommen, aber sie gehen dabei das Risiko ein, den Soldaten als Ziel zu dienen, eine relativ wahrscheinliche Möglichkeit, die schon einige Male eingetreten ist. Unmöglich ist es, das Lager mit dem Auto zu verlassen. Diese Unglücklichen, die schon zweimal – 1948 und 1967 – vom Schicksal getroffen wurden, sind gerade ein drittes Mal heimgesucht worden: Sie sind jedweder Möglichkeit beraubt worden, umzuziehen und zu arbeiten. In der Falle ihres bemitleidenswerten Lagers gefangen, bleibt ihnen nichts als ihre Blicke zu heben und auf die Megalomanie (der jüdischen Siedlung) zu schauen, die sich vor ihren Augen aus dem Boden in den Raum gehoben hat.«

Die Wälle des Unvermögens

Mauerbau von China bis Palästina

»Wer mauert, hat's nötig.«
Inschrift auf der Berliner Mauer am Potsdamer Platz 1986

Hier, auf der Straße Nummer sechs, die von Tel Aviv nach Norden führt, erstreckt sich rechts der Fahrbahn ein langer Erdwall. Scheinbar natürlich fügt er sich in die Umgebung ein. Er ist bewachsen von Büschen, kleinen Bäumen und Blumen – ein lieblicher Anblick in einer sonst eher nicht sehr aufregenden Landschaft. Doch hält man das Auto an und steigt den Hügel hinauf, dann steht man vor einem fast acht Meter tiefen Abgrund. Denn auf der anderen Seite des Walles schaut man nicht auf einen bepflanzten Hügel, sondern auf eine graue, senkrecht abfallende Mauer. Unmittelbar dahinter stehen Häuser. Ihre Bewohner schauen auf nackten grauen Beton – nicht aber auf grüne Hügel wie die Autofahrer auf der anderen Seite.

Alle paar hundert Meter wird dieses Monstrum von einem mächtigen Wachturm verstärkt. Durch seine Luken schieben israelische Soldaten von Zeit zu Zeit ihre Maschinengewehre. Schilder in Arabisch, Hebräisch und Englisch warnen: »Tödliche Gefahr. Militärzone. Jedermann, der den Zaun überschreitet oder ihn beschädigt, gefährdet sein Leben.«

Die Häuser auf dieser östlichen Seite des Walles gehören zu der palästinensischen Stadt Qalqilia. Straße und Häuser westlich der Mauer sind Teile Israels. Den Israelis wird der Blick auf die Mauer durch den künstlich aufgeschütteten und bepflanzten Erdwall erspart. Den Palästinensern jedoch ist es verwehrt, den Beton mit etwas Erde und Blumen zu kaschieren. Schließlich soll die Sperranlage, so die politischen Architekten des Bauwerkes, Palästinenser davon abhalten, nach Israel einzudringen und dort Attentate zu verüben.

Die israelische Mauer bildet das neueste Kapitel in einer jahrtausendelangen Geschichte, in deren Verlauf sich Menschen von Menschen abgrenzen, weil sie sich als unfähig erweisen, die zwischen ihnen bestehenden Konflikte zu lösen. Doch diese lange, unglückselige Geschichte der Isolation des einen Volkes vom anderen, der einen Religion von der anderen, des einen Kulturkreises vom anderen, des einen

Stammes vom nächsten, zeigt auch, dass alle Anstrengungen, durch Absonderung vom Nachbarn anstehende Probleme zu bewältigen, zumeist fehlgeschlagen sind. Zwei Jahrzehnte nach dem Fall der Berliner Mauer mag es angebracht sein, einen kurzen Blick auf die Geschichte von Mauern und Sperranlagen zu werfen. Sicher haben einige dieser Bauwerke phasenweise eine gewisse Funktion erfüllt, aber mehrheitlich handelte es sich um unvollständige Zwischenlösungen, die das Versagen von Politik offenbarten.

Die Große Chinesische Mauer etwa, 7300 Kilometer lang, begonnen im siebten Jahrhundert v. Chr., beendet etwa um 1500 n. Chr., sollte das Riesenreich vor dem Einfall von Steppenvölkern schützen. Ein umfassender Verwaltungsapparat und ein riesiges Heer waren nötig, um die Mannschaften auf den Wachtürmen zu versorgen und in regelmäßigem Rhythmus abzulösen. Sicher hat der Jahrtausendbau das Reich eine lange Zeit auf eine gemeinsame Aufgabe verpflichtet und auch geschützt. Doch es brauchte – das war im Jahre 1644 – nur eines korrupten Heerführers, des chinesischen Generals Wu Sangui, der den anstürmenden Mandschu-Kriegern gegen ein Bestechungsgeld ein Tor in der Mauer öffnete, um das Bollwerk löchrig und damit nutzlos zu machen. Die neue Mandschu-Dynastie, welche dann bis 1911/12 herrschte, versuchte, Mongolen, Tibeter und andere feindliche Völker nicht mit Krieg, sondern durch religiöse Konversion und durch eine Politik der Besänftigung zu regieren – mit nicht ganz schlechtem Erfolg. Die Mauer verlor allmählich ihre Bedeutung, das Riesenreich überlebte, ohne dass seine Einwohner wie Festungsinsassen lebten.

Auch ein anderes Imperium versuchte – auf die Dauer vergeblich, wie sich herausstellte – durch den Schutz von Festungswällen zu überleben. Unter den Kaisern Hadrian (117–138) und Antoninus Pius (138–161) bauten die Römer in Deutschland den Limes, einen Grenzwall, der sich zwischen Rhein und Donau erstreckte. Wie die Große Chinesische Mauer benötigte auch dieser Schutzwall ein ausgeklügeltes Nachschubsystem für die dort stationierten militärischen Einheiten – dreißig Legionen mit einer Stärke von etwa 160 000 Mann zuzüglich Hilfstruppen. Genutzt hat die Mauer auf Dauer nicht. Im Jahre 260 durchbrachen die Alemannen die Sperranlage, die Römer mussten sich weiter nach Süden zurückziehen.

Ebenso erging es den Römern in ihrer Provinz Britannien. Im Norden der Insel bauten sie einen Festungsbogen, genannt Hadrians Wall. Diese Erdmauer erstreckte sich auf einer Länge von 118 Kilometern von

Küste zu Küste. Ein Biograph Hadrians meint, der Wall sei gebaut worden, um »die Römer von den Barbaren zu trennen«. (Das Motiv, eine Zivilisation vor angeblichen Barbaren, Kolonisatoren vor den »Eingeborenen«, Reiche vor Armen zu schützen, zieht sich übrigens durch die gesamte Geschichte des Mauerbaus.) Hadrians Nachfolger Antoninus Pius weitete die römische Herrschaft bis Schottland aus. Im Norden ließ er ein 58 Kilometer langes Bauwerk aufziehen, den Antoninus Wall. Doch das Unterfangen erwies sich als ziemlich nutzlos, die Römer ließen die Mauer schnell verfallen, und auch Hadrians Wall konnte nicht verhindern, dass die römische Herrschaft auf der Insel im Jahre 410 zu Ende ging.

Im Mittelalter versuchten die christlichen Kreuzfahrer, ihre Eroberungen im Land der Ungläubigen durch den Bau riesiger Burgen zu sichern. Keine dieser Festungen lag mehr als eine Tagesreise von der anderen entfernt. So konnte den durch das Land ziehenden europäischen Reiterheeren im Falle feindlicher Angriffe schnell Hilfe geschickt werden. Doch trotz ihrer vielen ummauerten Schutzburgen hielten sich die Kreuzfahrerstaaten gerade einmal gut zwei Jahrhunderte, dann mussten die letzten Glaubenskrieger geschlagen den Rückzug antreten. Die von ihnen kunstvoll und mit großem Aufwand errichteten Festungen bewahrten sie nicht vor der Niederlage.

Die schlimmste Abgrenzung des Menschen vom Menschen war die Errichtung von Ghettos, in denen meist europäische Juden eingesperrt wurden. Allerdings stammt das erste Ghetto aus dem muslimischen Marokko. Im Jahre 1280 wurden Juden in spezielle Gebiete, genannt millah, umgesiedelt. In Europa begann die offene Diskriminierung mit einem Beschluss des vierten Laterankonzils im Jahre 1215, auf dem Papst Innozenz III. beschließen ließ, dass alle Juden ein Abzeichen zu tragen hatten, welches sie von den Christen unterschied. Schon das dritte Laterankonzil hatte 1179 entschieden, jene Christen zu exkommunizieren, welche mit Juden zusammenlebten. Das erste Ghetto in Europa richtete Venedig im Jahre 1531 ein, Wort und Begriff stammen ebenfalls aus Venedig und bedeuteten ursprünglich so viel wie Gewehrgießerei. In Venedig waren christliche Wachen an den Toren des Ghettos postiert. Wort und Praxis verbreiteten sich schnell über Europa. Ghetto wurde ein Synonym für ein ummauertes oder umzäuntes Gelände, in welchem Juden eingesperrt wurden und das sie nur zu bestimmten Zeiten und mit spezieller Erlaubnis verlassen konnten. Intern herrschte zumeist Selbstverwaltung.

Der Habsburger Kaiser Karl V. befahl die Errichtung von Ghettos in

Frankfurt, Rom, Prag und anderen Städten seines Imperiums. Erst im Laufe des 19. Jahrhunderts wurden die Ghettos in Westeuropa allmählich geschlossen. In Russland bestanden sie noch bis zur Revolution von 1917. Im Zarenreich waren Ghettos nach den drei polnischen Teilungen (1772, 1793, 1795) errichtet worden, weil – als Nebenwirkung der russischen Expansion – viele polnische Juden plötzlich Untertanen des Zaren geworden waren. Katharina II., die sogenannte »Große«, erlaubte den Juden kommerzielle Tätigkeit nur in den von ihr eroberten Gebieten – im ehemaligen Ostpolen etwa und in den Gebieten am Schwarzen Meer, die man vom Osmanischen Reich annektiert hatte.

Allerdings war die Abschaffung der Ghettos im Europa des 19. Jahrhunderts nicht immer das Ende der Diskriminierung. Das nationalsozialistische Deutschland trieb in der ersten Hälfte des 20. Jahrhunderts diese Praxis zu einem fürchterlichen Endpunkt. Die etwa 1000 neu errichteten Ghettos für Juden – vor allem in Polen und Litauen – dienten oft als Durchgangsstationen zu Vernichtungslagern wie Auschwitz und Treblinka. Das Ghetto von Warschau war mit etwa 450 000 auf engstem Raum eingepferchten Juden das größte. Sechs Millionen Juden wurden durch das nationalsozialistische Deutschland ermordet – Völkermord als extremster Ausdruck der Trennung eines Volkes vom anderen.

Niemand habe die Absicht, eine Mauer zu errichten, wagte Walter Ulbricht, Staatsratsvorsitzender der DDR, noch am 15. Juni 1961 der Weltöffentlichkeit zu verkünden. »Die Mauer muss weg«, rief Willy Brandt, damals Regierender Bürgermeister Berlins, nachdem die DDR am 13. August 1961 doch damit begonnen hatte, sich durch einen über 1400 Kilometer langen Grenzwall aus Mauern, Stacheldrahtzäunen, Gräben, Wachtürmen und Minen von der Bundesrepublik und damit von den Demokratien des Westens abzuschotten. Die Mauer wurde zum schrecklichen Symbol des Kalten Krieges zwischen zwei gesellschaftlichen Systemen, zwischen zwei Militärblöcken. Gut zwei Jahre, bevor klar wurde, dass die Berliner Mauer das Sowjetimperium nicht würde retten können, rief Präsident Ronald Reagan am 12. Juni 1987, anlässlich des 750. Jahrestages der Gründung Berlins, am Brandenburger Tor: »Herr Gorbatschow, reißen Sie diese Mauer ein!« Zwar riss der sowjetische Führer die Mauer nicht ein; aber er verhinderte auch nicht, dass am 9. November 1989 die Menschen selbst das inhumane Bauwerk stürmten.

Die Mauer sollte verhindern, was letztlich nicht zu verhindern war –

die innere Ausblutung und den Zerfall eines politischen Systems. Da die DDR ihre Bürger nicht mit einem überzeugenden politischen und gesellschaftlichen Konzept halten konnte, erschuf sie ein martialisches Bauwerk und nannte dieses »antifaschistischen Schutzwall« oder schlichter: »befestigte Staatsgrenze«.

1265 Kilometer lang war der Metallgitterzaun, mit dem sich die DDR (außerhalb Berlins) abriegelte, rund um West-Berlin gab es 106 Kilometer Betonmauern und 66,5 Kilometer Metallgitterzäune. Dennoch: Der Abwanderungsdruck verschwand dadurch nicht. Bis 1988 verließen 383 181 Bürger der DDR legal ihren Staat. 178 182 flohen aus der DDR über Drittländer, 40 101 konnten die Sperranlagen unter Lebensgefahr überwinden und nach Westen fliehen. 15 287 politische Häftlinge wurden vom Westen aus den Gefängnissen der DDR freigekauft. Und: 1245 Menschen starben bei dem Versuch, Mauer und Stacheldraht zu überwinden und in den Westen zu fliehen. Trotz aller Anstrengungen des Regimes konnte die Mauer die Flucht Tausender nicht verhindern.[1]

Als die Mauer dann 1989 fiel, geschah dies nicht durch einen militärischen Angriff von außen. Vielmehr war das System, welches sie schützen sollte, implodiert. Und mit der Mauer verschwand ein ganzes Imperium, jenes Imperium, das Stalin nach dem Zweiten Weltkrieg von der westlichen Welt abzuschotten versuchte. Stalin baute zwar keine Mauer, aber er isolierte sein Reich in einer Weise, die Winston Churchill in einer berühmten Rede am 5. März 1946 im Westminster College in Fulton (Bundesstaat Missouri, USA) so beschrieb: »Von Stettin im Baltikum bis Triest an der Adria hat sich ein Eiserner Vorhang über den Kontinent gesenkt. Hinter dieser Linie liegen all die Hauptstädte der alten Staaten Mittel- und Osteuropas. Warschau, Berlin, Prag, Wien, Budapest, Belgrad, Bukarest und Sofia, alle diese berühmten Städte und die Bevölkerungen um sie herum befinden sich in der, wie ich sie nennen muss, sowjetischen Sphäre, und alle sind sie, in der einen oder anderen Weise, nicht nur sowjetischem Einfluss, sondern in wachsendem Maße der Kontrolle Moskaus unterworfen.«

Noch heute gilt der Bau einer Mauer manchen Politikern als letztes Mittel, einen politischen oder gesellschaftlichen Konflikt zu lösen. Dennoch bleibt eine solche Abgrenzung ein fragwürdiger, weil langfristig oft wirkungsloser Ersatz für eine vernünftige Politik, ein Ersatz, der nur eine kurzfristige Atempause bringt. »In der Regierungskunst, so scheint es«, hat die amerikanische Historikerin Barbara Tuchman 1984 in ihrem Buch »Die Torheit der Regierenden – Von Troja bis Vietnam« geklagt, »bleiben die Leistungen der Menschheit weit hinter dem zurück, was sie auf fast allen anderen Gebieten vollbracht hat. (…) Warum agieren Inhaber hoher Ämter so oft in einer Weise, die der Vernunft und dem aufgeklärten Eigeninteresse zuwider läuft?«

Traurige Beispiele für dieses Versagen gibt es genügend. Vergeblich etwa hat die weiße Minderheitsregierung in Südafrika über Jahrzehnte versucht, die schwarze Bevölkerung in Ghettos, schmeichelhaft Homelands genannt, umzusiedeln. Zehn solcher Bantustans errichtete sie in Südafrika selbst, zehn in Südwestafrika, damals unter Südafrikas Kontrolle, heute das unabhängige Namibia. In den zwei Jahrzehnten vertrieb die weiße Minderheit ca. 3,6 Millionen Schwarze aus ihren Wohngebieten und siedelte sie in den neuen schwarzen Ghettos an. »Denken wir, was die Schwarzen betrifft, unsere Politik bis zu einem logischen Ende«, sagte Regierungsmitglied Conny Mulder am 7. Februar 1978 im Parlament, »dann wird es keinen schwarzen Mann mit südafrikanischem Bürgerrecht geben.« Glücklicherweise kam es anders. Der Versuch der weißen Einwanderer, sich mit Gewalt von den schwarzen Einheimischen abzugrenzen, indem man diese im eigenen Land vertrieb und in umzäunte Ghettos pferchte, scheiterte.

»Die Mauer«, schreibt der französische Philosophieprofessor Thierry Paquot in seinem Aufsatz »Die Mauern der Angst«, »drückt Unverständnis, Trennung und Segregation aus. Sie wird als Gewalt verstanden, als Hindernis für den Frieden – wie etwa in Belfast.«[2]

Trotz des nach Jahren des Tötens in Nordirland eingekehrten Friedens leben Katholiken und Protestanten noch immer weitgehend getrennt und voller Befürchtungen, ein kleiner Anlass könne die alten Kämpfe wieder entflammen. Eine Mauer, zusammen mit einem aufgesetzten Maschendrahtzaun zeitweilig bis zu 14 Meter hoch, trennt in Belfast die Katholiken in der Falls Road von den Protestanten in der Shankill Road. 4000 Tote, Zehntausende von Verwundeten hat der durch die Barrieren im Kopf ausgelöste Bürgerkrieg zwischen Katholiken und Protestanten in Nordirland gekostet. Jetzt, da seit 1998 Frieden herrscht, wagen die Bewohner von Falls und Shankill Road noch immer nicht, die Mauer, welche sie physisch trennt, abzureißen. So groß sind immer noch die mentalen Hindernisse, dass kaum jemand aus der Shankill Road die Nachbarn in der Falls Road besucht. Sicher, viele erwarten, dass eines Tages mit dem Fall der Blockaden in Kopf, Herz und Seele auch die Mauer fallen werde. Doch das kann dauern. Immerhin, die Mauer heißt jetzt offiziell »Friedenslinie«.

Während in Nordirland eine Mauer langsam an Bedeutung verliert, sind andere dabei, neue Barrieren zwischen den Menschen zu errichten. Es sind zwar keine Mauern, wohl aber neue Grenzen, mit denen sich etwa die Völker Jugoslawiens in den neunziger Jahren des letzten Jahrhunderts voneinander abgeschottet haben. Die Urteile, Vorurteile, Aversionen, die Blockaden in den Köpfen haben sich in reale Staatsgrenzen verwandelt. Und innerhalb der neuen Kleinstaaten gibt es weitere unsichtbare Mauern. Mostar im Kanton Herzegowina der bosnischen Föderation, ist zum Beispiel eine zweigeteilte Stadt – auch wenn keine Mauer errichtet wurde: Kroaten westlich, Muslime östlich des Flusses Neretva. Die Serben sind weitgehend vertrieben worden. Auch Mitrovica im Kosovo ist geteilt – ohne eine physische Mauer. Serben im Norden, Albaner im Süden, dazwischen die europäische Truppe KFOR. Diese NATO-Einheiten kontrollieren den Übergang über die Brücke und verhindern durch ihre Präsenz, dass sich Albaner und Serben hier weiter bekriegen. Auch die makedonische Hauptstadt Skopje ist de facto zweigeteilt. Wer den Fluss Vardar nach Norden überquert, fühlt sich so, als sei er in Albanien.

Und Menschen bauen weiter Mauern. Weltweit existieren – oder sind im Bau – 31 Mauern oder Erdwälle mit einer Gesamtlänge von etwa 23 000 Kilometern. Eine der kleineren, eine nur fünf Kilometer lange Barriere, errichten die Amerikaner im eroberten Bagdad. Dort, wo sie Demokratie einführen wollten – und wo Sunniten und Schiiten vordem, wenn auch unter der Knute des Despoten Saddam Hussein, einigermaßen friedlich zusammenlebten – sperren sie nun die Sunniten des Stadtteiles Adhamiya durch eine dreieinhalb Meter hohe Betonmauer von der umliegenden schiitischen Region ab. Kuwait will sich durch eine 193 Kilometer lange Befestigungsanlage vom Irak trennen, Saudi-Arabien plant, sich sowohl vom Nachbarn Jemen (durch einen 75 Kilometer langen Schutzwall), als auch vom Irak (durch eine 900 Kilometer lange befestigte Grenze) abzusondern. 300 Kilometer lang ist die von den Vereinten Nationen errichtete Pufferzone, welche auf der kleinen Insel Zypern nach der türkischen Invasion Griechen und Türken trennt. Sie ist eine der wenigen, die, nach Verbesserung der griechisch-türkischen Beziehungen, durchlässig gemacht und später abgerissen werden soll.

Indien versucht derweil, ein 1624 Kilometer langes befestigtes Bauwerk zu errichten, um das Land vor Drogenschmuggel aus Burma zu schützen. Spanien und die Europäische Union haben um die spanischen Exklaven in Marokko – Ceuta und Melilla – riesige Zäune gebaut, um sich vor afrikanischen Immigranten abzuschirmen. 3268 Kilometer lang soll jene Befestigungsanlage sein, welche Indien vor Einwanderung aus einem der ärmsten Länder der Welt, aus Bangladesh, bewahren soll. Sechs von neun Nachbarstaaten Indiens gelten als am wenigsten entwickelte Länder. Oft suchen deren Einwohner in Indien ein besseres Leben, obwohl die indische Bevölkerung, trotz des wirtschaftlichen Aufschwungs der letzten Jahre, noch zu den ärmeren auf dem Globus zählt. Sicher, die Aufnahmeländer wären überfordert, sollten sie alle Menschen akzeptieren, die in ihren Grenzen ein besseres Leben suchen. Europa zum Beispiel kann nicht allen Menschen Arbeit verschaffen, die aus Afrika kommen und in der Europäischen Union einen Neuanfang machen wollen. Doch auch der Mauerbau wird das Problem auf Dauer nicht lösen.

Die Regierung von George W. Bush arbeitet an einem 3360 Kilometer langen Sperrwall entlang der Grenze der USA zu Mexiko, um illegale Einwanderer fernzuhalten. Doch trotz aller Hightech-Anlagen geht der Schmuggel von Menschen und Waren weiter.

Die sich verstärkenden wirtschaftlichen und sozialen Unterschiede in den USA und in manchen europäischen Gesellschaften haben zudem zur Folge, dass immer mehr »Reichenghettos« entstehen. In der französischen Stadt Toulouse etwa gibt es seit dem Jahr 2000 das Quartier Belles Fontaines de Saint-Simon. Es gleiche, schrieb die Monatszeitschrift Le Monde Diplomatique »einer uneinnehmbaren Festung: Einzäunung, ferngesteuerte Eingangstür, Nachtwächter, ferngesteuerte Kameras; jeder Mieter kann die Alleen und Plätze von seinem eigenen Monitor einsehen und unerwünschte Personen draußen halten. Für den Eintritt benötigt man einen persönlichen Ausweis, oder man muss von einem Eigentümer eingeladen werden.[3]« Sogar in Entwicklungsländern wie Argentinien oder Ägypten gibt es inzwischen ähnliche Reichenghettos. Sie tragen romantische Namen wie etwa jenes, das nördlich von Kairo in der Wüste errichtet wurde. Beverly Hills nennt sich das Refugium für Wohlhabende, die es sich leisten können, außerhalb des Großstadtmolochs zu residieren.

Nach einer Studie von US-Stadtplanern führen solch eingemauerte Wohnsiedlungen zu einem Verlust an sozialen Kontakten, was wiederum einen Verlust an Verantwortung füreinander bedeutet. Viele Einwohner würden sich nur noch um sich selber kümmern – nicht aber mehr um andere Menschen in ihrem sozialen Umfeld.[4]

Mauern als »zionistische Handlungen«

Die Nichtexistenz von sozialen Verbindungen ist in Palästina seit den dreißiger Jahren des letzten Jahrhunderts zum Wesensmerkmal geworden – jedenfalls, was die Kontakte zwischen einwandernden Juden und Arabern betrifft. Unter osmanischer Oberherrschaft hatten die einheimischen, in Palästina verbliebenen Juden jahrhundertelang weitgehend friedlich mit den palästinensischen Arabern zusammengelebt. Antisemitismus nach dem schlimmen europäischen Vorbild war muslimisch-arabischen Gesellschaften fremd. Die jüdisch-arabische Symbiose löste sich allmählich auf, als die Aliya, die erste jüdische Einwanderungswelle, begann. Oft über Nacht bauten die Einwanderer Siedlungen, um die britische Besatzungs- und Mandatsmacht und die einheimischen Araber vor vollendete Tatsachen zu stellen – ein Muster, das die israelischen, religiös motivierten Siedler nach dem Sechstagekrieg im Westjordanland später auch anwandten. Der israelische Architekt Sharon Rotbard schilderte im Jahr 2003 anhand der 1936 errichteten Siedlung Homa Oumigdal (was soviel heißt wie »Mauer und Festung«), wie die ersten Siedler ihre Landnahme praktizierten. Die Errichtung dieser Siedlung habe auf den ersten Blick einen defensiven Eindruck gemacht, sei aber in Wirklichkeit ein offensiver Akt gewesen. Das System gründete darauf, auf einem Bergrücken eine Umfassung aus vorfabrizierten, mit Kies gefüllten Holzverschalungen zu errichten, die umgeben wurde von einer Barriere aus Stacheldraht. So bekam man einen eingezäunten Platz von 35 mal 35 Metern. Dort errichtete man einen Turm aus Holz, der ebenfalls vorfabriziert war. Dieser Turm dominierte die Umgebung und jene vier Baracken, welche einem »Bataillon« von 40 »Eroberern« Platz zum Wohnen bot. Zwischen 1936 und 1939 wurden, nach Angaben Rotbards, 57 solcher Posten errichtet, die sich schnell zu veritablen Siedlungen entwickelt hätten. Eines der Merkmale dieser Posten sei es gewesen, dass man sie an einem Tag, oder auch in einer Nacht, errichten konnte, dass man sie verteidigen konnte – und dass sie in Sichtweite anderer Posten standen, damit man bei Angriffen von arabischer Seite in der Lage war, schnell Hilfe anzufordern.[5]

Sharon Rotbard ist der Meinung, dass die meiste Architektur Israels ein politisches Ziel verfolge – die Besiedlung des alten Palästinas. Er schreibt recht zugespitzt: »Das signifikanteste Charakteristikum der israelischen Architektur, das zur gleichen Zeit sichtbarste und doch am meisten kaschierte, liegt in ihrer politischen Dimension. In Israel ist die Architektur, ebenso wie der Krieg, die Fortsetzung der Politik mit anderen Mitteln. Jeder Akt der Architektur, der von den Juden in Israel begangen wurde, ist in sich – mit oder ohne Absicht – eine zionistische Handlung.«

Der zionistischen Politik folgt auch das israelische Einwanderungsgesetz. Es verspricht jedem Juden, wo auch immer auf der Welt er wohnt, die israelische Staatsbürgerschaft. Gleichzeitig verweigert Israel die Rückkehr der palästinensischen Flüchtlinge – bzw. deren Nachkommen –, welche in den Kriegen von 1948 und 1967 Palästina verlassen mussten. Diese Politik soll auf lange Zeit garantieren, dass Bürger jüdischen Ursprungs in Israel in der Mehrheit bleiben. So wird eine weitere, eine zwar unsichtbare, aber ebenso kaum überwindbare Mauer zwischen Israelis und Palästinensern errichtet.

Hinter einer höchst realen Mauer müssen seit Jahren die Bewohner des Gazastreifens leben. Heute sind es etwa 1,5 Millionen, die praktisch hinter Gittern leben. Sie vegetieren auf einem Gebiet, das zur See (40 Kilometer Küste) von israelischen Schiffen blockiert ist und dessen Landgrenze zu Israel (51 Kilometer) durch einen fast unüberwindbaren Zaun markiert wird. Dieses »größte Gefängnis der Welt«, wie es oft genannt wird, misst etwa 363 Quadratkilometer. Seine Grenze zum arabischen Bruderland Ägypten, etwa elf Kilometer, ist seit 2008 durch eine Mauer befestigt. Zuvor waren Tausende Bewohner Gazas aus ihrem Gefängnis in Richtung Ägypten ausgebrochen und hatten dort Waren eingekauft, die sie zu Hause nicht mehr finden konnten. Um zu verhindern, dass sich Hamas-Aktivisten durch ein solches Schlupfloch nach Ägypten einschleichen, weigert sich Ägypten meistens auch in Notfällen, die Grenze für eine größere Zahl von Palästinensern zu öffnen.

Doch nicht nur die Einwohner Gazas haben kaum noch Bewegungsfreiheit. Zweieinhalb Millionen Palästinenser im Westjordanland sind nicht nur nach Westen, zum Mittelmeer hin, sondern auch nach Osten, in Richtung Jordanien, von der Außenwelt abgeschnitten. Die Jordangrenze ist streng bewacht, die beiden Grenzübergänge ins Haschemitische Königreich – die Allenby-Brücke im Süden und die Scheich-Hussein-Brücke im Norden – gleichen unüberwindbaren Festungsanlagen.

Die Mauer und der Zaun, welche Israel seit 2002 zwischen sich und den Palästinensern in den besetzten Gebieten errichten lässt, ist international höchst umstritten. Amerikaner und Europäer haben sie hingenommen – so, wie sie auch den Siedlungsbau hingenommen haben. Am 14. April 2004 erklärte Präsident George Bush, der Sperrzaun sollte eine reine Sicherheitsanlage sein, nicht aber eine politische Schranke; zudem sollte der Zaun nur vorübergehend und nicht endgültig sein und vor allem zukünftigen Verhandlungen nicht vorgreifen. Außerdem sollte der Grenzwall auf jene Palästinenser Rücksicht nehmen, die »nicht in terroristische Aktivitäten« verwickelt seien. (Siehe auch Kapitel 4).

Die Europäische Union schloss sich dem Urteil des Internationalen Gerichtshofes in Den Haag an. Der Außenbeauftragte der EU, Javier Solana, erklärte, Israel habe das Recht, sich zu verteidigen, müsse aber darauf achten, dass durch den Bau der Anlage kein palästinensisches Land besetzt und humanitäres Recht nicht verletzt werde.[6]

Die israelische Menschenrechtsbewegung B'Tselem befürchtet, dass Israel mit dem Argument, die Grenzanlage diene der eigenen Sicherheit, gleichzeitig »facts on the ground« schaffe, Tatsachen, die später, bei Grenzverhandlungen, nicht mehr rückgängig zu machen seien.[7] Die britische Zeitung *Guardian* kommentierte am 18. Oktober 2005, der Verlauf von Zaun und Mauer zeige, dass Israel offensichtlich seine Grenzen revidiere. Und Janes Zogby, Präsident des »Arab American Institute« erklärte am 15. März 2003, mit dem Bau der Grenzanlage wolle Israel einseitig die Kontrolle über große Siedlungsblöcke im Westjordanland herstellen.[8]

Die Palästinenser selbst haben protestiert und vom Internationalen Gerichtshof in Den Haag ein Urteil bekommen, in welchem Israel aufgefordert wird, jene Teile der Grenzanlage abzureißen, welche auf palästinensischem Gebiet verlaufen. Das »Internationale Komitee vom Roten Kreuz« erklärte am 18. Februar 2004, der Grenzwall verursache »ernsthafte humanitäre und rechtliche Probleme« und überschreite bei Weitem das, »was einer Besatzungsmacht erlaubt« sei.[9] Ebenfalls im Jahre 2004 schrieb Amnesty International: »In der jetzigen Konfiguration verletzt der Zaun/die Mauer Israels Verpflichtungen unter internationalem humanitären Recht.«[10] Am 20. Februar 2004 erklärte das »World Council of Churches«, man anerkenne zwar die Sicherheitsprobleme Israels, das Gremium beklagte aber eine ernsthafte Verletzung des internationalen humanitären Rechtes. Zugleich wurde eingeräumt, eine solche Verletzung bestehe nicht, sofern die Grenzanlage auf israelischem Territorium errichtet werde.[11]

Eine Reise entlang eines Teils der Sperranlage – von Bethlehem im Südwesten über Jerusalem bis nach Qalqilia im Nordwesten – zeigt, was der Bau von Zaun und Mauer für die Palästinenser bedeutet. Einer Festung gleich liegt zwischen Jerusalem und Bethlehem die neue Siedlung Har Homa. Dies ist der hebräische Name für die Anhöhe, auf der sie gebaut wurde. Die Palästinenser nennen den Hügel Dschebel Abu Ghneim. Palästinenser, die Vereinten Nationen und die Europäische Union protestierten, als Israel in den späten neunziger Jahren mit dem Bau begann. Die Siedlung liege auf palästinensischem Land, lautete das Argument. Und: Sie vervollständige den Siedlungsgürtel, den die Israelis seit dem Krieg von 1967 um Jerusalem herum errichtet hätten. Die Israelis sprechen von Sicherheit, wenn sie den Bau der Mauer rechtfertigen, die Palästinenser von Landnahme. Mauer und Zaun verbinden sich mit strategisch angelegten Siedlungen, Siedlerstraßen und Militärgebieten zu einem Netz, dass Israel auch im Falle eines formal unabhängigen Palästinenserstaates Kontrolle und Oberhoheit über das Westjordanland garantieren würde.

Israel betrachtet die Sperranlage als Dauerlösung, sonst hätte das Land nicht so viel Geld in das Bauwerk investiert. Es geht um Kontrolle über die Palästinenser, und es geht um Kontrolle über die wenigen Ressourcen des Landes – etwa um Wasser. Bei Qalqilia verläuft die Mauer über eines der wichtigen Grundwasserreservoirs in Palästina. Qalqilia ist fast vollständig von der Mauer umrundet. Wer in die Stadt hinein oder wer sie verlassen will, muss durch einen Tunnel fahren. Dieses Nadelöhr kann vom israelischen Militär leicht abgeriegelt werden. Der in Deutschland lebende palästinensische Arzt Dr. Mahmud Mustafa etwa hatte beschlossen, in seine Heimatstadt Qalqilia zurückzukehren. Er packte seine Koffer und reiste nach Palästina. Eines Tages wollte er mit dem Auto aus Qalqilia heraus. Doch die Durchfahrt durch den Tunnel war blockiert. Israelische Soldaten hatten einen Militärjeep quer gestellt. Die Soldaten saßen müßig herum. Fast drei Stunden tat sich nichts. Dann plötzlich verschwand der Jeep, die Wartenden konnten passieren. Solche Szenen wiederholten sich. Dr. Mustafa musste zusehen, wie Kinder am Kontrollposten geboren wurden, weil israelische Soldaten die Weiterfahrt verzögerten. Heute ist Dr. Mustafa wieder in Deutschland. Es war ihm unmöglich, seinen Arztberuf gewissenhaft auszuüben und dadurch palästinensischen Landsleuten zu helfen. Er vermutet, es sei bewusste israelische Politik, die Palästinenser an der Rückkehr in ihre Heimat zu hindern. Für diese These spricht auch, dass die israelische Regierung einen Plan der palästinensischen

Stadtverwaltung ablehnte, in Qalqilia einen kleinen Industriepark zu gründen.

Folgt man der Analyse palästinensischer Gesprächspartner in Qalqilia, dann sieht Israels Plan so aus: Die ständigen Sperren sollen die Möglichkeit eines wirklich unabhängigen und lebensfähigen Palästinenserstaats unmöglich machen. Die Israelis wollten, so lautet die Analyse von Einwohnern in Qalqilia weiter, fünf bis sechs Ghettos bzw. Bantustans für Palästinenser schaffen. Diese könnten sie dann nach Belieben öffnen und schließen. »Und wir Palästinenser sitzen drin und können nichts tun«, sagt ein Mann resigniert.

Das ist ein harter Vorwurf. Aber im Falle von Qalqilia ist er Realität. Die Innenstadt mit ihren 4,6 Quadratkilometern Fläche ist rundum abgeriegelt. Wenn die Bauern aus Qalqilia auf ihre Felder außerhalb der Mauer wollen, müssen sie durch die Kontrollstellen und dann weite Strecken laufen. Vor allem aber müssen sie rechtzeitig zurückkommen: Um 19.00 Uhr schließen die Kontrollstellen. »Sie bauen Tore für die Bauern und öffnen und schließen sie nach Gutdünken. Der Bauer muss aber aufs Feld, wenn es nötig ist«, sagt ein Bauer. In Qalqilia herrscht Wohnungsnot. Obwohl es noch genug freies Land in der Stadt gibt, darf dort aber nicht gebaut werden: Die israelische Armee hat das freie Land entlang der Sperranlagen zu einer Art Sicherheitszone erklärt. Bauland gibt es in der Stadt daher praktisch keines mehr, nicht einmal für Schulen oder Krankenhäuser. Den Menschen in Qalqilia wird wenig bleiben – außer der Abwanderung. »Für meine Familie und für meine Kinder sehe ich weder in Qalqilia noch sonst irgendwo in Palästina eine Zukunft«, sagt der palästinensische Arzt, der seine Heimat nach ein paar Wochen wieder verlassen hat. Etwa 11 000 Menschen sind bereits nach Ramallah oder Nablus gezogen. Wer kann, geht ins Ausland. Aber dazu haben die wenigsten die Möglichkeit.

Es gibt viele derartige Schicksale in Qalqilia. Da ist etwa Sohad Hashem. Sohad ist eine resolute Frau. Die islamische Kleiderordnung schert sie wenig. Sie trägt ihre Haare offen. Unermüdlich kämpft Sohad gegen die von Israel gebaute Mauer. Sie empfängt Journalisten, entwirft Petitionen. Doch auch ihre Familie ist vom Mauerbau betroffen. Sohads Vater hat mehr als die Hälfte seines Landes verloren. Der größte Teil seines Besitzes liegt jetzt jenseits der Mauer, meistens unerreichbar für ihn. Entschädigung für den Verlust hat er nicht bekommen. Dagegen erhalten israelische Siedler, die nach Scharons Willen den Gazastreifen verließen, bis zu 300 000 Dollar Kompensation.

Qalqilia war früher eines der wirtschaftlichen Zentren des Westjordanlands, berühmt für seine Obsthaine und seine Landwirtschaft. Heute ist es eine sterbende Stadt. Der einstige Reichtum ist dahin. In der Ferne, jenseits der Mauer, sehen Palästinenser eine andere Welt – die lebenslustige israelische Metropole Tel Aviv. Ein anderes Land, ein anderes Volk, ein anderer Stamm, eine andere Kultur. Die Mauer soll garantieren, dass die Nachbarn auf ewig getrennt bleiben.

Warum ich in Qalqilia nicht mehr leben kann

*Von Dr. Mahmud Mustafa**

Ich habe mein Medizinstudium abgeschlossen und mich in Berlin spezialisiert. (…) Meine Überzeugung wuchs, wie nötig meine Fachkraft in Palästina wäre und wie wichtig es wäre, mit diesen Menschen zu leben und ihnen zu helfen. Eine Weile lang betreute ich Patienten in Qalqilia per Internet. Aus dem Gefühl der Machtlosigkeit angesichts des Bedarfs an Hilfe entschloss ich mich schließlich, nach Qalqilia zu ziehen. Es fiel mir nicht leicht, das deutsche Berlin zu verlassen. Mit viel Elan, Mut und Demut bin ich von Zuhause nach Zuhause ausgewandert oder eingewandert.

In Palästina war ich die ersten drei Monate unbeschreiblich glücklich. Dann bin ich langsam aus diesen euphorischen Träumen erwacht. Ich sehe Patienten, die meine Hilfe dringend brauchen. Die israelische Armee aber lässt mich diese Patienten nicht erreichen. Nicht einmal meine deutsche Staatsangehörigkeit kann mir helfen. Auf einmal sehe ich auch die Mauer, dieses Mal bin ich aber in Qalqilia und nicht im geographisch entfernten, mental und seelisch aber nahen Berlin. Die Soldaten der israelischen Grenzschutzes spielen Götter: Wer darf nur drei Stunden an dem Checkpoint vor dem nur 30 Kilometer entfernten Nablus warten, und wer wird nach fünf oder mehr Wartestunden zurückgewiesen? Welche Frau muss ihr Kopftuch behalten, und welche darf sich den Tod wünschen oder das Kopftuch runternehmen? Denn Frauen, die aus religiöser Überzeugung ein Kopftuch tragen, würden den Tod vorziehen, ehe sie das Kopftuch vor fremden Männern abneh-

* Dr. Mahmud Mustafa ist das Pseudonym eines palästinensischen, in Deutschland praktizierenden Arztes. Er hat in der Bundesrepublik studiert, ging später zurück in seine Geburtsstadt Qalqilia, um dort seinen palästinensischen Landsleuten zu helfen, kehrte später aber wieder nach Deutschland zurück. Der Beitrag wurde für dieses Buch verfasst.

men. Das wissen die Soldaten. Wenn sie also fordern, die Frauen sollten ihr Kopftuch abnehmen, provozieren sie alle Anwesenden, weil alle Muslime das als eine religiöse Beleidigung sowie als eine tiefe Demütigung und Vernichtung ihrer Würde empfinden. (…)

Es macht manchen israelischen Soldaten offenbar Spaß, Kinder und Frauen zu Tode zu erschrecken, es macht ihnen Spaß, Essen und Trinken an der Grenze zu verbieten. Meine Schwester lebt in einem Nachbardorf, das etwa drei Kilometer entfernt ist. Als Kinder liefen wir immer zu Fuß dahin, jetzt aber, durch die »heilige Mauer«, verbindet uns mit ihr nur ein Tunnel. Da stehen die Autos mehr als drei Kilometer Schlange. Wenn ein Soldat entscheidet, jetzt seine wohlverdiente Pause zu nehmen – oft von unbegrenzter Dauer –, dann dürfen die Leute nicht aus ihren Autos steigen. Man hört schreiende Kinder, welche die Hitze nicht mehr aushalten können. Noch schlimmer wird es, wenn dieser Soldat alle auffordert, die Autofenster zu schließen. Es ist wirklich schrecklich, keiner hat etwas zu trinken, die Kinder können aber zusehen, wie der Soldat das Wasser in einem Auto beschlagnahmt und seinen Kopf damit abkühlt. Das schmerzt, wenn man das sieht. Ja, wann hört dieses Warten auf, fragt man sich, kommt vielleicht ein anderer Soldat als Ablösung? Wie viele Stunden dauert es, bis wir die drei Kilometer bis zu unserem Dorf zurücklegen können? Es ist sehr traurig, wenn man Entbindungen auf der Straße vor den Augen der Soldaten und den wartenden Menschen erlebt. Sehr traurig, wenn Herzinfarktpatienten in der Warteschlange am Checkpoint neben ihren Angehörigen sterben!

Der Prophet der Mauer

Wie Wladimir Jabotinskys Voraussage Wirklichkeit wurde

»Gute Zäune machen gute Nachbarn.«
Robert Frost, 1915

»Die Mauer, die von Israel, der Besatzungsmacht, auf besetztem palästinensischen Gebiet einschließlich in und um Ost-Jerusalem herum gebaut wird … widerspricht internationalem Recht. (…) Israel ist verpflichtet, seinen Bruch internationalen Rechts zu beenden, und es hat die Verpflichtung, die Bauarbeiten an der Mauer auf besetztem palästinensischen Gebiet einzustellen.«
Der Internationale Gerichtshof in Den Haag am 9. Juli 2004

»Die Mauer rettet Leben.«
Israelische Stellungnahme zum Gerichtsurteil von Den Haag am 9. Juli 2004

Ariel Scharon, seinerzeit Israels Ministerpräsident, hatte sich gut vorbereitet, als er am 28. Juli 2003 in Washington mit der damaligen amerikanischen Sicherheitsberaterin Condoleezza Rice zusammenkam. Wie immer selbstbewusst und siegesgewiss präsentierte er der politischen Vertrauten des Präsidenten »wunderschöne Fotos … des im Bau befindlichen Zaunes, die beweisen sollten, dass es sich nicht um eine Mauer handelte, sondern um eine Barriere aus Zäunen und Patrouillenwegen«.[1] Ein paar Tage zuvor hatte nämlich der palästinensische Ministerpräsident Mahmud Abbas (Abu Mazen) in Washington ebenfalls Bilder des im Bau befindlichen Sperrwalles gezeigt. Sie waren nicht so »wunderschön« wie jene, welche Scharon kurz darauf mitbrachte. Abu Mazens Fotos zeigten den wahren Anblick der acht Meter hohen Betonmauer, aus der die Sperranlage um Städte wie Jerusalem und Bethlehem besteht. Diese Bilder zeigten auch, wie palästinensische Siedlungen von ihrer Umgebung abgeschnitten wurden. Durch diese Präsentation wollte Abu Mazen beweisen, was die Amerikaner aus ihrer Satellitenüberwachung sicher schon lange wussten – dass nämlich Israel dabei war, eine Sperranlage zu errichten, welche jener dereinst von der DDR gebauten in nichts nachstand. Da der erste Streckenteil der Barriere von insgesamt 125 Kilometern Länge kurz vor seiner Vollendung stand, brauchten die Israelis gute Argumente, dem Bau auch auf diplomatischem Parkett ein solides Fundament zu geben. Für sein Treffen mit Präsident George W. Bush am 29. Juli 2003 hatte Ariel Scharon daher einen weiteren Trumpf mitgebracht. Er zitierte das Gedicht »Mending Fences« des amerikanischen Poeten Robert Frost (1874–1963), das ihm kundige Zuarbeiter in die Gesprächsmappe gesteckt hatten. In einem Vers dichtet Frost, dass »gute Zäune gute Nachbarn« schaffen. Scharon konnte befriedigt seine Heimreise antreten. Hatte Bush nach seinem Gespräch mit Abu Mazen die Sperranlage in aller Deutlichkeit ein »Problem« genannt, so war die Mauer nach der Belehrung durch Scharon nur noch »ein sensibles Thema«.

»Gute Zäune machen gute Nachbarn.« Diesen Satz wird wohl jeder unterschreiben – sofern sich die Nachbarn über die Zäune die Hand reichen, sich wie Menschen benehmen, welche zwar auf engem Raum nebeneinander wohnen, aber den anderen in seinem Bereich respektieren. Von einer solchen Normalität kann aber zwischen Israelis und Palästinensern in keiner Weise die Rede sein. Herrschte gute Nachbarschaft, würden die von Robert Frost genannten »guten Zäune« zwischen Israel und den palästinensischen Gebieten aus normalen Passkontrollhäuschen bestehen. Nebenan würden sich Reisende, die länger aufgehalten werden, in einer Cafeteria erfrischen können. Doch solche Annehmlichkeiten, wie sie zivilisierte Staaten für ihre Bürger und Gäste schaffen, fehlen sowohl an den etwa 560 israelischen Kontrollpunkten, welche die Bewegungsfreiheit der Palästinenser in ihrem eigenen Land einschränken, als auch an der Grenze, die Israelis und Palästinenser trennt. Der Zaun, den die Israelis zwischen ihrem Grundstück und dem der palästinensischen Nachbarn errichten und der laut Ariel Scharon eine gute Nachbarschaft sichern soll – dieser Zaun ist einseitig auf das Gebiet des Nachbarn verschoben, besteht aus Beton und kann nicht ohne Probleme passiert werden.

»In Palästina wird es immer zwei Völker geben«

Der Prophet gilt nichts im eigenen Lande – wenn dieser Satz auf einen Propheten nicht zutrifft, dann auf Wladimir Jabotinsky. Vor einem guten dreiviertel Jahrhundert, am 4. November 1923, schrieb er in der jüdisch-russischen Zeitschrift *Rasswjet* einen Artikel, der bald Furore machen und von Freund und Feind als »zionistischer Klassiker« bezeichnet werden sollte. Sein Titel lautete »Die eiserne Mauer, wir und die Araber«. Wladimir Jabotinsky war ein 1880 in Odessa (damals russisches Zarenreich, heute Ukraine) geborener Jude, der nach seiner Einwanderung nach Palästina einen hebräischen Vornamen angenommen hatte – Zeev, der Wolf. Zeev Jabotinsky gilt als Begründer des zionistischen Revisionismus. Er kritisierte die bis dahin unter vielen jüdischen Einwanderern vertretene und von der britischen Mandatsmacht propagierte These, wonach die in Palästina lebenden Araber durch die Wohltaten der jüdischen Einwanderung eines Tages der Existenz eines Judenstaates zustimmen würden.

So harmonisch, lautete Jabotinskys Gegenthese, mit der er die bisherige zionistische, auf Ausgleich mit den Arabern angelegte Ideologie zu revidieren suchte, werde die Geschichte der jüdischen Immigration nicht ablaufen. Es lohnt sich, aus dem Aufsatz länger zu zitieren, – denn das Traktat hat tiefe Furchen in der Geschichte Palästinas hinterlassen – vom Staatsgründer Ben Gurion über Golda Meir bis hin zu Menachem Begin, Yitzhak Shamir, Yitzhak Rabin und Ehud Barak und schließlich zu Ariel Scharon, Ehud Olmert und Shimon Peres. Denn alle diese Führer – seien sie nun Vertreter des rechten oder des gemäßigt linken politischen Spektrums Israels – haben eine Politik verfolgt, die letztlich darauf hinauslief, dass Israel den Besitz ganz Palästinas beansprucht – oder doch bis zum Bau der Mauer beansprucht hat.

In seinem Plädoyer für die Errichtung einer »Eisernen Mauer«, welche Juden und Araber trennen soll, wehrt sich Zeev Jabotinsky zunächst gegen den Vorwurf, er befürworte die Vertreibung der Araber.[2] Dieser Vorwurf sei unberechtigt, schreibt er, denn: »Meine emotionale Beziehung zu den Arabern ist dieselbe wie zu allen anderen Völkern – höfliche Indifferenz.« Seine politische Beziehung zu den Arabern sei durch zwei Prinzipien gekennzeichnet. Einmal: »Die Vertreibung der Araber aus Palästina ist unmöglich, in jeder Form. Es wird immer zwei Völker in Palästina geben.« Zum zweiten: Das Prinzip seines (jüdischen) Volkes sei die Gleichheit aller Völker. »Ich bin bereit zu schwören, für uns und unsere Nachkommen, dass wir niemals diese Gleichheit zerstören werden und dass wir niemals versuchen werden, die Araber zu vertreiben oder zu unterdrücken.«

Doch nach diesem Satz verlagert Jabotinsky die Verantwortung für die Beziehungen zwischen Juden und Arabern komplett auf die Schultern der Araber: »Aber es ist eine vollkommen andere Sache, ob es möglich sein wird, unsere friedlichen Ziele mit friedlichen Mitteln zu erreichen. Dies hängt nicht von unseren Beziehungen zu den Arabern ab, sondern exklusiv von der Haltung der Araber zum Zionismus.«

In der folgenden Passage seines Aufsatzes setzt er sich mit der Reaktion der Araber auf eine mögliche jüdische Kolonisierung Palästinas auseinander: »Jedes eingeborene Volk – sei es nun zivilisiert oder wild – erachtet sein Land als seine nationale Heimat. (…) Freiwillig werden sie niemals einen neuen Herrn und auch keinen neuen Partner erlauben. Und so ist es auch mit den Arabern. Kompromissler in unseren Reihen versuchen uns davon zu überzeugen, dass der Araber eine Art Narr ist, welcher durch eine Weichversion unserer Ziele ausgetrickst werden kann, oder ein Stamm von Geldgierigen, welcher sein Geburtsrecht auf Palästina für einige kulturelle und finanzielle Gewinne aufgeben wird. Ich lehne diese Einschätzung der palästinensischen Araber glatt ab. Kulturell sind sie 500 Jahre hinter uns. Spirituell haben sie nicht unsere Ausdauer oder unsere Stärke oder unseren Willen. Sie schauen auf Palästina mit derselben instinktiven Liebe und demselben wahrhaften Eifer, mit dem jeder Azteke auf sein Mexiko und jeder Sioux auf seine Prärie blickte.«

Wladimir Jabotinsky erörtert dann die Frage, ob es mit den Arabern, die außerhalb Palästinas leben, ein Übereinkommen über die Gründung eines jüdischen Staates in Palästina geben könne. Seine Antwort ist skeptisch: »Wenn es möglich wäre (ich bezweifle das), mit den Arabern von Bagdad und Mekka über Palästina in dem Sinne zu sprechen, als wäre es nur ein kleines, unwichtiges Grenzland, dann würde Palästina für die Palästinenser immer noch kein Grenzland sein, sondern ihr Geburtsort, das Zentrum und die Basis ihrer eigenen nationalen Existenz. Daher würde es notwendig sein, die Kolonisierung gegen den Willen der palästinensischen Araber fortzuführen.«

Nach dieser Argumentation kommt Jabotinsky zu seiner Hauptthese – der Notwendigkeit, zwischen Juden und Arabern eine »Eiserne Mauer« zu errichten: »Die Kolonisierung kann nur ein Ziel haben. Für die palästinensischen Araber ist dieses Ziel unakzeptabel. Das liegt in der Natur der Sache. (…) Die zionistische Kolonisation, sogar eine höchst restriktive, muss entweder aufgegeben oder in Missachtung des Willens der eingeborenen Bevölkerung ausgeführt werden. Diese Kolonisierung kann daher nur weitergeführt und entwickelt werden unter dem Schutz einer Macht, welche unabhängig von der lokalen Bevölkerung ist – durch eine eiserne Mauer, welche die eingeborene Bevölkerung nicht durchbrechen kann.«

Und an anderer Stelle sagt er: »Das Ziel des Zionismus ist ein jüdischer Staat. Das Territorium – beide Seiten des Jordans. Die Methode – Massenkolonisation. Die Lösung des Finanzierungsproblems – eine Nationalanleihe. Diese vier Grundsätze können ohne internationale Zustimmung nicht verwirklicht werden. Daher ist das Gebot der Stunde – eine neue politische Kampagne und Militarisierung der Jugend in Eretz Yisrael und in der Diaspora.«[3]

Mit diesen Thesen setzte sich Wladimir Jabotinsky in scharfen Gegensatz zu Chaim Weizmann, dem Präsidenten des Zionistischen Weltkongresses (und ersten Präsidenten Israels). Weizmann war, wie Jabotinsky, im zaristischen Russland geboren. Er studierte zunächst Chemie, machte seinen Doktor in Fribourg (Schweiz), lehrte Chemie in Genf und wurde durch zahlreiche Erfindungen anfangs mehr als Wissenschaftler denn als Politiker bekannt. Während des Ersten Weltkrieges kamen seine Kenntnisse den Briten zugute. Als er sich dann der zionistischen Idee verschrieb, hatte er ein gutes Entree bei den Briten. In seiner Position als Präsident des Zionistischen Weltkongresses, zu dem er 1920 gewählt wurde, vertrat er gegenüber den palästinensischen Arabern eine konziliantere Haltung als sein Kritiker Wladimir Jabotinsky. Chaim Weizmann versuchte, durch Verhandlungen mit den Arabern, etwa mit Emir Faisal, dem späteren ersten König des Irak, dem Ziel der Gründung eines jüdischen Staates auf friedliche Weise näherzukommen.

In den eigenen Reihen erntete er für diese Strategie phasenweise heftige Kritik. Seine Haltung wurde dermaßen untergraben, dass er von 1931 bis 1935 nicht als Präsident des Zionistischen Weltkongresses amtieren konnte. 1937 unterstützte er die Empfehlung einer britischen Regierungskommission, welche die Teilung Palästinas in einen arabischen und einen jüdischen Teil vorschlug. Wladimir Jabotinsky und seine Anhänger dagegen wollten ganz Palästina. 1935 erklärte Jabotinsky in einem amerikanischen Zeitungsinterview: »Revisionismus ist brutal und naiv. Er ist wild. Sie können auf jeder Straße einen Mann fragen – etwa einen Chinesen –, was er wolle, und er wird Ihnen sagen, er wolle einhundert Prozent von allem. Das sind wir. Wir wollen ein jüdisches Imperium. Gerade so, wie es ein italienisches, ein französisches Imperium am Mittelmeer gibt, so wollen wir ein jüdisches.«[4]

Aber es gab auch ganz andere jüdische Stimmen. Schon im Jahre 1925 bildete sich an der im selben Jahr gegründeten Hebräischen Universität Jerusalem eine Gruppe, die sich Brit Shalom – Allianz für den Frieden – nannte. Die Organisation formte den Gegenpol zu Jabotinskys These von der »Eisernen Mauer«. Brit Shalom setzte sich für ein besseres Verständnis zwischen Arabern und Juden ein. Und obwohl ihre Mitglieder allesamt Zionisten waren, die ursprünglich an die Gründung eines rein jüdischen Staates in Palästina gedacht hatten, traten sie jetzt für die Schaffung eines gemeinsamen jüdisch-arabischen Staates ein. Auch vertrat Brit Shalom die Meinung, um sich besser in die Region zu integrieren, sollten die Juden in Palästina zahlenmäßig in der Minderheit bleiben. Die weitere jüdische Immigration müsse abhängig sein von der Zustimmung der Araber. »Natürlich wurden diese Ansichten«, schreibt der israelische Historiker Shlomo Sand, »vom zionistischen Konsensus absolut abgelehnt.«[5]

Gut zwei Jahrzehnte später trat auch die jüdische Philosophin Hannah Arendt für einen gemeinsamen arabisch-jüdischen Staat in Palästina ein. Ein ausschließlich jüdischer Staat auf dem Boden eines anderen Volkes werde dazu führen, argumentierte sie, dass sich ein solches exklusiv jüdisches Gemeinwesen stets in einer Art Wagenburgmentalität befände. Anlässlich des ersten jüdisch-arabischen Krieges von 1948–49 schrieb sie: »Selbst wenn die Juden den Krieg gewinnen … werden die siegreichen Juden umgeben sein von einer ganz und gar feindlichen arabischen Bevölkerung, eingeschlossen innerhalb stets bedrohter Grenzen, stets beschäftigt mit physischer Selbstverteidigung.«[6]

Die Geschichte Israels, welche im Bau des Sperrwalls und – Anfang 2009 – in einem brutalen Krieg mit der Hamas gipfelt, zeigt, dass Jabotinskys Thesen der zukünftigen Realität eher entsprachen als die Auffassungen Chaim Weizmanns. Denn eine Art Mauer zwischen Arabern und Israelis besteht bereits seit vielen Jahrzehnten. In Anlehnung an seine Forderung, die Einwanderer müssten eine starke Macht aufbauen, welche die Funktion einer unüberwindbaren »Eisernen Mauer« habe, machten Jabotinskys Nachfolger Israel zum Land mit den stärksten Streitkräften in der Region. Diese Eiserne Mauer aus Panzern, Jagdbombern und Atomwaffen schuf auch eine politische und soziale Mauer zwischen beiden Völkern und Gesellschaften. So gab der in Bagdad geborene, in Israel aufgewachsene und in Oxford lehrende jüdische Historiker Avi Shlaim im Jahr 2000 seinem wegweisenden Buch über »Israel und die Arabische Welt« den Titel, den Wladimir Jabotinsky erstmals 1923 verwendet hatte: »The Iron Wall«.

Doch selbst der politische Realist Jabotinsky hat wohl nicht erwartet, dass einer seiner ideologischen Schüler – Ariel Scharon – einst Juden und Araber tatsächlich teils durch einen hohen Zaun, teils durch eine

Betonmauer physisch trennen lassen würde. Ariel Scharons Sperrwall bestätigt die Prophezeiung Wladimir Jabotinskys, dass das jüdische Volk seine imperiale Macht durch eine »Eiserne Mauer« erkämpfen müsse. Geradezu prophetisch klingt eine andere Schlussfolgerung des Propheten der »Eisernen Mauer«. Für die kommenden Jahre der Kolonisierung lehnte er jeden Kompromiss mit den Arabern ab. Das war im Jahre 1923. Doch seine Worte von damals klingen fast wie eine Handlungsanweisung für heute: »All dies heißt nicht, dass jede Art von Kompromiss [mit den Palästinensern] unmöglich ist, nur ein freiwilliges Übereinkommen ist unmöglich. So lange es ein Fünkchen Hoffnung gibt, dass sie uns loswerden können, werden sie diese Hoffnungen nicht verkaufen. (…) Ein lebendes Volk macht solche enormen Konzessionen über solch schicksalhafte Fragen nur, wenn es keine Hoffnung mehr gibt. Nur wenn kein einziger Riss in der ›Eisernen Mauer‹ sichtbar ist, nur dann verlieren extreme Gruppen ihren Schwung, und der Einfluss geht dann über auf moderate Gruppen. Nur dann würden moderate Gruppen auf uns zukommen und Vorschläge für gegenseitige Konzessionen machen … über praktische Fragen wie Garantie gegen Vertreibung oder Gleichheit oder nationale Autonomie. (…) Aber der einzige Weg zu einer solchen Übereinkunft ist die ›Eiserne Mauer‹, das heißt die Stärkung einer solchen Regierung in Palästina ohne jeglichen arabischen Einfluss, das heißt eine Regierung, gegen welche die Araber kämpfen werden. Mit anderen Worten, für uns liegt der einzige Weg zu einer zukünftigen Übereinkunft darin, dass wir jetzt jedwede Übereinkunft [mit den Palästinensern] strikt ablehnen.«[7]

Wie diese Thesen zeigen, war Wladimir Jabotinsky von Anfang seiner Karriere an ein radikaler Zionist. Schon in frühen Jahren sagte er, der einzige Ausweg aus dem Exil, in welchem das jüdische Volk lebe, sei die »Einwanderung ins Land Israel«. Nach dem Pogrom von Kishinjew (damals Zarenreich, heute Moldawien) 1903 gründete er eine »Jüdische Selbstverteidigungsliga«, die Juden im zaristischen Russland schützen sollte. Während des Ersten Weltkrieges rief der unermüdliche Aktivist ein jüdisches Korps ins Leben, das an der Seite Großbritanniens und Russlands gegen das Osmanische Reich kämpfte. 1917 gab die britische Regierung dem Drängen Jabotinskys nach, der die Gründung dreier jüdischer Einheiten gefordert hatte. Am Ende des Ersten Weltkrieges nahm Jabotinsky im Jordantal selbst an den Kämpfen teil. Mit seinen kompromisslosen politischen Ambitionen durchkreuzte er dann aber die Politik der Briten. Diese hatten sich vom neugegründeten Völkerbund nach Ende des Weltkrieges das »Mandat« über Palästina geben lassen. Nun waren sie – bis zur Staatsgründung Israels im Jahre 1948 – als Besatzungsmacht für die Verwaltung des Landes und für das Wohlergehen seiner Einwohner verantwortlich. Radikale wie Jabotinsky galten als Störenfriede und waren daher nicht genehm. Nach Ausschreitungen zwischen Juden und Arabern im Jahre 1920 durchsuchten die Briten das Haus Jabotinskys. Sie fanden dort Gewehre, Pistolen und Munition – und verurteilten den zionistischen Agitator zu 15 Jahren Gefängnis. Doch der öffentliche Protest der einwandernden Juden war so groß, dass der Gefangene bald aus der Haft entlassen wurde.

1920 war auch das Jahr, in welchem Wladimir Jabotinsky mit anderen zionistischen Führern die Hagana (»Verteidigung«) gründete, jene Miliz, die später vor allem gegen die einheimischen Araber kämpfte, dann aber auch gegen die britische Mandatsmacht. De facto war die Hagana der Vorläufer der »Eisernen Mauer«, der Vorläufer jener bewaffneten zionistischen Macht, mit welcher der Prophet der Mauer die jüdische Kolonisation Palästinas vorantreiben wollte. Drei Jahre später, 1923, gründete er in der lettischen Hauptstadt Riga die zionistische Jugendorganisation Betar.

Betar ist ein Akronym für den Namen Josef Trumpeldor, einen Zionisten, der in dem Ort Tel Hai gefallen war, als er gegen aufständische Araber kämpfte. Jabotinsky gab Betar eine strikt zionistische Ideologie mit auf den Weg: Die Organisation musste stets für eine jüdische Mehrheit beiderseits des Jordan kämpfen. Weiter forderte er von den jungen Leuten strikte Disziplin und Würde, sie mussten sich mindestens zwei Jahre der zionistischen Idee zur Verfügung stellen, und sie mussten die hebräische Sprache lernen.[8] Prominente israelische Politiker waren Betar-Mitglieder oder standen der Organisation doch nahe: Menachem Begin, Yitzhak Shamir, Ehud Olmert und Tzipi Livni.

Viele Anhänger Jabotinskys sympathisierten mit dem italienischen Faschismus. Auf dem fünften »Weltkongress des Revisionismus« forderten einige Delegierte von Jabotinsky, er solle sich, nach dem Vorbild des italienischen Diktators Mussolini Duce (Führer) nennen. Doch Jabotinsky lehnte dieses Ansinnen ab. Das Problem wurde dadurch gelöst, wie Lenni Brenner schreibt, dass Jabotinsky nun inhaltlich näher an die faschistische Strömung seiner Bewegung rückte. Ohne dass Jabotinsky seine liberale Rhetorik aufgab, inkorporierte er Mussolinis Konzepte in seine Ideologie. Selten kritisierte er seine eigenen Gefolgsleute wegen faschistischer Handlungsweisen; zudem verteidigte er sie gegen die Zionisten der Arbeiterbewegung und gegen die Briten.[9]

Wladimir Jabotinsky war ein rastloser politischer Aktivist. Er reiste durch viele Länder, besonders auch jene Osteuropas. Die Situation der Juden in Polen und Ungarn etwa machte ihm ebenso große Sorge wie der Antisemitismus in Rumänien. In Polen verhandelte er mit Ministerpräsident Jozef Beck, in Budapest mit dem ungarischen starken Mann Miklós Horthy, in Bukarest mit Premierminister Gheorghe Tătărescu über einen möglichen Transfer der dortigen Juden nach Palästina. Die Regierungen waren seinem Plan nicht abgeneigt, doch die polnischen Juden kritisierten, das Vorhaben arbeite den Antisemiten direkt in die Hände. Chaim Weizmann lehnte den Massentransfer osteuropäischer Juden nach Palästina ab. Im Jahre 1938 warnte Jabotinsky in einem Vortrag, in Polen lebten die Juden am Rande eines Vulkans. Er sagte eine Welle von Pogromen voraus. Immer wieder forderte er die Juden Europas auf, möglichst umgehend nach Palästina auszuwandern.

Gesinnungsgenossen Jabotinskys wollten noch mehr – den Transfer aller europäischen Juden nach Palästina. Vorher sollte nach Vorstellungen der Irgun-Organisation die arabische Bevölkerung vertrieben werden. Die Irgun Zvei Leumi (Nationale Verteidigungsorganisation) war 1931 gegründet worden und hatte sich schnell zu einer militärischen Konkurrenz der Hagana entwickelt. Praktisch wurde sie zum militärischen Flügel der Revisionisten. Die Irgun beanspruchte nicht nur Palästina, sondern alles Land zwischen Nil und Euphrat. Am 11. Januar 1941 sandte die Organisation ein Memorandum an Hitler, in dem es hieß: »Die Errichtung des historischen jüdischen Staates auf nationaler und totalitärer Basis, an das Deutsche Reich durch einen Vertrag gebunden, läge im Interesse einer dauerhaften und gestärkten zukünftigen deutschen Machtbasis im Nahen Osten.«[10]

Der rastlose Jabotinsky war nicht nur ein nimmermüder politischer Aktivist, er war auch ein Literat. Er übersetzte Schriftsteller wie Dante Alighieri und Edgar Allan Poe ins Hebräische. Berühmt wurde er durch seinen Roman »Samson«. Dieses Werk stützt sich auf die Taten des übermenschlich starken Samson und dessen Kampf gegen die Kanaaiter (1200–1000 v. Chr.). Jabotinskys Samson hat indessen mit der biblischen Figur nicht allzu viele Gemeinsamkeiten. In vielen Passagen werden die rassistischen Tendenzen des Autors deutlich – etwa wenn er vom »Schmutz der Stadtarbeiter, der Handwerker und der Bettler« in einer Stadt der Kanaaniter spricht und dann hinzufügt: »Die herrenlosen Hunde der gesamten Nachbarschaft … schauten alle gleich aus.

Ihnen fehlten die Charakteristika aller bekannten Rassen, und darin ähnelten sie den Einwohnern der gesamten Gegend.« Die These von Samson ist simpel: Alle großen Staaten seien mit Gewalt zustande gekommen, also könne auch der jüdische Staat nur aus Gewalt hervorgehen. Entsprechend ist oder war zum Beispiel die Ideologie der Betar ganz und gar militaristisch. Jabotinsky wollte einer verzweifelten Generation neue Hoffnung geben und glaubte, dies ginge nur durch Berufung auf Mythen – Blut und Eisen und das Königtum Israel.[11]

Einer der getreuesten Schüler Samson-Jabotinskys wurde ein Mann, dessen eiserne Hand die Geschicke Israels – und der Palästinenser – mit prägen sollte: Menachem Begin. Geboren wurde er am 16. August 1913 in Brest-Litowsk – damals zaristisches Russland, 44 000 Einwohner, 55 Prozent jüdisch – gestorben ist er am 9. März 1992 in Tel Aviv. Seine Eltern waren in der jüdischen Gemeinde aktiv und früh bekennende Zionisten. Im Alter von zwölf Jahren trat Begin der »Jungen Garde«, einer zionistischen Jugendgruppe, bei. Mit 16 Jahren hörte er Wladimir Jabotinsky in Brest-Litowsk sprechen und wechselte in dessen Jugendorganisation Betar. In Warschau, wo er dann studierte, wurde er einer ihrer führenden Aktivisten. 1939 trat Begin an die Spitze der polnischen Sektion der Betar. Nach der deutschen Invasion Polens am 1. September 1939 floh Begin nach Vilna. Litauen war damals noch unabhängig. Doch der Hitler-Stalin-Pakt (23. August 1939) überließ Litauen den Sowjets, Begin wurde inhaftiert, kam aber nach Hitlers Einmarsch in die Sowjetunion wieder frei. Über Umwege gelangte er nach Palästina. Dort begann seine eigentliche politische, militärische und terroristische Karriere. Begin engagierte sich in der Irgun Zvei Leumi, die sich allmählich zu einer Terrororganisation entwickelte. Er könne keinen großen Heroismus darin sehen, sagte Wladimir Jabotinsky 1937, aus dem Hinterhalt einen arabischen Bauern auf seinem Esel zu erschießen, der sein Gemüse auf den Markt nach Tel Aviv transportiere.[12] Doch die mahnenden Worte seines Mentors und Vorbildes stießen bei Begin auf taube Ohren.

Zwei seiner größten Terrorakte beging Begin kurz vor der Gründung Israels. Am 22. Juli 1946 verkleidete er sich, inzwischen Kommandeur der Irgun, als Araber. Er und seine Leute fuhren vor dem berühmten King David Hotel in Jerusalem vor. Auf ihren LKW hatten sie Milchkannen geladen. Diese waren aber nicht mit Milch für die Hotelküche, sondern mit Sprengstoff gefüllt. Nachdem sie die Kannen im Hotel abgeliefert hatten, lösten sie die Explosion aus – ein Flügel des massigen

Baues wurde praktisch abgesprengt. 90 Briten, Araber und Juden starben. Das King David Hotel war Hauptquartier der britischen Mandatsmacht. Der Anschlag, so lautete das Kalkül Begins, sollte den Abzug der Briten – und damit die Ausrufung des Staates Israel – beschleunigen. Zwei Jahre später, am 9. April 1948, überfiel Begins Irgun-Gang zusammen mit einer anderen Gruppe das arabische Dorf Deir Yassin in den Außenbezirken Jerusalems. Etwa 250 Palästinenser, spätere Berichte sprachen sogar von 350, wurden ermordet.

Hinter diesem Massaker stand ebenfalls ein grausames Kalkül: Die Proklamation der israelischen Unabhängigkeit stand kurz bevor. Die Mordtat sollte den Arabern nahelegen, dass Flucht besser sei als Widerstand. Menachem Begin hat diese These später indirekt bestätigt, als er über den Verlauf des ersten Nahostkrieges 1948/49 schrieb: »Araber überall im Land, denen man wilde Geschichten über die Grausamkeiten der Irgun erzählt hatte, wurden von grenzenloser Angst gepackt und begannen, um ihr Leben zu fliehen. Diese Massenflucht entwickelte sich bald in eine verrückte, nicht zu kontrollierende Stampede. Von den etwa 800 000 Arabern, die auf dem gegenwärtigen Territorium Israels lebten, sind nur noch 165 000 dort.«[13]

Als Menachem Begin kurz darauf die USA besuchte, schrieb die jüdische Philosophin Hannah Arendt einen Protestbrief an die *New York Times*. Das Schreiben wurde am 2. Dezember 1948 veröffentlicht. Unterzeichnet war es auch von Albert Einstein und anderen jüdischen Persönlichkeiten. In dem Brief heißt es: »Ein schockierendes Beispiel für die Praxis dieser Bewegung war ihr Verhalten in Deir Yassin, einem arabischen Dorf. Dieses abgelegene und von jüdischem Boden umgebene Dorf hatte am Krieg nicht teilgenommen und hatte sogar arabischen Banden den Zutritt verwehrt, die das Dorf als Stützpunkt benutzen wollten. Am 9. April griffen – laut *New York Times* – terroristische Banden dieses friedliche Dorf, welches bei den Kämpfen kein militärisches Angriffsziel darstellte, an und töteten die meisten seiner Bewohner – 240 Männer, Frauen und Kinder. Ein paar ließ man am Leben, um sie als Gefangene durch Jerusalem paradieren zu lassen. Der größte Teil der jüdischen Gemeinschaft war über diese Tat entsetzt, und die »Jewish Agency« entschuldigte sich telegraphisch bei König Abdallah von Transjordanien. Doch weit davon entfernt, sich ihrer Tat zu schämen, waren die Terroristen auf das Massaker stolz, sorgten für breite Publizität und luden alle Auslandskorrespondenten im Lande ein, die Leichenhaufen und die allgemeine Verwüstung in Deir Yassin zu besichtigen.«[14]

Es dauerte noch fast drei Jahrzehnte, bis Menachem Begin Ministerpräsident Israels wurde. Nachdem er mit seinem Likudblock 1977 an die Macht gekommen war, entbot er den Siedlern, insbesondere deren Organisation Gush Emunim, seine volle Sympathie.

Ein anderer Terrorakt, die Ermordung von Graf Folke Bernadotte, des von den Vereinten Nationen nach Israel entsandten Vermittlers, blieb, ebenso wie das Massaker von Deir Yassin und der Anschlag auf das King David Hotel, im Wesentlichen ungesühnt. Am 17. September 1948 ermordeten Mitglieder der Stern-Gang den Diplomaten. Diese Gang war, ebenso wie die Irgun, eine terroristische zionistische Untergrundorganisation in Palästina. Einer der Attentäter, Yehoshua Cohen, bekannte sich später gegenüber Premier Ben Gurion zu dem Verbrechen, ein anderer Verschwörer, Yalin-Mor, wurde zu acht Jahren Gefängnis verurteilt. Vor Gericht begründete er seine Tat mit den Worten, Bernadotte habe die Übernahme ganz Palästinas und des Königreiches Transjordanien durch Israel verhindern wollen.[15]

Der politische Architekt der Mauer

Jener Politiker Israels, der Wladimir Zeev Jabotinskys politische Ansichten in Zement und Stahl goss, indem er die vom Propheten des Revisionismus erdachte »Eiserne Mauer« – diese unüberwindbare »Macht, welche unabhängig von der lokalen Bevölkerung ist« – tatsächlich bauen ließ, war Ariel Scharon. Als offizielle Begründung dienten die Selbstmordattentate der Islamischen Widerstandsorganisation (Hamas) und anderer bewaffneter palästinensischer Gruppen. Doch das schiere Ausmaß der Sperranlage und die Tatsache, dass Mauer und Zaun zum Teil auf palästinensischem Land verlaufen, lassen die Palästinenser zu dem Schluss kommen, dass Israel damit zugleich einseitig Grenzen festlegen, Fakten schaffen und die Gründung eines palästinensischen Staates auf lange Sicht verhindern wolle.

Diesem Ziel dienten auch die Auflösung israelischer Siedlungen im Gazastreifen und der Abzug des israelischen Militärs von dort im Jahre 2005. Jedenfalls begründete Dov Weisglass, Berater des damaligen Premierministers Ariel Scharon, die geplante Aufgabe Gazas mit den Worten, die Bedeutung des Rückzuges liege im »Einfrieren des Friedensprozesses«. Wörtlich sagte er: »Und wenn man den Friedensprozess einfriert, dann verhindert man die Gründung eines palästinensischen Staates, man verhindert eine Diskussion über die Rückkehr der Flüchtlinge, über Grenzen und über Jerusalem. Als Ergebnis hat man die gesamte Packung, genannt Palästinensischer Staat, mit allem, was diese Packung enthält, auf unbestimmte Zeit von der Tagesordnung genommen. (…) Und all dies mit der Segnung des [amerikanischen] Präsidenten und der Ratifizierung durch beide Häuser des Kongresses.«[16]

Mit dem Abzug aus dem Gazastreifen hat Israel zudem die Verantwortung für 1,5 Millionen Palästinenser aufgegeben. Wie ein Kommentator in der israelischen Zeitung *Yedioth Aharonoth* schrieb, ist der Bau von Mauer und Zaun das größte »Infrastrukturprojekt« in der Geschichte des Landes – die Trockenlegung von Sümpfen und den Bau von Straßen, Brücken und Siedlungen eingeschlossen.[17] Allein die Kosten von mindestens 1,75 Millionen Dollar pro Kilometer, insgesamt 1,3 Milliarden Dollar (so lautet eine Schätzung aus dem Jahr 2005) verbieten es, von einer vorübergehenden Maßnahme zu sprechen. Der Internationale Gerichtshof in Den Haag entschied im Juli 2004, dass die Mauer dort, wo sie auf palästinensischem Land verlaufe – also auch dort, wo sie israelische Siedlungen einschließe – internationalem Recht widerspreche und abgerissen werden müsse.

Mauer-, Zaun- und Siedlungsbau haben Palästina zerstückelt und als zusammenhängendes Wohn- und Kulturgebiet zerstört. Die Ausschaltung der Palästinenser als politisches Subjekt – wie der israelische Soziologe und Historiker Baruch Kimmerling sie befürchtet – könnte die Folge dieser Politik sein. Denn auf einem zerstückelten Land kann sich weder eine nach innen funktionierende Gesellschaft entwickeln, noch kann eine mit politischer Autorität ausgestattete Regierung entstehen, die die Interessen das Landes nach außen vertritt. Die schon zuvor zitierten israelischen Autoren Idith Zertal und Akiva Eldar gehen ebenso hart mit der Mauer – wie mit der israelischen Regierung – ins Gericht. Sie schreiben: »Die Sperranlage, welche die Angriffe von Selbstmordattentätern innerhalb Israels verhindern sollte, gab den Palästinensern jene Legitimität zurück, welche sie durch jene mörderischen Attacken verloren hatten. Der Verlauf des Zaunes zeigt, dass er die Besatzung verlängern soll und damit auch den Bestand der Siedlungen; der Verlauf zeigt auch, dass er nicht notwendigerweise Sicherheit schaffen soll für die Israelis innerhalb ihrer anerkannten Grenzen.«[18]

Die jüdische Philosophin Hannah Arendt hat den Bau der Mauer nicht mehr erlebt. In einem Aufsatz von 1945 aber, also drei Jahre vor der offiziellen Gründung Israels, warnte sie bereits, dass das grundlegende

Problem, jenes zwischen Juden und Arabern, durch die »unnachgiebige Haltung der Revisionisten« nicht gelöst werden könne. Die Revisionisten, schrieb sie danach, haben immer ganz Palästina und Transjordanien beansprucht und als erste die Umsiedlung der palästinensischen Araber in den Irak befürwortet – ein Vorschlag, der vor einigen Jahren auch in den Kreisen der allgemeinen Zionisten ernsthaft erwogen wurde.[19]

Die Entscheidung amerikanischer Zionisten, klagte Hannah Arendt weiter, den Palästinensern entweder nur einen Minderheitenstatus zuzuweisen, oder ihnen die Auswanderung nahezulegen, habe den Revisionisten weiteren Auftrieb gegeben.

Ariel Scharon, der die Mauer tatsächlich bauen ließ, kann – in der Nachfolge Wladimir Jabotinskys –, sicherlich zu den von Hannah Arendt genannten Revisionisten gezählt werden. Denn auch Scharon dachte an die Umsiedlung der Palästinenser nach Jordanien, als er sagte, der eigentliche palästinensische Staat liege östlich des Jordan. Aber ein weiterer Bevölkerungstransfer ließ sich nicht realisieren. Wohl aber eine Mauer, wie sie sich selbst Wladimir Jabotinsky in dieser Form nicht vorzustellen wagte.

Die Mauer ist ein Grund für neuen Terror

Reportage aus dem Zürcher Tagesanzeiger *vom 4. August 2005*
Von Astrid Frefel

Wenn er reden will, muss er schreien. Vor dem Haus von Mohsen Natshe schütten Bagger mit riesigen Steinquadern eine Mauer auf. Mit Hämmern und Steinbohrern wird ein paar Meter weiter unter ohrenbetäubendem Lärm die weiße Felswand abgetragen. Der israelische Wall wird auf seinem Grundstück verlaufen, zum Greifen nah an seinem zehn Jahre alten Haus vorbei, das er mit Frau und acht Kindern bewohnt. »Das geht seit bald zwei Monaten so, wir sind gestresst und haben Kopfweh, die Kinder haben keinen Platz zum Spielen mehr«, klagt seine Frau Majeda. »Die Arbeiter sind Palästinenser, und sie beten fünf Mal am Tag«, sagt Natshe wütend.

Auf eine leuchtend orange Banderole hat er Slogans gemalt wie »Jerusalem weint«, »Wir bleiben auf unserem Land«, »Frieden im Nahen Osten bedeutet Frieden für die Welt« oder »Die Mauer ist ein Grund für Terror«. Die israelischen Soldaten haben ihm befohlen, das Protestbanner herunterzunehmen. Viel zu wenige der Betroffenen würden sich dem Protest anschließen, weil sie Angst hätten, von den israelischen Behörden noch mehr schikaniert zu werden, erklärt Abu Omar, wie ihn seine Bekannten nennen. Mehrere der Nachbarhäuser sind bereits leer. Eine ganze Zeile von Häusern fällt hier am Rande des Flüchtlingslagers Shuafat den Baumaschinen zum Opfer.

»Die Israelis haben mir Kompensation angeboten, aber von Geld will ich nichts wissen. Es geht um unser Land. Falls die Mauer je abgerissen wird, woran niemand glaubt, bleibt der Boden verloren. Dann wird es heißen, wir seien für den Verlust entschädigt worden. Wir Flüchtlinge haben sowieso keinen Ort, wohin wir gehen könnten«, sagt Natshe, der seinen Lebensunterhalt mit Handel verdient. Mit dem Lager von Shuafat werden rund 20 000 Menschen, die auf einem Viertel Quadratkilometer wohnen, von Jerusalem abgeschnitten, das heißt von Spitälern, höheren Schulen und allen sozialen Kontakten. Jetzt hat die israelische Regierung versprochen, solche Dienstleistungen vor Ort bereitzustellen, aber nach der jahrzehntelangen Vernachlässigung, von der Müllhaufen und ungeteerte Straßen zeugen, empfinden die Bewohner diese Ankündigung als blanken Zynismus.

Die Mauer verläuft so, dass sie alle jüdischen Siedlungen in der Umgebung Jerusalems einschließt. In Abu Dis macht sie deshalb unzählige Windungen wie eine Schlange. Sie geht zum Beispiel durch das Gelände der Al-Quds Universität. Großzügig haben die israelischen Konstrukteure den Studenten und Studentinnen den Sportplatz belassen. »Die Mauer muss fallen« prangt als großes Graffiti auf diesem Stück. Nach und nach werden alle Schlupflöcher geschlossen. Wo vor wenigen Tagen eine Straße noch offen war, stehen jetzt fünf Meter hohe Betonwände. Der baumbestandene Garten des Klosters Comunita Passionista ist noch einer der letzten verbliebenen Schleichwege. Auf der einen Seite gilt es allerdings, ein steiles Gelände zu erklimmen.

Die israelischen Soldaten haben sich in den Schatten verzogen. Als sie den Ausweis einer jungen Palästinenserin kontrollieren, die über das Kloster auf die andere Seite huscht, bekommen sie Besuch von zwei Frauen von Machsoum-Watch. Diese Organisation von 500 israelischen Frauen, die regelmäßig bei den Checkpoints vorbeischaut, vermittelt und beobachtet, ob die Gesetze eingehalten werden. Sie hat sich nun auch der Mauer angenommen. »Die Mauer ist ebenfalls ein Hindernis wie die Checkpoints, und wir wollen damit zeigen, dass es auch Israelis gibt, die gegen den Bau der Mauer sind«, sagt Nurit Steinfeld.

Wenn die Trennwand in der Heiligen Stadt fertig ist, soll es gerade einmal an elf Durchgängen möglich sein, die Sperranlage zu passieren. Das bedeutet große Umwege und lange Wartezeiten. »Aber die Zeit der Palästinenser ist in den Augen der Mauerbauer nichts wert«, meint Steinfeld. Dass der Wall einzig der Sicherheit dient, behauptet inzwischen nicht einmal mehr die israelische Regierung. Die Barriere mache die Stadt nicht nur sicherer, sondern auch jüdischer, erklärte Minister Haim Ramon kürzlich ganz offen.

Die 240000 arabischen Bewohner Jerusalems werden immer weiter stranguliert. Große Teile des Landes, das sie 1967 besaßen, wurden in der Zwischenzeit konfisziert. Heute ist dieser Teil auf zwölf Prozent geschrumpft, wovon die Gemeinde fast fünf Prozent für öffentliche Bedürfnisse reklamiert. Um zu leben, bleiben den Jerusalemer Palästinensern gerade noch 7,3 Prozent von dem, was einst ihnen gehörte.

Mit der Mauer werden 55000 arabische Bewohner – also rund ein Viertel – von der Stadt ausgesperrt. »Aber auch die, die drinnen eingeschlossen sind, sind betroffen. Sie können ihre Identität als Palästinenser nicht mehr ausdrücken, ihre Wohngebiete können sich nicht mehr entwickeln, sie werden verkommen, und Slums sind bekanntlich der beste Nährboden für Revolten«, erklärt Saman Khoury vom Forum für Frieden und Demokratie in Jerusalem. Für Khoury sind ganz klar politische Gründe ausschlaggebend für den Mauerbau. »Jerusalem soll von einer künftigen Zwei-Staaten-Lösung herausgeschnitten und die Entwicklung der Bevölkerung in der Stadt kontrolliert werden«, ist er überzeugt. »Wenn Israel eine Mauer bauen will, dann sollen sie das auf der Grenze von 1967 tun, aber nicht uns das Land stehlen. Das bringt Israel nicht mehr, sondern weniger Sicherheit«, fügt der Friedensaktivist hinzu.

Warnungen, die Sperranlage sei kontraproduktiv und könnte Jerusalem in ein Pulverfass verwandeln, kommen jetzt auch von der International Crisis Group. In ihrem neuesten Bericht erklären die Forscher dieses unabhängigen Analyseinstituts, der Wall mache nicht nur die Chancen auf eine tragfähige Zwei-Staaten-Lösung zunichte, er schaffe auch eine explosive Mischung aus Ärger und wirtschaftlicher Not, die genau jene Sicherheit gefährde, die der israelische Staat zu garantieren versuche. Obwohl der Internationale Gerichtshof vor mehr als einem Jahr entschieden hat, dass die auf besetztem Land gebaute Mauer illegal sei, die Rechte der Palästinenser verletze und wieder abgerissen werden müsse, baut die Regierung von Ministerpräsident Ariel Scharon unbeirrt an dem 680 Kilometer langen Monster weiter.

Der Bau des Sperrwalls ist ein Fehler

Meinungsbeitrag für die Zeitung Ha'aretz *vom 29. Oktober 2008*
*Von Moshe Arens**

Ist es eigentlich aus schierer Gewohnheit oder aus mentaler Trägheit, dass wir den Zaun weiterbauen, der vor Jahren begonnen wurde? Er setzt sich Meter um Meter auf seinem seltsamen Weg fort, kostet Milliarden, verursacht Ärger und Zorn bei vielen Menschen, beschädigt privates Eigentum, hält den Obersten Gerichtshof beschäftigt mit den Klagen, die er verursacht, ruft Demonstrationen hervor und beschäftigt die Israelische Armee. Erinnert sich irgendjemand noch an den ursprünglichen Sinn dieser physischen Barriere, die Hunderte von Kilometern lang ist und sich durch das Land windet? Wer wagt einen zweiten Blick darauf, ob der Zaun wirklich seinem Zweck dient?

Viele von uns ziehen es vor, jene schrecklichen Tage zu vergessen, in denen palästinensische Selbstmordattentäter durch unsere Städte zogen und täglich israelische Bürger ermordeten. Es war in solchen anstrengenden Tagen, dass der Ruf hinausging: Haltet sie draußen! Baut einen Zaun unabhängig davon, was dieser kostet! Der Zaun um den Gazastreifen erfüllt seine Funktion. Und wir brauchen einen Zaun wie diesen um Judäa und Samaria [von Israel benutzte, biblische Namen für das Westjordanland] herum.

Dann sagte Avi Dichter, der Chef von Shin Bet [Allgemeiner Inlandssicherheitsdienst], dass wir einen Zaun bräuchten. Und Haim Ramon [einst Justizminister] warf jenen, die dem widersprachen, vor, Dinosaurier zu sein und zugunsten ihrer eigenen Ideologien Menschenleben zu gefährden. Kein Politiker konnte dem Druck widerstehen. Ein Menschenleben ist alles wert, und Hunderte Kilometer eines Zaunes, um eines zu retten – also sei es. Nebenbei gesagt sollte dieser Zaun Israelis von Palästinensern ein für allemal trennen. So begann dieses gigantische Projekt, das ohne Beispiel ist. Und es bewegt sich auf seinem nicht so freudigen Weg, es windet sich seitdem über Hügel und Tal. Der palästinensische Terrorismus in Judäa und Samaria ist inzwischen besiegt worden. Unsere Straßen und Busse sind wieder sicher, aber das Zaunprojekt scheint ein Eigenleben angenommen zu haben.

Immer noch werden Milliarden ausgegeben, unser wunderschönes

* Professor Moshe Arens, Jahrgang 1927, geboren in Kaunas, Litauen, Mitglied des Likud, dreimal israelischer Verteidigungsminister.

Land wird entstellt, Zehntausenden, die in der Umgebung des Zaunes leben, wird Pein zugefügt, und es ist höchste Zeit, dass wir uns fragen, ob dieser Zaun irgendeinem nützlichen Zweck dient. Ist es der Zaun, der weit entfernt von seiner Vollendung ist, der den Terrorismus aus unseren Städten heraushält? Oder ist es die Präsenz der israelischen Armee in Judäa und Samaria? Es gibt guten Grund für die Annahme, dass es der Eintritt der Streitkräfte nach Judäa und Samaria war, der nach dem Anschlag auf das Parkhotel am Seder [Vorabend des jüdischen Pessachfestes] des Jahres 2002 den Terror beendete, und dass die andauernde Präsenz der Armee in Judäa und Samaria Israels erstrangige Verteidigung ist. Ohne diese Anwesenheit würde der Terror Städte in Zentralisrael angreifen. Wenn das der Fall ist, ist der Zaun mehr als nutzlos. Er ist nicht mehr als das Produkt momentaner Hysterie und einer Maginot-Linie-Mentalität, die einige unserer Politiker ergriff, die sich in ein Denken irreführen ließen, wonach »Terrorismus ausgezäunt« werden könne.

Aber was passiert, wenn die Präsenz der Armee in Judäa und Samaria nicht mehr notwendig ist? Brauchen wir den Zaun dann, und sollen wir ihn weiterbauen für diese Eventualität? Das scheint kaum ein sinnvoller Weg des Handelns zu sein. Die Armee wird sich aus dem Gebiet nicht zurückziehen, bis die Gefahr palästinensischen Terrors vorüber ist. Und dann wird kein Zaun mehr notwendig sein. In diesem Fall schafft der Zaun keine guten Nachbarn.

Aber einige werden argumentieren, dass der Zaun um Gaza herum funktioniert. Gut, eigentlich aber funktioniert er kaum. Die Terroristen haben Wege gefunden, die Politiker zu überlisten. Der Terror kommt über den Zaun und unter dem Zaun. Dieser Zaun hielt weder Qassam- noch Katjuscha-Raketen ab, auf Bürger in Südisrael niederzuregnen. Der Zaun hinderte die Olmert-Regierung nicht daran, diesem Terror zu unterliegen und mit der Hamas einen Waffenstillstand einzugehen. Und dasselbe wird passieren, wenn sich die Armee aus Judäa und Samaria zurückzieht, bevor die Terroristen dort endgültig ausgehoben sind. Der Zaun wird den Terror nicht verhindern. Wenn der Terror nicht auf dem Terrain kontrolliert wird, wird er in die Städte Israels zurückkehren – er wird über und unter ihm kommen.

Einige von uns wollen den Zaun nicht, um die Terroristen draußen zu halten, sondern um die Juden drin zu halten. Oder, in anderen Worten, um die Juden aus Judäa und Samaria (»den besetzten Gebieten«) herauszuhalten. Aber das wird nicht funktionieren. Die Briten versuchten, die Juden herauszuhalten, als sie die Ufer von Mandats-Palästina [die Zeit von 1920 bis 1948] blockierten und eine Politik ... verfolgten, Juden davon abzuhalten, hier Land zu kaufen. Es funktionierte nicht. Auch der Zaun wird nicht funktionieren.

Die Zeit ist gekommen, einen klaren Blick auf dieses ausgefallene Projekt zu werfen. Macht es Sinn, es weiterzubauen? Vielleicht sollten wir darüber nachdenken, abzureißen, was bereits gebaut ist. Haben unsere Politiker den Mut zuzugeben, dass sie einen Fehler gemacht haben?

Wie die Mauer das Leben der Menschen stranguliert

*Von Jamal Juma**

Weil Jerusalem und Bethlehem zwei wichtige soziale, kulturelle und wirtschaftliche Zentren des Westjordanlandes sind, haben sie für die Palästinenser enorme Bedeutung. Dabei ist Jerusalem von besonderer Wichtigkeit, weil es die historische Hauptstadt Palästinas ist. Seit Tausenden von Jahren hat Jerusalem ein reiches und vielschichtiges soziales Gewebe, das die Stadt zum Schnittpunkt zwischen Ost und West machte. (...)

Da Palästinensern aus dem Westjordanland durch den Mauerbau der Zutritt nach Jerusalem immer mehr verwehrt wird, und da Palästinenser aus Jerusalem nirgendwo hingehen dürfen außer nach Ramallah, sind Familien und Gemeinden auseinandergerissen worden. Zudem ist die wirtschaftliche Tätigkeit fast zum Erliegen gekommen. Tatsächlich verzeichnen wir seit Baubeginn einen ständigen Exodus palästinensischer Organisationen und Firmen. Um weiter arbeiten zu können, zogen viele, die ihren Sitz im Zentrum Jerusalems hatten, in die Außenbezirke wie etwa nach Abu Dis, Ezawiya und Bir Naballa. Ein konkretes Ergebnis des Mauerbaus ist in Al-Ram (zwischen Jerusalem und Ramallah gelegen) zu sehen. Dort verläuft die Mauer mitten auf der Hauptstraße der Gemeinde. Als Ergebnis des Mauerbaus mussten 40 Prozent aller Geschäfte schließen, auch viele kleine Betriebe mussten aufgeben, die lebenswichtige Arbeitsplätze boten. 10 000 Menschen haben die Gegend verlassen, 20 Prozent aller Wohnungen in Al-Ram stehen jetzt leer.

* Jamal Juma lebt in Al-Ram bei Ramallah. Er ist Organisator der Kampagne »Stop the Walls«. Den Beitrag verfasste er für dieses Buch.

Weiter: Viele Menschen außerhalb Jerusalems haben in der Hauptstadt Arbeit. Deshalb benötigen sie den Zugang nach Jerusalem. Dort besuchen ihre Kinder Schulen, und dort gehen viele zum Arzt. Seit dem Mauerbau jedoch werden viele dieser Menschen am Zutritt nach Jerusalem gehindert. Deshalb mussten Familien, die in Dörfern außerhalb Jerusalems leben, darüber entscheiden, ob sie an ihren Wohnsitzen bleiben oder ob sie in die Stadt ziehen sollten. Dieses Dilemma hat zu Situationen wie jene in West-Ezawiya geführt. Dort haben 80 Prozent der Menschen ihre Wohnsitze verlassen und zogen in Ghettos innerhalb des Stadtgebietes von Jerusalem. Durch die Wahl, nun in Jerusalem zu leben, müssen sich die Menschen diskriminierenden Steuergesetzen unterwerfen. Außerdem sehen sie sich extremistischen Siedlern und der ständigen Drohung ausgesetzt, dass ihre Häuser womöglich zerstört werden könnten. Diejenigen 20 Prozent der Bevölkerung, die in West-Ezawiya blieben, werden in Zukunft für immer daran gehindert, nach Jerusalem zu gehen. Sie werden dadurch von ihren Verwandten getrennt, die ins Stadtgebiet von Jerusalem gezogen sind. So wird die Mauer eine neue Nakba, eine neue Katastrophe für die Palästinenser Jerusalems und der umliegenden Gegenden. Schon jetzt beginnt sich das soziale und kulturelle Leben Jerusalems aufzulösen. (…)

Die Mauer schneidet auch tief ins Gebiet von Bethlehem hinein. Durch diese Linienführung sind beispielsweise die Territorien der Siedlungen Gilo und Har Homa illegal von Israel annektiert worden. (…)

Da ebenso das gesamte Gebiet westlich von Bethlehem annektiert wird, werden sechs Dörfer vollkommen hinter der Mauer isoliert sein. Die Reise von einem Dorf zum anderen wird durch die Mauerführung und durch die Kontrollposten extrem behindert oder sogar verhindert. Andere Dörfer sind so abgeschnitten, dass niemand in diese Dörfer gehen kann, es sei denn, er kann durch seinen Personalausweis beweisen, dass er in dem betreffenden Dorf wohnt. Andere Dörfer werden von Bethlehem komplett isoliert sein. Weiterhin wird die Siedlung Gush Etzion expandieren können – und zwar auf konfisziertem palästinensischen Land. Die Dörfer, deren Land hier enteignet wurde, haben schon 1948 viel Land verloren. Nach diesem letzten Diebstahl wird das Leben für die Menschen dort untragbar sein.

Es ist wichtig, darauf hinzuweisen, dass die Zerstörung und die Enteignung, welche die Mauer in Bethlehem und in Jerusalem verursacht hat, nicht ohne Widerstand der Palästinenser vollzogen wurden. Die

Dörfer Bisst und Beit Douqu im Raum West-Jerusalem verloren fünf Menschen. Sie starben, während sie gegen den Bau der Mauer demonstrierten. Die Einwohner anderer Dörfer, etwa bei Bethlehem, haben täglich gegen den Mauerbau demonstriert. Das palästinensische Volk wird sich niemals der zionistischen Kolonisierung und der ethnischen Säuberung beugen.

Flüchtlinge und neue Historiker

Das Volk ohne Land fand ein Land mit Volk

»Flüchtling ist jedermann, der sein Land, sein Hab und Gut, seine Arbeit verloren hat und aus seinem Land vertrieben wurde. Das ist ein Flüchtling.«
Saleh Mohammed Saleh Mustafa Abu Raysicheh, Flüchtling

»Mein Buch wurde mit der tiefen Überzeugung geschrieben, dass die ethnische Säuberung Palästinas in unserem Gedächtnis und in unserem Bewusstsein als Verbrechen gegen die Menschlichkeit verankert sein muss.«
Ilan Pappé, Israeli, Autor des Buches »Die ethnische Säuberung Palästinas«

Das jüdische Volk, jahrhundertelang in Europa verfolgt und diskriminiert und im Holocaust dem Versuch der totalen Vernichtung ausgesetzt, hat 1948 seinen Staat bekommen, doch dieser jüdische Staat wurde auf einem Territorium gegründet, das auch ein anderes Volk, das palästinensische, rechtmäßig für sich beansprucht. Weil es seit 1948 nicht gelungen ist, eine Friedenslösung zu finden, muss Israel bis heute einen Preis bezahlen – den anhaltenden Widerstand der Palästinenser. Raketenbeschuss und Selbstmordattentate werden trotz des Mauerbaus nicht aufhören, solange es keinen lebensfähigen palästinensischen Staat gibt. Die Gründung eines solchen Staates aber rückt immer mehr in weite Ferne. Auf dem von jüdischen Siedlungen zerstückelten Westjordanland und im ausgehungerten Gazastreifen wäre ein solcher Staat in keiner Weise wirtschaftlich funktionstüchtig. Deshalb werden wohl 2,5 Millionen Palästinenser im Westjordanland und 1,5 Millionen Palästinenser im Gazastreifen noch viele Jahre unter israelischer Besatzung leben. Viele von ihnen sind Flüchtlinge.

Etwa 750 000 Palästinenser flohen im Krieg von 1948/49 vor der israelischen Armee. Noch einmal 300 000 bis 350 000 mussten im Sechstagekrieg von 1967 ihre Heimat verlassen. So schlimm war die Situation der palästinensischen Flüchtlinge, dass die Vereinten Nationen am 8. Dezember 1949 extra ein Hilfswerk für Palästinaflüchtlinge einrichteten. Diese Organisation nennt sich United Nations Relief and Work

Agency, abgekürzt UNRWA. Sie besteht bis heute. Die UNRWA definiert Flüchtlinge so: »Unter der Arbeitsdefinition der UNRWA sind palästinensische Flüchtlinge Personen, deren normaler Wohnort Palästina zwischen Juni 1946 und Mai 1948 war und die sowohl ihre Wohnungen als auch ihren Lebensunterhalt als Ergebnis des arabisch-israelischen Konfliktes 1948 verloren haben. UNRWA's Dienste sind zugänglich für alle, die im Wirkungsgebiet der UNRWA leben und die diese Kriterien erfüllen, die bei ihr registriert sind und die deren Dienstleistungen nötig haben. Die UNRWA-Definition eines Flüchtlings trifft auch auf die Nachkommen jener Personen zu, die 1948 zu Flüchtlingen wurden. Die Zahl registrierter palästinensischer Flüchtlinge hat sich ständig erhöht – von 914000 im Jahre 1950 auf mehr als 4,6 Millionen im Jahr 2008. Wegen des natürlichen Anwachsens der Bevölkerung wird auch die Zahl der Flüchtlinge weiter steigen.«

Die im Juni 2008 registrierten 4618141 Flüchtlinge verteilen sich auf folgende Länder: Jordanien (1930703), Libanon (416608) und Syrien (456983) sowie das Westjordanland (754263) und den Gazastreifen (1059584). Davon leben 1363469 in 58 Flüchtlingslagern. Die anderen wohnen in Städten, Dörfern oder in der Umgebung der Lager.

Die frühen Zionisten haben ein solches Flüchtlingsproblem durchaus vorausgesehen, doch am Beginn des 20. Jahrhunderts gehörte der Transfer bzw. der Austausch ganzer Völker – heute mit dem unschönen Begriff der »ethnischen Säuberung« versehen – zu den tatsächlich praktizierten Mitteln der Politik. So schlug die deutsche Kolonialmacht im Jahre 1904 unter dem Befehl von Lothar von Trotha in Deutsch-Südwestafrika, heute Namibia, den Aufstand des Herero-Stammes grausam nieder und drängte das Volk aus seinem angestammten Siedlungsgebiet in die Wüste. Etwa drei Viertel der damaligen Herero-Bevölkerung kamen dabei um. Es war der erste Genozid des 20. Jahrhunderts. Den zweiten verübten Türken im Ersten Weltkrieg. Weil sie die im Osten des Osmanischen Reiches wohnenden Armenier beschuldigten, mit dem türkischen Kriegsgegner Russland zu kollaborieren, begannen sie, diese aus ihren Wohnorten zu vertreiben. Dabei sind mindestens eine Million Armenier ums Leben gekommen.

Nach dem Zusammenbruch des Osmanischen Reiches versuchte der griechische Premierminister Eleftherios Venizelos, das Wohngebiet jener Griechen, die schon Jahrhunderte an der kleinasiatischen Küste gelebt hatten, bis nach Ankara auszudehnen. Diese Megali Idea, diesen Traum von einem Groß-Griechenland, machte Mustafa Kemal Atatürk, der Gründer des modernen türkischen Nationalstaates, zunichte. Er schlug das griechische Expeditionskorps zurück. Das Ergebnis war der erste große »Bevölkerungsaustausch« des Jahrhunderts. Etwa eine Million Griechen mussten Kleinasien verlassen, etwa 500000 türkische Muslime flohen aus Griechenland in die neue Türkei.

Im Bewusstsein dieser Ereignisse sahen viele der nach Palästina einwandernden Zionisten auch kein größeres Problem darin, eventuell im Lande wohnende Araber mit einwandernden Juden »auszutauschen«, indem man die palästinensischen Araber ein wenig weiter nach Osten »transferierte«. Der israelische Historiker Benny Morris schreibt, die Zionisten hätten die Araber Palästinas als »Südsyrer« betrachtet, welche aus Hebron oder Nablus ohne große Umstände nach Osten über den Jordan, nach Syrien oder gar in den Irak geschickt werden könnten.[1]

Heute, 60 Jahre nach der Gründung des Staates Israel, ist das Schicksal der Flüchtlinge, der Ausgewiesenen, der Transferierten, der Vertriebenen noch immer nicht geklärt und verschärft sich noch einmal durch die Umsiedlungen infolge des Mauerbaus. Etwa die Hälfte aller Einwohner des Gazastreifens überlebt nur mit Hilfe von Lebensmittelzuteilungen des UNO-Flüchtlingshilfswerkes UNRWA. Haben Palästinenser vom Gazastreifen aus wieder einmal Raketen auf Israel geschossen, und haben die Israelis daraufhin wieder einmal das gesamte Gebiet einer Blockade unterworfen, verschlechtert sich die ohnehin katastrophale wirtschaftliche Lage noch einmal dramatisch. Israel unterbricht oder reduziert dann die Lieferung von Öl für das einzige Elektrizitätswerk, das für die 1,5 Millionen Menschen Strom liefert. Im Herbst 2008 etwa klagte die UNRWA, sie habe in Gaza kaum noch Lebensmittel zu verteilen, weil die Hilfstransporte an der Grenze von Israel festgehalten würden.

Ohnehin ist die Lebenssituation der meisten Palästinenser im Gazastreifen hoffnungslos. Belal Bedwan, ein 27-jähriger Bewohner des Flüchtlingslagers Nuseirat in der Mitte des Gazastreifens, erzählte im November 2008 einem Reporter der britischen Fernsehgesellschaft BBC[2]: »Weil ich den Gazastreifen nicht verlassen konnte, habe ich nun zweimal die Chance verpasst, im Ausland zu studieren. Im Juli dieses Jahres und im Juli letzten Jahres hat man mir einen Platz an einer Universität in Malaysia angeboten. Die Israelis hinderten mich bei Eretz im Norden, Gaza zu verlassen, und die Ägypter verhinderten meine Ausreise bei Rafah im Süden.«

Belal Bedwan geriet auch noch zwischen die Fronten des Clankrieges, der zwischen Hamas und Fatah herrscht. Er berichtet: »Vor zwei

Monaten hörte ich auf zu arbeiten. Die Hamas entließ viele Lehrer an der Schule, an der ich arbeitete, weil diese Verbindungen zur Fatah hatten. Wir begannen einen Proteststreik, und Hamas stellte andere Lehrer an. Mein Gehalt beziehe ich aber noch von der Regierung in Ramallah.«

Demselben Reporter sagte Mazen, 42 Jahre alt, aus Beit Lahiya in Nordgaza: »Die Blockade bedeutet auch, dass die Waren auf dem Markt von schlechter Qualität sind. Sie sind meistens überteuert, sie wurden durch die Tunnel aus Ägypten geschmuggelt. (...) Wir werden von jenen ausgebeutet, die die Tunnel betreiben. Denn das ist ein riskantes Geschäft. Heute haben sie einen Tunnel, morgen mag er zerstört werden. So müssen sie ihr Kapital und ihren Profit in einem Tag zurückbekommen.«

Und schließlich eine Stimme von Roa al-Helou, einer Frau, die für eine Hilfsorganisation arbeitet, welche kürzlich einen Preis für ihre hervorragende Arbeit bekam. Dieser Preis sollte in Ramallah verliehen werden. Doch wegen der israelischen Blockade konnte Roa al-Helou nicht vom palästinensischen Gaza ins palästinensische Ramallah reisen: »Wir saßen vor einem Fernseher und sahen, wie jemand für uns den Preis entgegennahm. Es ist so frustrierend. Aber schlimmer noch ist es, wenn man Medikamente benötigt oder wenn man reisen muss, um medizinische Betreuung im Ausland zu bekommen. Denn dazu besteht derzeit keine Möglichkeit.«

Sieht man diese Situation im Zusammenhang des jüdisch-palästinensischen Konfliktes, so ist eingetreten, was der Prophet der Mauer, Wladimir Jabotinsky, vorausgesagt hat: dass sich nämlich kein Volk die Kolonisierung durch ein anderes Volk widerstandslos gefallen lassen werde – und dass Israel den entsprechenden Widerstand massiv bekämpfen müsse. Die den Gazastreifen beherrschende Hamas betrachtet ihre Raketenangriffe gegen die Besatzer als einen gerechten Krieg. Und Israel betrachtet seine Gegenwehr, auch seine Blockade, als ebenso gerecht. Diesen Abnutzungskrieg aber können militärisch weder Israel noch die Hamas gewinnen. Palästinenser mögen noch viele Raketen auf Israel schießen, und Israel mag noch viele Vergeltungsmaßnahmen ergreifen und dabei Palästinenser töten – eine Lösung des Konfliktes wird die beiderseitige Gewalt nicht herbeiführen.

Das offizielle Israel lehnt jede Verantwortung für das Flüchtlingsdrama ab. In der Historiographie hat sich inzwischen jedoch eine andere Sicht herausgebildet.

Joel Beinin etwa, Professor an der amerikanischen Stanford Universität, sieht die geschichtlichen Vorgänge sehr kritisch. Beinin stammt aus einer amerikanischen zionistischen Familie. Er arbeitete ein halbes Jahr in einem israelischen Kibbutz und wollte nach Israel auswandern. Während seines Aufenthaltes dort sah er aber eine andere Realität als jene, die er erwartet hatte. Besonders die Haltung der jüdischen Bürger gegenüber ihren arabischen Mitbürgern missfiel ihm. Joel Beinin setzte seine Studien in den USA fort – und geht seitdem mit der israelischen Politik gegenüber den Palästinensern scharf ins Gericht.

Über die offizielle Haltung Israels zu den Ereignissen des Krieges von 1948/49 schreibt er, die Vertreibung sei aus dem kollektiven Bewusstsein der Menschen verdrängt worden.

Jahrzehntelang hätten der Staat Israel und traditionelle zionistische Historiker argumentiert, die palästinensischen Araber seien auf Befehl arabischer Militärkommandeure und Regierungen geflohen. Die Flüchtlinge würden nach dieser Lesart hinter den Gewehren der siegreichen arabischen Armeen, welche die Juden ins Meer drängen, zurückkehren.

Allerdings, meint Beinin, habe man es besser wissen können. Er schreibt: »Ausgiebiges Beweismaterial aus zionistischen Quellen aus der Zeit des Krieges von 1948 und der unmittelbar anschließenden Periode legt nahe, dass Mitglieder des Militärs, der politischen Elite, untergeordnete Führer und ihnen nahestehende Intellektuelle sehr wohl wussten, was mit den palästinensischen Arabern geschehen war – ganz zu schweigen vom Fußvolk der Soldaten und Kibbutzbewohner, welche die Palästinenser tatsächlich ausgewiesen, ihr Land enteignet und ihre Häuser zerstört hatten.«[3] Unter israelischen Historikern hat sich seit dem Ende der achtziger Jahre des letzten Jahrhunderts eine Wende im Denken und im Forschen vollzogen. Diese »neuen Historiker«, wie sie im Allgemeinen genannt werden, sind nämlich zu dem Ergebnis gekommen, dass Israel durchaus für die Vertreibung von Palästinensern, also auch für das bis heute bestehende Flüchtlingsproblem verantwortlich ist. Auch eine kleine palästinensische Nicht-Regierungsorganisation hat sich des Flüchtlingsproblems angenommen. Es ist die Palestinian Association for Cultural Exchange (PACE) – die »Palästinensische Vereinigung für kulturellen Austausch«. Ihr Mitbegründer und Direktor, Dr. Adel Yahya, selbst Flüchtling und lange wohnhaft im Lager Dschelazoun bei Ramallah, war einer der Untergrundführer während der Intifada von 1987. Später hat er mit Mitgliedern der israelischen Friedensbewegung zusammengearbeitet. Adel

Yahya hat Hunderte von Flüchtlingen interviewen lassen. Sein Ziel war es, ihre Erinnerungen und die ihrer Nachkommen zu bewahren und durch diese mündlich überlieferte Geschichte einen Beitrag zur Gesamtgeschichte der palästinensischen Flüchtlinge zu leisten. Auf die Frage nach den Gründen seiner Flucht antwortete beispielsweise Saleh Mohammed Saleh Mustafa Abu Raysicheh[4]: »Jeder von uns kannte natürlich die Balfour-Erklärung. Wir wussten, dass die Engländer Palästina verließen, um es den Juden zu geben. Jede Nacht schliefen wir in Haifa unter dem Lärm der Kugeln und des Gewehrfeuers. Ich war in Haifa, als es von den Juden erobert wurde, und ich war auch noch später da. Als die Engländer entschieden, Palästina zu verlassen, übergaben sie es den Juden. Die Araber lieferten nur einen schwachen Kampf. Gut, am Anfang war der Widerstand stark, aber dann, angesichts der Stärke und der Macht der britischen Hilfe für die Juden, schwächte sich der Widerstand ab. So wurden wir vertrieben. Mein Vater und ich blieben in Haifa noch vier Tage, nachdem es in die Hände der Juden gefallen war. Die Briten brachten uns zur Bucht von Haifa in die Nähe der Bahnstation, wo sie einen Frachtzug für uns vorbereiteten. Sie luden uns auf. Ich denke, wir waren nicht mehr als 100 bis 200 Menschen. Es war eine leidvolle Reise von Haifa nach Tulkarem. (…) Sie hatten eine Bande von Kriminellen, die Dinge machten, welche die Araber veranlassten, ihre Wohnungen und Häuser zu verlassen. Wir hatten weder ihre Gewehre noch ihre tödlichen Waffen, die sie von England oder der Zionistischen Weltorganisation bekamen. So haben sie uns überwältigt. Intern waren sie besser organisiert. Und wir setzten so große Hoffnungen in die sieben arabischen Länder. Es war ein fürchterlicher Fehlschlag damals.«

Einige der befragten Flüchtlinge gaben zwar zu Protokoll, dass sie keine bewusste Vertreibungspolitik der Israelis bemerkt hätten. Andere erklärten, dass die von den Israelis, aber auch von den Arabern verbreiteten Meldungen über das Massaker von Deir Yassin viele in Panik versetzt und zur Flucht bewegt habe. Ein palästinensischer Wissenschaftler sagte, die israelische Armee habe von Flugzeugen Flugblätter abgeworfen, auf denen die Palästinenser aufgefordert worden seien, ihr Land zu verlassen. Dieselbe Botschaft hätten sie über Lautsprecher und über Radiosender verkündet.[5]

Man mag einwenden, die Erinnerungen eines Palästinensers an jene weit zurückliegenden Tage seien subjektiv und von Aversionen gegen die Israelis geprägt. Doch es waren überwiegend israelische Forscher, die Aussagen wie die oben zitierte in ihrem Kerngehalt bestätigen. Nachdem Israel internationalem Brauch gemäß seine Archive nach dreißig Jahren öffnete, erschloss sich für Historiker ein lange nicht zugängliches Quellenmaterial über den Krieg von 1948 und über den Exodus der Palästinenser. Einer der Ersten, der die These von der »freiwilligen« Flucht der Palästinenser verwarf, war Simcha Flapan. Er stammte aus Polen und war 1930 nach Palästina ausgewandert. Später wurde er Sekretär der Mapai-Partei, einer linksgerichteten Partei, die 1968 mit der Arbeitspartei fusionierte, und war zudem Forscher an der amerikanischen Harvard Universität. In seinem 1987 erschienenen Buch »Die Geburt Israels – Mythos und Wirklichkeit« schreibt er, seine Forschungen hätten ergeben, dass die israelische Armee arabische Zivilisten bewusst in die Flucht getrieben hätte, weil die Gründung eines jüdischen Staates die Vertreibung der Araber zur Voraussetzung gehabt habe.

Ebenfalls 1987 trat der israelische Historiker Benny Morris an die Öffentlichkeit. Sein Buch »Die Geburt des palästinensischen Flüchtlingsproblems« bestimmt noch heute viele Diskussionen. Morris, Professor an der Ben-Gurion-Universität, fand heraus, dass es bewusste israelische Politik gewesen sei, Palästinenser zu vertreiben und sie später an ihrer Rückkehr zu hindern. Allerdings ist Morris – anders als später Ilan Pappé – der Meinung, dass es keinen bewussten israelischen Plan für diese Vertreibung gab.

Benny Morris schildert, wie die spätere israelische Ministerpräsidentin Golda Meir in Haifa verlassene palästinensische Häuser betrat. Golda Meir erinnerte sich: »Es ist furchtbar, die tote Stadt zu sehen. Am Hafen fand ich Kinder, Frauen und alte Männer, die darauf warteten zu fliehen. Ich ging in die Häuser. Es gab Häuser, wo noch der Kaffee auf dem Tisch stand. Und ich konnte nicht umhin, daran zu denken, dass sich dieses Bild in der Tat auch in vielen jüdischen Städten während des Zweiten Weltkrieges bot.«[6]

Später kam Israels Staatsgründer David Ben Gurion nach Haifa. Er ordnete an, berichtet Benny Morris, die Israelis sollten die Araber zivil und human behandeln. Dann aber fügte er hinzu: »Aber es ist nicht unsere Aufgabe, uns um die Rückkehr der geflohenen Araber zu kümmern.« Israels Außenminister Moshe Sharett erklärte in einem Telegramm aus den USA: »Schlage vor, Warnung an Araber zu überlegen, dass … Rückkehr nicht versprochen wird.«[7]

Schon kurz vor Beginn des Krieges im Mai 1948 regte Josef Weitz, einer der zionistischen Führer, die Gründung eines »Transfer-Komitees« an. Es sollte eine Strategie erarbeiten, welche die Rückkehr der Flüchtlinge unmöglich machen würde. Am 5. Juni 1948 legten Josef Weitz und andere politische Führer David Ben Gurion ein Memorandum vor. Dort hieß es, dass der Krieg »unerwartet« die »Entwurzelung« arabischer Massen und deren Flucht aus Dörfern und Städten in Gebiete außerhalb Israels herbeigeführt habe. Krieg und Exodus hätten die Feindseligkeit der Araber so verstärkt, dass die Möglichkeit der Existenz Hunderttausender von Arabern, die Israel hassten, in Israel wohl unmöglich sei. Israel müsse daher weitgehend von Juden bewohnt sein und nur von wenigen Nicht-Juden. Daher müsse die »Entwurzelung der Araber« als Lösung des arabischen Problems in Israel gesehen werden.[8]

Siebzehn Jahre nach dem Erscheinen seines Buches veröffentlichte Benny Morris eine erweiterte Fassung seines Werkes.[9] Hier betont er erneut, vor dem Krieg habe Israel keinen Plan gehabt, der die absichtliche Vertreibung der Palästinenser vorsehe. Vielmehr hätten die Zionisten gewusst, dass in ihrem Staat stets eine substantielle arabische Minderheit wohnen werde. Vorausgesetzt, die Araber verhielten sich friedlich, werde deren Leben, deren Recht und deren Besitz genauso sicher sein wie das der Juden. Freilich waren viele sehr unglücklich darüber, dass in dem jüdischen Staat, wie ihn die UNO-Resolution vom November 1947 vorsah, die Juden mit 500 000 Einwohnern nur eine knappe Mehrheit gegenüber den Arabern mit 400 000 Menschen haben werden.

Zwei Jahre später indessen, nach dem Ende des ersten arabisch-israelischen Krieges und der Besetzung palästinensischer Gebiete, waren insgesamt 700 000 bis 800 000 Palästinenser vertrieben. Einer der Chronisten dieser Vertreibung ist auch Joel Beinin. Über die Vertreibung während des Krieges von 1948/49 schreibt er:

»Die größte einzelne Vertreibung geschah nach der israelischen Eroberung der Städte Lydda und Ramla im Jerusalem-Tel-Aviv-Korridor zwischen dem 9. und 18. Juli 1948. Etwa 50 000 Palästinenser wurden aus ihren Heimen in diesen Städten von den israelischen Streitkräften vertrieben, deren stellvertretender Kommandeur Yitzhak Rabin war, israelischer Ministerpräsident von 1974 bis 1977 und von 1992 bis 1995. Vorstaatliche zionistische Milizen und israelische Streitkräfte verübten etwa zwei Dutzend Massaker an Palästinensern, von denen das berüchtigtste jenes vom 9./10. April 1948 im Dorf von Deir Yassin war.«[10]

Auch Benny Morris spricht von Massakern, besonders in der erweiterten Neufassung seines Buches von 2004. Doch in einem Interview mit der israelischen Tageszeitung *Ha'aretz* vom 9. Januar 2004 rechtfertigt er die Gewalttaten seiner Landsleute. Es gebe zwar, sagt er zunächst, keine Rechtfertigung für Vergewaltigungen und Massaker. Das seien Kriegsverbrechen. Dann aber begründet er die Vertreibungen mit folgenden Worten: »Ich glaube nicht, dass die Vertreibungen von 1948 Kriegsverbrechen waren. Man kann kein Omelett machen, ohne Eier zu zerschlagen. Man muss seine Hände beschmutzen. (...) Ein jüdischer Staat wäre nicht entstanden, wenn man nicht 700000 Palästinenser vertrieben hätte.«[11]

Zwei Jahre nach dem erweiterten Buch von Benny Morris hat ein anderer israelischer Historiker ein Werk über die Ereignisse von 1948 vorgelegt. Es ist Ilan Pappé, damals Professor an der Universität Haifa, heute in derselben Funktion an der Universität Exeter in England. Seine Eltern waren 1930 aus Deutschland geflohen, Pappé selbst wurde in Haifa geboren. Im Yom-Kippur-Krieg von 1973 (in welchem Ägypter und Syrer versuchten, die 1967 an Israel verlorenen arabischen Gebiete zurückzuerobern), kämpfte Pappé an der Golanfront gegen Syrien.

Nach Veröffentlichung seiner Studien in dem Buch »Die ethnische Säuberung Palästinas« im Jahre 2005 wurde er, eigenen Angaben nach, in der Universität immer mehr isoliert. In einem Interview mit der in Qatar erscheinenden Zeitung *Peninsula* erklärte er im März 2007, er sei in Haifa boykottiert worden, und es habe Versuche gegeben, ihn von der Universität zu verbannen. Er werde zwar nicht als eine Bedrohung der israelischen Gesellschaft angesehen, aber man denke doch, dass er »entweder verrückt sei, oder dass meine Ansichten irrelevant seien. Viele Israelis glauben zudem, dass ich als Söldner für die Araber arbeite.«[12]

Politisch steht Pappé auf dem linken Flügel des Spektrums, 1996 kandidierte er auf der kommunistischen Hadash Liste, der Demokratischen Front für Frieden und Gleichheit, die hauptsächlich von israelischen Arabern gewählt wird. Die Lösung für den israelisch-palästinensischen Konflikt sieht Ilan Pappé in der Schaffung eines gemeinsamen israelisch-palästinensischen Staates.

Ilan Pappé schreibt, am 10. März 1948, also ziemlich genau zwei Monate vor der Staatsgründung Israels, habe eine Gruppe von elf altgedienten zionistischen Führern und jungen Offizieren unter Führung von David Ben Gurion letzte Hand an einen Plan gelegt, der die ethnische Säuberung Palästinas vorgesehen habe. Am gleichen Abend seien die Kommandeure im Feld angewiesen worden, sich auf die Verwirklichung dieses Planes vorzubereiten: »Den Befehlen beigefügt waren detaillierte Anweisungen, welche Methoden angewendet werden sollten, um die Menschen zu vertreiben: Einschüchterung in großem Stil, Belagerung und Bombardierung von Dörfern und Bevölkerungszentren; In-Brand-Setzen von Häusern, anderen Immobilien und Waren; Vertreibung, Zerstörung und schließlich das Legen von Minen unter dem Schutt, um die vertriebenen Einwohner an der Rückkehr zu hindern.«

Sechs Monate nach dieser Entscheidung seien – so Pappé – 800 000 Menschen zu Vertriebenen geworden, 531 Dörfer zerstört und elf städtische Großsiedlungen von ihrer arabischen Bevölkerung entleert worden. Der Autor argumentiert, Palästina, bzw. »Eretz Yisrael«, wie es im Hebräischen heißt, sei über die Jahrhunderte ein Ziel für Pilgerfahrten gewesen, nicht aber der Ort für einen zukünftigen säkularen Staat. »Der Zionismus«, meint Pappé, »säkularisierte und nationalisierte den Judaismus.« Er argumentiert weiter, dass die Vertreibung der arabischen Bevölkerung dem zionistischen Denken stets inhärent gewesen sei – wie es schon Theodor Herzl vorausgesagt habe. Pappé macht auf die UN-Resolution 194 von 1948 aufmerksam, welche die Rückkehr aller Flüchtlinge forderte.[13]

Pappés von vielen, besonders von Benny Morris, bestrittene Hauptthese aber ist die systematische Vernichtung palästinensischer Wohnstätten. Ilan Pappé zitiert folgende Passage des Dalet-Planes vom 10. März 1948: »Diese Operationen können in folgender Weise ausgeführt werden: entweder durch Zerstörung von Dörfern (durch Brandlegung, Explosionen oder Minen) und speziell solcher Bevölkerungszentren, die dauerhaft schwer zu kontrollieren sind; oder durch Durchkämmen und Kontrolle [der arabischen Wohngebiete] nach folgenden Richtlinien: Umzingelung und Durchsuchung der Dörfer. Im Falle von Widerstand müssen die bewaffneten Kräfte eliminiert werden, und die Bevölkerung muss in Gebiete außerhalb des Staates vertrieben werden.«[14]

Sowohl Benny Morris als auch Ilan Pappé berichten über Massaker jüdischer Truppen an der arabischen Zivilbevölkerung. Beide heben besonders das Massaker von Dawaymeh (Dawayima) hervor.[15] Das Dorf liegt in der Nähe von Hebron. Es wurde am 28. Oktober 1948 von jüdischen Truppen angegriffen. Dem Bericht von Benny Morris zufolge hätten die Israelis das Dorf zunächst mit Granaten- und Gewehrfeuer belegt. Dann seien sie ins Dorf gestürmt, aus ihren Maschinenpistolen feuernd. Benny Morris wörtlich: »Dorfbewohner wurden niedergeschossen, in ihren Häusern, in den Gassen und während der Flucht in den Hügeln um das Dorf herum.« Ein israelischer Teilnehmer an den Ereignissen berichtete später laut Benny Morris: »Nachdem wir auf die Dächer gegangen waren, sahen wir Araber, die in den Gassen herumirrten. Wir eröffneten das Feuer auf sie. (…) Von unserem hohen Aussichtspunkt sahen wir eine große Ebene, die sich ostwärts erstreckte. (…) Und die Ebene war bedeckt mit Tausenden fliehender Araber. (…) Die Maschinengewehre begannen zu rattern, und die Flucht verwandelte sich in Massenpanik.«

Ilan Pappé zitiert das später abgelegte Zeugnis des Bürgermeisters. Der berichtete, er vermisse 455 Menschen, darunter 170 Frauen und Kinder. Benny Morris bringt das Massaker von Dawaymeh in Zusammenhang mit dem Massaker von Kfar Etzion. Kfar Etzion ist eine jüdische Siedlung, die im UNO-Teilungsplan dem zu gründenden palästinensischen Staat zugefallen wäre. Wie Dawaymeh liegt Kfar Etzion in der Nähe von Hebron. Im Mai 1948 wurde Kfar Etzion von arabischen Kämpfern angegriffen. Die Lage der Siedler war hoffnungslos, israelischen Berichten zufolge hissten sie die weiße Fahne und wollten sich ergeben. Etwa 50 Mann seien von den Palästinensern umzingelt worden. Diese hätten »Deir Yassin – Deir Yassin« gerufen (in Erinnerung an das Massaker an palästinensischen Dorfbewohnern). Dann hätten die Araber das Feuer eröffnet. Wie viele jüdische Siedler gefallen sind, ist nicht genau bekannt. Jedenfalls hätten die israelischen Streitkräfte, Benny Morris zufolge, später die von den Palästinensern in Kfar Etzion gemachte Beute in den Häusern von Dawaymeh gefunden.

Nach dem Massaker von Dawaymeh habe man, Ilan Pappé zufolge, überlebende Babys gefunden, deren Schädel zersplittert waren, Frauen, die vergewaltigt und in ihren Häusern verbrannt und Männer, die erstochen worden seien. Benny Morris berichtet, ein in der Nähe stationiertes ägyptisches Bataillon habe nach Kairo berichtet, die Juden hätten 500 Männer, Frauen und Kinder massakriert. Premier David Ben Gurion erhielt von seinem Militär die Nachricht, die israelischen Streitkräfte hätten 70 bis 80 Dorfbewohner getötet. Die israelische Armee ließ die Toten schnell begraben. Als eine UNO-Untersuchungskommission kam, sah sie zerstörte Häuser, aber nicht viele Tote. Dennoch berichtete sie am 14. Juni 1949, das Massaker sei durchaus mit dem von Deir Yassin vergleichbar. Der Grund dafür, dass nach den Ereignissen so wenig darüber bekannt wurde, liege wohl an den in der Nähe postierten arabischen Streitkräften. Diese hätten die Nachrichten unterdrückt, um eine weitere arabische Massenflucht zu verhindern.

Wie die vorliegenden Berichte zeigen, sind sich israelische Historiker darin einig, dass im ersten arabisch-israelischen Krieg 700 000 bis 800 000 Palästinenser vertrieben worden. Darin stimmen auch die beiden sich ansonsten eher befehdenden Historiker Benny Morris und Ilan überein. Während Benny Morris der Meinung ist, es habe keinen Vorkriegsplan für die Vertreibung gegeben, bleibt Ilan Pappé bei seiner Interpretation der aufgefundenen Dokumente. Seiner Analyse zufolge habe ein solch detailliertes Konzept sehr wohl existiert. Benny Morris schreibt, in einem so kleinen Gebiet wie Palästina habe es im Krieg zwangsläufig zu Vertreibungen kommen müssen. Im Übrigen hätten die Palästinenser diesen Krieg begonnen. Ilan Pappé hält dagegen, die – verständliche – Ablehnung des UNO-Teilungsplans durch die Palästinenser und alle arabischen Staaten habe David Ben Gurion eine gute Gelegenheit gegeben, im Krieg einen größeren Anteil Palästinas zu erobern, als Israel zuvor zugesichert worden sei. Benny Morris fasst seine Forschungen so zusammen: »Angesichts des engen geographischen Zusammenlebens arabischer und jüdischer Bevölkerung in einem kleinen Land (10 000 Quadratmeilen) war die Entstehung des palästinensischen Flüchtlingsproblems fast unvermeidbar. Dazu kamen die Geschichte der arabisch-jüdischen Feindschaft von 1881 bis 1947; die überwiegende Ablehnung eines bi-nationalen Staates auf beiden Seiten sowie der Ausbruch und die lange Dauer des Krieges um Israels Geburt und Überleben; die große strukturelle Schwäche der palästinensisch-arabischen Gesellschaft; die Tiefe der arabischen Animosität gegenüber dem Yishuv [der jüdischen Gesellschaft in Palästina]; die arabischen Ängste, unter jüdische Herrschaft zu kommen; die Angst des Yishuv vor dem, was passieren würde, sollten die Araber gewinnen; und schließlich die Furcht vor dem, was passieren würde, sollte der jüdische Staat mit einer großen, feindlichen arabischen Minorität geboren werden.«[16]

Ilan Pappé dagegen geht mit seinen Landsleuten viel härter ins Gericht. Er schreibt: »15 Autominuten von der Universität Tel Aviv entfernt liegt das Dorf Kfar Qassim, wo am 29. Oktober 1956 israelische Truppen 49 Dorfbewohner, die von ihren Feldern zurückkamen, massakrierten. Dann war da Qibia in den fünfziger Jahren, Samoa in den 1960er Jahren, die Dörfer in Galiläa 1976, Sabra und Shatilla im Jahr 1982, Kfar Qana 1999, Wadi Ara im Jahr 2000 und das Flüchtlingslager Dschenin im Jahr 2002. (…) Israel hat niemals aufgehört, Palästinenser zu töten.«[17]

Im »Transfer« der einheimischen Bevölkerung sahen nicht nur einwandernde Zionisten Anfang des 20. Jahrhunderts die Lösung des arabischen Bevölkerungsproblems. Noch am Vorabend des anglofranzösisch-israelischen Feldzuges gegen Ägypten im Oktober 1956 ließ Ariel Sharon, damals ein Armeeoffizier, seine Untergebenen untersuchen, wie viele Busse wohl notwendig seien, etwa 300 000 in Israel wohnende Palästinenser aus dem Norden des Landes zu evakuieren bzw. zu vertreiben. Das Szenario wurde Realität im Junikrieg von 1967. 300 000 Palästinenser, manche Statistiken sprechen von 350 000, wurden aus dem Westjordanland vertrieben. Manche wurden mit Hilfe von Bussen ausgewiesen. Sie waren mit der Aufschrift versehen: »Freie Passage nach Amman«.[18]

Heute, gut 40 Jahre nach dem »Transfer« von Palästinensern im Sechstagekrieg, dauert die Praxis der schleichenden Umsiedelung an. Durch den Bau von Mauer und Sperrwall werden Palästinenser abermals entwurzelt. Die Zahl der Vertriebenen erhöht sich – und ihr Elend auch. Am 19. November 2008 warnte Karen Abu Zayd, die Generalsekretärin der UNRWA, vor erheblichen finanziellen Engpässen. Sollten die Geberländer ihre Zuwendungen nicht aufstocken, drohe der UNRWA ein Defizit von 160 Millionen Dollar. Insgesamt stehe das UNO-Flüchtlingshilfswerk vor einer »schwerwiegenden und unmittelbar bevorstehenden Krise«. Es ist allerdings nicht neu, dass das Flüchtlingshilfswerk sozusagen betteln gehen muss. Die von Karen Abu Zayd beschworene Krise ist eine Dauerkrise. Alljährlich muss das Hilfswerk um Beiträge für die über vier Millionen Flüchtlinge bitten. Und bitten und betteln müssen wiederum die Flüchtlinge bei der UNRWA. Die Organisation tut zwar, was sie kann, aber es reicht nicht.

Bereits am 11. Dezember 1948 hatte die Generalversammlung der UNO in ihrer Resolution Nummer 194 gefordert hat, dass »jenen Flüchtlingen, welche zurückzukehren und mit ihren Nachbarn in Frieden zu leben wünschen«, dieses sobald wie möglich erlaubt werden müsse. Viele Flüchtlinge bzw. deren Nachkommen möchten noch heute, 60 Jahre nach der palästinensischen Nakba, der damaligen Katastrophe, wieder in ihrer verlorenen Heimat wohnen – selbst, wenn sie unter israelischer Herrschaft leben müssten. Über Jahrhunderte bekundeten Juden mit dem Satz »Nächstes Jahr in Jerusalem« ihre Verbundenheit zu ihrem verlorenen Land. Eine ebenso große Verbundenheit verspüren heute viele Palästinenser. Ein Flüchtling erklärte dem Interviewteam von Adel Yahya, er würde sofort an seinen früheren Wohnort zurückkehren, auch wenn er dann in Israel leben müsste: »Sie brauchen mir nicht alle meine Besitzungen zurückzugeben, ich möchte nur ein kleines Stückchen Land, auf dem ich mit meinen Söhnen und meinen Töchtern leben kann.«[19]

Doch die jüdischen Einwanderer wollten in einem jüdischen Staat endlich unter sich leben – nach Jahrhunderten der Unterdrückung durch andere Völker. Deshalb werden die Flüchtlinge und ihre Nachkommen wohl noch lange Flüchtlinge bleiben.

»Wir brauchen Arbeit, wir brauchen Frieden«

Besuch im Flüchtlingslager Dschabalia bei Gaza-Stadt

Süddeutsche Zeitung *vom 14. Mai 2002*

Dschada Abu Rokba sitzt auf einem schäbigen Stuhl und schaut auf seine Hütte, die jenseits der staubigen Straße steht. Dschada Abu Rokba sitzt hier fast jeden Tag. Schon ein paar Jahre lang lebt er so. Als er zwei Fremde vorbeigehen sieht, ist das für den alten Mann wie eine Erlösung. Endlich wieder einmal jemand, dem er sein Leid klagen kann. Dschada Abu Rokba winkt die beiden Ausländer zu sich herüber und fordert sie auf, neben ihm Platz zu nehmen. Für die Fremdlinge ist die Einladung so etwas wie eine Erlösung. Wer sich hierher verirrt, wird sofort von einer Schar aggressiver Halbwüchsiger verfolgt. Manchmal werfen sie mit Steinen, manchmal mit Stöcken, manchmal mit verfaulten Früchten. Erst ein Machtwort Dschada Abu Rokbas bringt die jungen Leute auf Distanz.

Dschada beginnt sofort, seine Leidensgeschichte zu erzählen. Sie kommt unzusammenhängend, bruchstückhaft. Nicht lange aber dauert es, und er sagt jenen Satz, welchen er in der kommenden Stunde so häufig sagen wird: »Was für ein Leben ist das!«

Dschada Abu Rokba wohnt im Lager Dschabalia bei Gaza-Stadt. 80 000 Menschen vegetieren hier auf einer Fläche von etwa zwei Quadratkilometern. Dschada war ein junger Mann, als er 1948 im ersten Nahostkrieg aus dem Dorf Dimra floh. Dimra liegt nur etwa zehn Kilometer nördlich von Dschabalia – im heutigen Israel. Viele andere sind 1948 aus Haifa, aus Aschod, aus Jaffa in den Gazastreifen geflohen. Bis zum Beginn des palästinensischen Aufstandes Ende September 2000 haben viele von ihnen in Israel Beschäftigung gefunden. Jetzt aber ist die Arbeitslosenquote in Gaza auf etwa 65 Prozent gestiegen, über die Hälfte der Menschen lebt von weniger als zwei Dollar pro Tag. Dschada Abu Rokba arbeitete bis 1948 für die britische Besatzungsmacht. Er war für die Verpflegung der Truppe verantwortlich. Danach fand er im neuen Staat Israel in einem Hotel in Tel Aviv Beschäftigung. Auch dort war er für die Beschaffung von Lebensmitteln und Getränken verantwortlich. Doch seit ein paar Jahren sitzt er nur noch vor seinem Haus und sagt: »Was für ein Leben ist das!«

Dschada ist alt geworden. Wie alt, sagt er nicht. Aber Arbeit wird er keine mehr finden. Seine Großfamilie lebt von Zuwendungen des UN-Flüchtlingshilfswerkes UNRWA. Ein wenig Reis, ein wenig Mehl, ein wenig Zucker, ein wenig Öl zum Kochen, ein wenig Tee und Kaffee – das ist fast alles, wovon seine Familie überleben muss. Sein Haus besteht aus einigen Mauern, die von Wellblech überdacht sind. In den Zimmern liegen fast nur Matratzen. Vier, fünf Personen leben in jedem dieser fast fensterlosen Löcher. Im Winter ist es bitterkalt hier, im Sommer glühend heiß. Das Haus, oder besser die Behausung, wurde von der UNRWA gebaut.

Wie das Flüchtlingslager Dschenin im Westjordanland gilt auch Dschabalia als ein Zentrum des bewaffneten palästinensischen Widerstandes gegen die seit mehr als 40 Jahren andauernde israelische Besatzung. Doch Dschada Abu Rokba sagt: »Das Wenigste, was wir jetzt brauchen können, ist ein neuer Krieg. Wir brauchen keine Hamas. Wir brauchen Arbeit. Und wir brauchen Frieden.« Doch all diese so selbstverständlich erscheinenden Dinge sind in Gaza und in den anderen von Israel besetzten Gebieten unerreichbare Luxusgüter. Auf 365 Quadratkilometern leben hier 1,5 Millionen Menschen. Gaza gehört zu den am dichtesten besiedelten Gebieten der Welt. Alle zwanzig Jahre verdoppelt sich die Bevölkerung.

Dschada Abu Rokba etwa hat zehn Kinder, darunter sechs Söhne. Während Dschada spricht, kommen zwei seiner Söhne, Salah und Said, dazu. Salah seinerseits hat elf Söhne und drei Töchter, Said hat zwölf Söhne und zwei Töchter. Insgesamt haben Dschadas sechs Söhne 73 Söhne gezeugt. Die Gesamtzahl der Töchter erwähnt Dschada erst gar nicht. In der Männergesellschaft Dschabalias werden Töchter nur selten genannt.

Dschada klagt weiter. Einmal, erzählt er, vor ein paar Jahren, habe er Gelegenheit gehabt, Dschabalia zu verlassen und in seinen Heimatort Dimra im heutigen Israel zu gehen. Von seinem großen Haus sei nichts mehr übrig gewesen. »Dort habe ich fast wie ein Millionär gelebt«, sagt Dschada. »Heute aber vegetieren wir hier wie Tiere.« Vor dem Abschied bietet Dschada Tee an. Er zweigt ihn von seinen winzigen Vorräten ab. Und er sagt noch: »Wir Flüchtlinge brauchen Frieden. Wir wollen zurück in unsere Heimat. Wir wollen mit den Israelis in Frieden leben.«

Nicht alle sehen das so. Im Zentrum Dschabalias: Einige der Straßen sind hier, anders als in den Außenbezirken, keine Feldwege. Sie sind gepflastert. Doch die Hütten und Häuser sind fast so schäbig wie die Unterkunft Dschada Abu Rokbas. Auch hier im Zentrum des Lagers werden Fremde sofort von einer großen Schar Halbwüchsiger umgeben. Wenn diese jungen Leute malen, sind auf ihren Bildern Kampfflugzeuge, Panzer und Selbstmordattentäter zu sehen. Viele der aggressiven Jugendlichen sind die Kinder jener Väter, die in der Intifada von 1987 bis 1993 gekämpft haben. Sie sind traumatisiert vom Krieg, von den Bomben, vom Leben in Armut.

»Ich entschuldige mich für diese Kinder und ihr Verhalten Ihnen gegenüber«, sagt Samir Shalayel. Der Mann ist Lehrer. Von selbst hat er die Fremden angesprochen. Diese Kinder hätten nie gut angezogene Menschen gesehen, sagt der Lehrer: »Ich entschuldige mich für sie«, sagt er immer wieder. Auch Samir Shalayel spricht vom Krieg, der irgendwann wieder nach Dschabalia kommen könnte – wenn nicht heute, dann in ein paar Wochen oder Monaten. »Ich habe keine Waffen«, sagt er. »Aber ist es richtig, dass meine Kinder getötet werden?«

Gaza, Dschabalia, Intifada, Widerstand, Krieg – diese Worte sind hier fast nicht mehr zu trennen. »Gaza bestimmt den Ton«, sagt Rajj Sourani. Er ist Rechtsanwalt von Beruf. Einen großen Teil seiner Zeit arbeitet er als Direktor des »Palästinensischen Zentrums für Menschenrechte.« Sein Büro liegt in einem angenehmeren Teil von Gaza-Stadt – außerhalb der Slums von Dschabalia. Hier sind die Straßen gepflastert, hier wird gelegentlich der Müll eingesammelt. Doch auch diese Gegend ist von der Krise betroffen. Viele Läden im Zentrum der Stadt sind geschlossen. Die Menschen haben kein Geld mehr zum Einkaufen.

»Gaza setzt den Ton«, sagt Rajj Sourani. Damit meint der Rechtsanwalt den politischen Ton, der die Ereignisse im Westjordanland und in Gaza bestimmt. Tatsächlich nahmen die Intifada, die 1987 begann, und jene, die im Jahr 2000 ausbrach, in Gaza ihren Anfang. Hier ist die Verzweiflung der Menschen am größten und ihre Kampfbereitschaft am ausgeprägtesten. Die »Islamische Widerstandsbewegung« (Hamas) wurde in Gaza gegründet – während der Intifada von 1987. Scheich

Ahmed Yassin etwa und Abdelasis Rantisi, Mitbegründer der Hamas, wohnten im Gazastreifen, bevor sie von Israel getötet wurden.

Wie wird es weiter gehen? Rajj Sourani sagt: »Ich bin stolz und zu Tode erschrocken zugleich.« Stolz ist er, weil seine Familie trotz aller Widrigkeiten schon mehrere hundert Jahre in Gaza lebt. Angst hat er vor der Zukunft, wie alle Palästinenser hier.

Widerstand und fehlende Kompromisse

Aufstände, Kriege, Bruderkonflikte

»Es gibt einen Konflikt, einen großen Konflikt.
Es gibt einen fundamentalen Konflikt.
Wir und sie wollen dasselbe. Wir beide wollen Palästina.
Und das ist ein fundamentaler Konflikt.«
David Ben Gurion, späterer Staatsgründer Israels, während des »Großen Arabischen Aufstandes« (1936–1939)

»Die amerikanische Regierung, welche die Demokratie
und den Respekt vor dem Volkswillen predigt,
ist vor allen anderen aufgefordert, den Willen und die
Entscheidung des palästinensischen Volkes zu respektieren.«
Hamas-Regierungsplattform, März 2006

Die Mitteilungen lesen sich wie nüchterne amtliche Verlautbarungen. Doch hinter ihnen verbirgt sich eine Tragödie. Mehr als 110 Jahre, nachdem Theodor Herzl seine Broschüre »Der Judenstaat« veröffentlichte, kämpfen Juden und Araber noch immer um ein kleines Stück Land. Entweder gibt es palästinensische Aufstände, oder die Region wird durch ausgedehnte Kriege heimgesucht, oder aber beide Parteien bekriegen sich, mal in Einzelaktionen, sozusagen aus dem Hinterhalt heraus, ein anderes Mal in offener Militärschlacht. Da teilt etwa das israelische Außenministerium auf seiner Webseite mit:

»8. April 1994: In einem Autobombenanschlag auf einen Bus wurden im Zentrum von Afula acht Personen getötet. Hamas übernahm die Verantwortung.«

»2. Juli 2008: Bei einem Terrorangriff in Jerusalem wurden drei Personen getötet und über 50 verwundet. Mit einem Bulldozer rammte sich der Terrorist auf der Jaffastraße zwischen dem zentralen Busbahnhof und dem Mahane Yehuda Markt in Autos, Fußgänger und zwei Busse, die etwa 50 Passagiere transportierten. Die Polizei erschoss den Terroristen.«

In den 14 Jahren zwischen 1994 und 2008[1] erlagen 789 Israelis, überwiegend Zivilisten, palästinensischen Attentaten. Für die meisten erklärte sich die Widerstandsorganisation Hamas verantwortlich.

Die andere Seite. Im Internet veröffentlicht die israelische Menschenrechtsbewegung B'Tselem folgende Statistik: »November 2000. Rachmeh Rashid Shahin. 52 Jahre alter Einwohner von Beit Suhur, Bezirk Bethlehem. Getötet am 9. Novenber 2000 in Beit Suhur, Distrikt Bethlehem, durch Gewehrfeuer aus einem [israelischen] Hubschrauber im Verlaufe einer gezielten Tötung.«

Und:

»Mai 2008. Nafez Kamel Muhammed Mansur. 42-jähriger Einwohner von Rafah, getötet am 1. Mai 2008 in Rafah, aus einem Hubschrauber. Er war das Opfer einer gezielten Tötung.«

B'Tselem listet die Anschläge auf, welche von der israelischen Armee gegen Palästinenser in den besetzten Gebieten verübt wurden, darunter vermutete Terroristen. 386 Palästinenser kamen zwischen November 2000 und Mai 2008 so ums Leben.

B'Tselem hat aber auch die jüngsten Gesamtverluste auf beiden Seiten erfasst. Danach wurden im Zeitraum vom 29. September 2000 bis zum 31. Oktober 2008 4829 Palästinenser von israelischen Sicherheitskräften und 47 palästinensische Zivilisten von israelischen Zivilisten getötet. Dem stand eine Zahl von 727 israelischen Bürgern gegenüber, die von Palästinensern getötet wurden, etwa bei Selbstmordattentaten der Hamas. 335 betrug die Zahl der durch Palästinenser ums Leben gekommenen Mitglieder der israelischen Sicherheitskräfte. 54 Ausländer wurden von Palästinensern getötet, zehn Ausländer vom israelischen Militär. 594 Palästinenser kamen in innerpalästinensischen Kämpfen durch palästinensische Landsleute ums Leben. Nimmt man nur die Statistik des israelisch-palästinensischen Krieges der letzten acht Jahre, so wurden (ohne den Gazakrieg) 4876 Palästinenser und 1062 Israelis getötet.

B'Tselem hat die oben zitierte Statistik noch ein wenig aufgegliedert und zum Beispiel aufgeschlüsselt, wie viele Kinder unter den Toten sind. Danach ergibt sich folgendes Bild: In dem genannten Zeitraum vom 29. September 2000 bis zum 31. Oktober 2008 wurden 955 minderjährige Palästinenser von israelischen Soldaten getötet. 123 betrug die Zahl israelischer Minderjähriger, welche durch Palästinenser den Tod fanden. 120 Palästinenser wurden von Palästinensern getötet, weil sie der Kollaboration mit Israel verdächtig waren. 2227 Palästinenser starben, ohne in bewaffneten Widerstand gegen Israel verwickelt gewesen zu sein. 1725 Palästinenser fanden den Tod in bewaffneten Auseinandersetzungen mit israelischen Truppen.[2]

In Israel/Palästina herrscht ein Abnutzungskrieg. Die Zahl der Attentate ist zurückgegangen, nachdem sich Israel mit Mauer und Zaun von den Palästinensern abgeschottet hat. Doch jede Festungsmauer birgt auch Schlupflöcher. Von Gaza aus zum Beispiel schießen Palästinenser Qassam-Kurzstreckenraketen über den Wall hinweg auf Südisrael. Und von Ägypten aus schmuggeln Palästinenser durch Tunnel, die unter der Grenzbefestigung hindurch gegraben werden, Lebensmittel, Mobiltelefone, Kühlschränke, Waschmaschinen, Schafe und auch Waffen nach Gaza. Dem sollte mit der israelischen Militäroperation im Januar 2009 ein Ende gesetzt werden.

In der oft kurzatmigen Tagesberichterstattung über den Konflikt geht zumeist verloren, dass es arabischen Widerstand gegen die jüdische Besiedlung Palästinas seit den zwanziger Jahren des letzten Jahrhunderts gegeben hat. Wladimir Jabotinsky hat ihn vorausgesagt, genau wie Hannah Arendt ihn prophezeit hat. Im Mai 1948 schrieb sie: »Man kann in vielen Schlachten siegen, ohne den Krieg zu gewinnen.« Und dann formulierte sie ihr Hauptargument: »Und selbst wenn die Juden den Krieg gewinnen sollten, dann wären an dessen Ende die einzigartigen Chancen und die einzigartigen Errungenschaften des Zionismus in Palästina zerstört. Das Land, das dann entstünde, wäre etwas ganz anderes als der Traum des Weltjudentums, der Zionisten, der Nichtzionisten. Die ›siegreichen‹ Juden würden von einer vollkommen feindlichen arabischen Bevölkerung umgeben, abgeschlossen innerhalb ständig bedrohter Grenzen leben und derartig von physischer Selbstverteidigung in Anspruch genommen sein, dass alle anderen Interessen und Aktivitäten erstickt würden. Das Wachstum einer jüdischen Kultur hörte auf, Anliegen des ganzen Volkes zu sein; gesellschaftliche Experimente müssten als unpraktischer Luxus verworfen werden; politisches Denken würde sich auf Militärstrategie konzentrieren; die Wirtschaftsentwicklung wäre ausschließlich von militärischen Erfordernissen bestimmt.«[3] – Selten wohl ist eine politische Entwicklung so exakt vorausgesagt worden wie jene, die Hannah Arendt im Jahr der israelischen Staatsgründung gemacht hat. Für die Juden sollte Israel eine feste Burg sein, die für alle Zukunft Schutz vor Diskriminierung und Vernichtung bieten würde. Für die Palästinenser war die jüdische Einwanderung von Anfang an eine vom europäischen Kolonialismus geförderte wirtschaftliche und militärische Invasion, gegen die sich zu wehren sozusagen ein Naturrecht war und ist. Sie wollten nicht für den Antisemitismus europäischer Prägung zahlen, der religiös verbrämt auf dem angeblichen »Gottesmord der Juden« beruhte. So etwas hat es im Islam nicht gegeben, denn die christliche Auffassung vom »Gottesmord« ist für Muslime unfassbar: Gott ist Gott, er schickt nach ihrem Verständnis seine Botschaft durch Propheten (von denen Jesus einer ist), nicht aber durch einen »Gottessohn«, den Menschen ans Kreuz schlügen. Gott könne nicht getötet werden.

Das zionistische Argument, die in Europa verfolgten Juden müssten in Palästina einen Staat gründen, traf bei den Palästinensern und allen anderen Arabern auf Unverständnis – und auf Widerstand. Dieser Widerstand begann früh, wenn auch nicht einheitlich. Innerpalästinensische Zwietracht war – und ist bis auf den heutigen Tag – ein Grund für Konflikte und Misserfolge. Getragen wurde der Protest u. a. von den führenden palästinensischen Großfamilien. In den zwanziger und dreißiger Jahren des 20. Jahrhunderts verfolgten diese Notabeln, wie man sie nannte, besonders die Familienclans der Husseinis und der Nashabishis, streckenweise eigene, auch wirtschaftlich bedingte Interessen und schwächten so gemeinsame Aktionen. Dieser Fraktionismus ist bis heute nicht überwunden. Die laizistische, von Jassir Arafat 1959 gegründete Fatah-Organisation etwa und die von Scheich Yassin 1987 ins Leben gerufene religiöse Hamas liefern sich bis heute einen erbitterten ideologischen, politischen und mitunter auch militärischen Kampf.

Es begann mit den jüdischen Landkäufen Ende des 19. und zu Beginn des 20. Jahrhunderts. 1914 betrieben etwa 14 000 jüdische Siedler in Palästina einen lukrativen Handel mit Wein und Zitrusfrüchten. Ihr Land hatten sie von arabischen Eigentümern gekauft, die oft in Beirut oder anderen arabischen Städten residierten und für ihre Verkäufe einen guten Preis erzielten. Die Palästinenser, welche das Land oft schon über viele Jahrzehnte gepachtet hatten, wurden von den neuen jüdischen Besitzern oft entlassen. Viele wurden mittellos. Später verkauften auch Kleinbauern Land an die Zionisten. Wegen der hohen Abgabenlast waren sie dermaßen überschuldet, dass vielen von ihnen kein anderer Ausweg blieb. Sie wanderten in die Städte ab und schlugen sich als Tagelöhner durch.

Widerstand gegen diese Art der Enteignung hat es früh gegeben, allerdings zunächst unorganisierten. 1883 griffen Bauern und Pächter sowie Beduinen immer wieder jüdische Siedler an.[4] Mit jeder neuen jüdischen Einwanderungswelle nahmen, besonders dann in den zwanziger und dreißiger Jahren des 20. Jahrhunderts, die Landkäufe und somit die Entlassungen und Vertreibungen mancher palästinensischer Pächter zu. Einige der Notabeln kollaborierten indirekt mit den Einwanderern; sie bereicherten sich durch teuren Landverkauf an die Zionisten. Der palästinensische Autor Rashid Khalidi zitiert Depeschen des französischen Generalkonsuls, in denen dieser berichtet, dass die Zionisten die Familie der Nashabishis direkt mit Geld unterstützen und sie damit für ihre Sache kauften.[5] Dennoch: Immer mehr Palästinenser protestierten bei der 1920 installierten britischen Mandatsmacht gegen die zunehmende Einwanderung, die Landkäufe und deren Folgen für die einheimische Bevölkerung. Doch Erfolg hatten diese Eingaben nicht.

Schon früh äußerte sich der arabische Widerstand auch in weniger friedlichen Aktionen. 1920 organisierten Palästinenser ungefähr 2000 bewaffnete Beduinen, welche dann britische Militäreinrichtungen angriffen. Ebenfalls 1920 kam es zu gewaltsamen Auseinandersetzungen zwischen Juden und Palästinensern in der Altstadt Jerusalems. Alljährlich feiern Palästinenser dort ein mehrtägiges Fest zu Ehren von Moses (den die Muslime auch als einen ihrer Propheten sehen). Höhepunkt der Feierlichkeiten ist eine Pilgerfahrt zu jenem Ort bei Jericho, wo viele das Grab Moses' vermuten. 1920 ergriffen dabei junge palästinensische Aktivisten das Wort, protestierten gegen die jüdische Immigration. Bauern aus der Umgebung waren in die Stadt gekommen, die aufgeregte Menge begann, jüdische Siedler anzugreifen. Fünf Juden und vier Araber wurden getötet, 242 Menschen verletzt. Die Briten setzten eine Untersuchungskommission ein (deren Ergebnis erst 1968 bekannt wurde). Darin wird zunächst berichtet, dass die jüdischen Einwanderer bereits eine Art Verteidigungsarmee, die Hagana, gegründet hätten. Sie werde von Wladimir Jabotinsky kommandiert. Dann heißt es weiter, dass die gegenwärtige Situation in Palästina »extrem gefährlich« sei und eines »geduldigen Handelns bedarf, wenn eine ernste Katastrophe vermieden werden soll«. Weiter schreiben die Autoren, dass Großbritannien in Palästina einer »einheimischen Bevölkerung gegenübersteht, welche durch und durch verzweifelt ist«. Ihre Stimmung sei von enttäuschter Hoffnung und von fast panikartigen Zukunftsängsten geprägt. Deshalb seien 90 Prozent aller Einwohner den Briten gegenüber absolut feindlich eingestellt. Der Bruch alliierter Versprechen, in Arabien einen einheitlichen Staat zu fördern, sei ein Grund für die Verzweiflung der Bewohner, ein anderer sei die Balfour-Erklärung und das Versprechen an die Juden, auf palästinensischem Territorium einen Staat errichten zu dürfen.[6]

Ein paar Monate nach den Ausschreitungen schickte König Georg V. eine Botschaft, mit der er die Palästinenser beruhigen wollte. Sie wurde vom neu ernannten britischen Hochkommissar, Sir Herbert Samuel, einem die zionistische Einwanderung fördernden Juden, verlesen. An die Palästinenser gerichtet, hieß es in der Botschaft: »Sie sind sich dessen wohl bewusst, dass die alliierten und verbündeten Mächte beschlossen haben, die allmähliche Installierung einer Heimstatt für das jüdische Volk in Palästina zu sichern. Diese Maßnahmen werden in keiner Weise die zivilen oder religiösen Rechte [der dort wohnenden Menschen] beeinträchtigen oder den Wohlstand der allgemeinen Bevölkerung Palästinas mindern.«[7]

Ein schönes Versprechen, doch jedermann musste wissen, dass es ein leeres Versprechen war. In den Jahren zwischen 1919 und 1929 verdoppelte sich die jüdische Bevölkerung auf 156000 Menschen. 1930 war knapp ein Drittel aller palästinensischen Dorbewohner ohne jeden Landbesitz, die große Mehrheit der anderen hatte so wenig bzw. so ertragsarmes Land, dass sie davon nicht mehr leben konnte. Bei Gründung Israels im Jahre 1948 hatten die zionistischen Einwanderer nach Angaben Ilan Pappés nur etwa sechs Prozent des palästinensischen Bodens in Besitz, allerdings waren dies vor allem fruchtbare Böden. Man kaufte nicht karge Berghänge.[8]

Es bedurfte bei diesen sozialen Problemen nur eines Funkens, um neue Gewalt zu entzünden. Er kam 1929, als die Zionisten von der britischen Mandatsmacht die Verfügungsmacht über den Tempelberg forderten. Dort, wo einst der jüdische Tempel stand, waren in der islamischen Epoche Felsendom und Al-Aqsa-Moschee gebaut worden. Keinesfalls wollten die Muslime die Kontrolle über ihre Heiligtümer den Einwanderern überlassen. Die gewalttätigen Auseinandersetzungen griffen auf Hebron über, 67 Juden wurden von Palästinensern ermordet. Viele andere Juden erlebten aber auch, dass sie von den arabischen Einwohnern der Stadt gerettet wurden. Motiv für den Mord an den Juden war keineswegs ein tief sitzender arabischer Antisemitismus. Vielmehr fürchteten die ärmeren Palästinenser zunehmend um ihre wirtschaftliche, soziale, gesellschaftliche und politische Zukunft. Die wachsende Zahl jüdischer Einwanderer begann, die traditionelle palästinensische Gesellschaft zu zersetzen.

Der schwarze Tag von Hebron bot nur eine schwache Vorstellung dessen, was einige Jahre später auf Palästinenser, Juden und Briten zukommen sollte. Die jüdische Einwanderung verstärkte sich noch einmal, nachdem die Nationalsozialisten 1933 in Deutschland die Macht übernommen hatten. Mit den Einwanderern kam auch viel Geld. Die Zionistische Weltorganisation hatte mit Hitlerdeutschland zunächst ein Abkommen geschlossen, wonach Juden, die auswanderten, nach Palästina beträchtliches Kapital mitnehmen durften.[9] Das Geld wurde in den Landerwerb, aber auch in neue Verarbeitungsbetriebe investiert. Diese Entwicklung bot einerseits den landlos gewordenen palästinensischen Bauern die Möglichkeit neuer Beschäftigung, doch andererseits verfolgten die jüdischen Gewerkschaften eine Politik, wonach jüdische Einwanderer bei der Einstellung bevorzugt wurden. Die soziale Lage der Palästinenser verschlechterte sich weiter, die politischen Spannungen zwischen ihnen sowie den Briten und den Zionisten verschärften sich. Doch der Widerstand blieb, zunächst wenigstens, fragmentiert. Palästinensische Nationalisten gründeten die Istiqlal-Partei (Unabhängigkeit), doch innere Flügelkämpfe führten alsbald wieder zu ihrer Auflösung. Ein Teil der Istiqlal-Partei suchte Unterstützung bei der Familie Saud, die 1932 das Königreich Saudi-Arabien gegründet hatte. Der andere Teil hielt es mit der Familie der Haschemiten, welche von den Saudis Mitte der zwanziger Jahre aus Mekka vertrieben worden war und die jetzt im Irak und im benachbarten Transjordanien herrschte. Dieser Streit innerhalb der Istiqlal war nur ein Vorgeschmack auf die Zerwürfnisse, die in den kommenden Jahrzehnten das arabische Lager spalten sollten.

Zum Beispiel die Notabeln. Diese großen palästinensischen Landbesitzerclans protestierten zwar weiterhin gegen die jüdische Immigration, zerstritten sich aber ebenso schnell mit ihren internen Rivalen. Die Nashabishis etwa zogen große Profite aus dem Export ihrer landwirtschaftlichen Produkte nach England – und aus Landverkäufen an die Zionisten. Deshalb unterstützten sie die Rufe nach arabischer Solidarität nur halbherzig und pochten nicht unbedingt auf eine vollständige Unabhängigkeit Palästinas von England. Sie waren zudem enge Verbündete der in Transjordanien regierenden Haschemiten, welche die Briten ebenfalls zu ihren Verbündeten zählten. Die Nashabishis formten ihre eigene kleine Armee. Unterstützt wurden sie von palästinensischen Christen und von vielen Bürgermeistern. Diese nämlich fürchteten die Dominanz und die Konkurrenz des anderen großen Familienclans, der Husseinis.

Der Führer dieses Clans, Haij Amin al-Husseini, war von Anfang an ein Gegner der britischen Besatzungsmacht. Wohl um seine Militanz zu bändigen, hatte ihn der britische Hochkommissar Sir Herbert Samuel zum Großmufti gemacht, zum Führer der Muslime in Palästina. Damit war Al-Husseini einer der mächtigsten Männer im Mandatsgebiet. Denn seine religiöse Stellung erlaubte es ihm, Richter an den Sharia-Gerichten zu ernennen, die Moscheen und die religiösen Schulen zu verwalten, kurz, er war sozusagen der Chef des verzweigten islamischen

Verwaltungssystems. 1935 gründete er die Palestine Arab Party. Sie wurde zum Hauptrivalen der 1934 von den Nashabishis ins Leben gerufenen National Defense Party (Nationale Verteidigungspartei).

Wiederholt sich Geschichte? Es gibt historische Situationen, welche diesen Schluss nahelegen. In den dreißiger Jahren des 20. Jahrhunderts zerstritten sich Nashabishis und Husseinis. Jüngst entfachten Hamas und Fatah einen Bürgerkrieg gegeneinander. Und es gibt Persönlichkeiten, welche aus ähnlichen historischen Situationen erwachsen und die fast zwangsläufig zu Vergleichen herausfordern. In den dreißiger Jahren des letzten Jahrhunderts war es ein Mann namens Izz al-Din al-Qassam, der einen palästinensischen Aufstand organisierte und seinen Widerstand gegen die Besatzungsmacht auf seinen islamischen Glauben gründete. Gut 50 Jahre später rief Scheich Ahmed Yassin die »Islamische Widerstandsbewegung« (Hamas) ins Leben. Al-Qassam gründete in Haifa eine Abendschule, in welcher er armen Palästinensern Lesen und Schreiben lehrte, die durch die zionistischen Landkäufe ihren Grund und Boden verloren hatten. Vehement wandte er sich gegen gewisse althergebrachte religiöse Volksbräuche, welche er als »unislamisch« empfand. Und: Al-Qassam rekrutierte Kämpfer, die gegen die britischen und jüdischen Besatzer rebellierten. Ein halbes Jahrhundert später installierte Scheich Yassin seine Hamas zunächst ebenfalls als soziale Organisation, die armen Palästinensern vielfältige Hilfe bot. Dann aber rekrutierte auch er Kämpfer, die gegen die Besatzer zu Felde zogen. Die Hamas war sich dieser geschichtlichen Kontinuität durchaus bewusst. Scheich Yassin nannte den militärischen Flügel der Hamas Izz al-Din al-Qassam-Brigaden.

Izz al-Din al-Qassam war syrischen Ursprungs. Er studierte an der islamischen Universität Al-Azhar in Kairo, 1921 nahm er am Aufstand gegen die französische Besatzungsmacht in Syrien teil. Er wurde zum Tode verurteilt, floh ins palästinensische Haifa. Dort gründete er nicht nur die Abendschule für verarmte Bauern, sondern predigte auch strikte Frömmigkeit, islamische Lebensweise und palästinensischen Patriotismus. Er war ein Anhänger der Salafiya – einer islamischen Erneuerungsbewegung, welche nur die Urquellen des Islam, den Koran und die frühen Überlieferungen, gelten ließ. Und er bildete palästinensische Kämpfer aus, die jüdische Kolonisten angriffen. In seinen Predigten erinnerte Al-Qassam an den muslimischen Kampf gegen die abendländischen Kreuzritter – ein Thema, das Jahrzehnte später auch Osama Bin Laden aufnahm. Izz al-Din al-Qassam war ein Zeitgenosse des Ägypters Hassan al-Banna. Dieser hatte 1928 in der ägyptischen

Stadt Ismailia die Muslimbruderschaft gegründet. Al-Banna forderte die Menschen auf, sich wieder stärker dem Islam zuzuwenden. Er wandte sich gegen die britische Oberherrschaft in Ägypten – welche in der britisch beherrschten Suezkanalstadt Ismailia besonders deutlich wurde. Persönlichkeiten wie Hassan al-Banna, Izz al-Din al-Qassam und auch Abd al-Karim, der zwischen 1924 und 1927 die Spanier in Marokko bekämpfte, zeigen, dass es nicht erst am Ende des zwanzigsten Jahrhunderts eine islamisch unterlegte, antikoloniale Bewegung in der arabischen Welt gegeben hat.

Die Strategie Al-Qassams bestand im Wesentlichen aus folgenden Punkten: Bildung von Kadern, die eine politische und bewaffnete Revolution vorbereiten: Planung eines Aufstandes, der die Gründung eines zionistischen Staates verhindern sollte; Mobilisierung des Volkes zur Unterstützung des Aufstandes und zur Teilnahme an der Revolution. Den Hauptfeind sah Al-Qassam in Großbritannien. Denn ohne die Hilfe Englands, meinte er, werde es den Zionisten nicht gelingen, einen eigenen Staat zu gründen.

Im November 1935 hielt er den Moment für gekommen, die Rebellion zu beginnen. Mit einer kleinen Schar von Anhängern verschanzte er sich in der Gegend der Stadt Dschenin (die im Jahre 2002 während der Kämpfe zwischen den von Ariel Scharon geschickten Truppen und den Palästinensern von Israel dem Erdboden gleich gemacht wurde). In einem Gefecht starb Al-Qassam. Der Tod des bekannten und beliebten Predigers machte schnell die Runde, und es dauerte nicht lange, bis Al-Qassam zum ersten Symbol palästinensischen Widerstandes wurde.[10] Zu dieser Zeit hatte sich die politische Situation in Palästina weiter verschärft. Das Vertrauen der Bevölkerung in die großen Notabeln-Familien ließ nach, weil diese sich, dem Empfinden der einfachen Leute nach, zu wenig gegen Zionisten und Briten wehrten. In einer Depesche des französischen Generalkonsuls hieß es »Die Feindschaft ist bereits eine nicht zu widerlegende Tatsache, und sie wird sich verstärken. Außer einer kleinen Gruppe von Profiteuren um den Bürgermeister von Jerusalem, Ragheb Bey Nashabishi, … ist die Gesamtheit der palästinensisch-arabischen Bevölkerung derzeit gegen die Mandatsmacht eingestellt. Bisher lautete … die Parole ›gegen den Zionismus‹. Jetzt lautet sie ›gegen England, das für den Zionismus verantwortlich ist‹.«[11]

Der Mangel an Führungskraft durch die Notabeln hatte zum Ergebnis, dass sich – neben den Privatarmeen der beiden großen Familienclans – zahlreiche kleinere Widerstandsgruppen bildeten. Dazu kamen die Anhänger des getöteten Al-Qassam. Sie hatten sich ebenfalls bewaffnet. Jederzeit konnte es zu einem größeren Ausbruch von Gewalt kommen. Den Anlass gab die Ermordung zweier Juden, möglicherweise durch Mitglieder der Al-Qassam-Gruppe, am 13. April 1936. Es gab britische Vergeltungsaktionen und neuen palästinensischen Widerstand.

Die Situation war so angespannt, dass sich die einzelnen palästinensischen Fraktionen nun doch gezwungen sahen, sich zumindest locker zusammenzuschließen. Am 25. April 1936 gründeten sie das »Higher Arab Committee« (HAC). Sein Vorsitzender wurde der schon mächtige Mufti Haij Amin al-Husseini. Als eine seiner ersten Handlungen bestätigte das Komitee den Generalstreik, den verschiedene kleinere, unabhängige Gruppen zuvor ausgerufen hatten. Der Mai 1936 war durch einen umfassenden Aufstand geprägt. Britische Militärposten und jüdische Kolonisten wurden angegriffen. Die Aufständischen verübten Sabotageakte. Gefährlich für das britische Imperium waren besonders jene Anschläge, die gegen die Kirkuk-Haifa-Pipeline gerichtet waren. Denn das Öl des 1920 von den Briten gegründeten Irak war für das Weltreich – und für dessen Militär – immens wichtig.

Zwar brachten die Briten die Städte halbwegs unter ihre Kontrolle, doch das Land blieb in Aufruhr – bis die Erntearbeiten im Herbst die Rebellion abflauen ließen. 1936 schickten die Briten eine Kommission, welche die Ursachen der Unruhen untersuchen sollte. Da es die Regierung in London ablehnte, die jüdische Einwanderung während der Arbeit der Kommission zu unterbrechen, verweigerte das Höhere Arabische Komitee seine Kooperation. Erst als die Könige von Saudi-Arabien und des Irak, Ibn Saud und Ghazi, den Mufti Al-Husseini aufforderten, der Kommission den Standpunkt der arabischen Staaten darzulegen, zeigte sich das HAC gesprächsbereit. Die Delegation unter Vorsitz von Lord Peel fand heraus, was nicht schwer herauszufinden war: dass nämlich die Ursachen des Aufstandes in der Furcht vor der Gründung eines jüdischen Staates auf palästinensischem Boden lagen – mit unkalkulierbaren sozialen Folgen für die palästinensischen Bewohner. Natürlich standen die Araber auch unter dem Druck, den alle Welt auf sie ausübte, um den Juden wegen deren Leiden in Europa, speziell in Deutschland, Zuflucht in Palästina zu gewähren. Da die Araber die Balfour-Erklärung und das mit ihr verbundene Versprechen der Gründung eines jüdischen Staates grundsätzlich ablehnten, empfahl die Peel-Kommission als Ausweg aus der Krise die Teilung Palästinas in einen jüdischen und einen arabischen Staat.[12]

Dieser Plan, dessen Verwirklichung einer Dezimierung jenes Gebietes gleichgekommen wäre, auf dem Palästinenser seit Jahrhunderten gelebt hatten, wurde von allen palästinensischen Fraktionen einschließlich der Nashabishis abgelehnt. Aus demselben Grunde sprachen sich die Araber gut zehn Jahre später, im November 1947, gegen den UNO-Teilungsplan aus. Der Aufstand, der 1936 begann, wurde fortgesetzt, viele kleine Gruppen nahmen an ihm teil. Ein »Höherer Kommandorat« versuchte, die Aktionen zu koordinieren. Im September 1938 waren sowohl die Städte als auch die ländlichen Gebiete weitgehend in der Hand der Rebellen. Jetzt wurde deutlich, dass der Widerstand hauptsächlich von den landlos gewordenen Bauern ausging. Sie übernahmen die Städte, zwangen die männlichen Bewohner statt des Fez (ein im Osmanischen Reich viel getragener runder roter Hut) die Kefiya, das schwarz-weiß oder rot-weiß karierte, auf dem Land übliche Kopftuch zu tragen. Auch erhoben sie von reichen Städtern eine Abgabe zur Finanzierung ihrer militärischen Aktionen. Frauen wurden aufgefordert, wie auf dem Lande üblich, ein Kopftuch anzulegen. Auch wurden Städte angehalten, weniger elektrischen Strom zu verbrauchen, weil dieser von einer britisch-jüdischen Firma produziert wurde. Die Übernahme des Kommandos durch die Bauern veranlasste viele wohlhabendere Palästinenser zum Verlassen des Landes. Sie beklagten sich über wachsende Disziplinlosigkeit der Aufständischen. Tatsächlich entartete der Aufstand streckenweise in pure Gesetzlosigkeit.[13]

Der jüdische Autor Baruch Kimmerling beschreibt die Situation so: »Die verschiedenen Banden etablierten ihr eigenes Gerichtswesen, Verwaltungsbüros und Geheimdienste. Während Bauern und ehemalige Bauern, die in die Städte gewandert waren, die große Mehrheit der Bandenführer und Kämpfer stellten, spielten junge Militante aus den Städten wichtige Rollen als Ratgeber, Waffentransporteure, Ausbilder und Richter. Anhänger von Al-Qassam waren besonders auf der Führungsebene präsent. Durch Besteuerung der Bauernschaft, Anwerbung von Freiwilligen und Beschaffung von Waffen mit Hilfe erfahrener Schmuggler waren die Banden in der Lage, autonom und unabhängig vom Hauptquartier der Rebellen zu operieren, das die Führung der Notabeln in Damaskus etabliert hatte.«[14]

Der Aufstand lief der britischen Mandatsmacht so aus der Hand, dass er zunehmend den Nachschub an irakischem Öl durch die Kirkuk-Haifa-Pipeline bedrohte. Großbritannien war nicht nur eine europäische Macht. In erster Linie definierte es seine politische Existenz immer noch als Empire. Und innerhalb dieses Empire durfte Palästina keine Schwachstelle werden. Eine Bedrohung der wichtigen Pipeline durch palästinensische Aufständische wollte die Regierung in London nicht dulden. Ted Swedenburg schreibt, das Münchner Abkommen zwischen Chamberlain und Hitler am 30. September 1938 habe es England erlaubt, ein zusätzliches, in der Heimat nun frei werdendes Truppenkontingent nach Palästina zu schicken. Damit schließt der Autor zumindest die Möglichkeit nicht aus, dass Chamberlain in München auch deshalb nachgegeben haben könnte, um seine Position in Palästina zu verbessern. Jedenfalls verstärkten die Briten in Nahost sowohl ihre Bodentruppen als auch ihre Luftwaffe. So konnten sie bis Anfang 1939 den Aufstand niederringen. Etwa 5000 palästinensische Araber waren tot, etwa 10 000 verletzt. Die Juden beklagten 463 Tote, die Briten 101.[15]

Um die Palästinenser zu beruhigen, veröffentlichten die Briten ein Weißbuch, in dem sie versprachen, dass Landverkäufe an Zionisten strikt geregelt würden und dass die Immigration von Juden in den kommenden fünf Jahren die Zahl von insgesamt 75 000 nicht überschreiten werde. Diese diplomatische Offensive traf auf den Widerstand der Zionisten. Sie klagten über einen schweren Rückschlag, der für sie angesichts der Judenverfolgung in Deutschland umso schwerer wog.

Die Rebellion war vorüber, die Palästinenser unterlegen. Gegen die Weltmacht England und ihre imperialen Interessen hatten die palästinensischen Aufständischen letztlich keine Chance – ebenso wenig, wie sie die Palästinenser heute gegen ein von den USA hochgerüstetes Israel haben. Zudem gibt es in Palästina kein Gelände mit hohen, schutzbietenden Bergen, in dem, wie etwa in Afghanistan, konventionelle Besatzungsarmeen wie seinerzeit die sowjetische, praktisch manövrierunfähig werden. Vor allem aber ging die britische Kolonialmacht mit außergewöhnlicher Gewalt gegen die Aufständischen vor.

Der französische Historiker Henry Laurens, der die Geschichte Palästinas in drei umfangreichen Bänden darstellt, zitiert einen Vorfall vom 3. Dezember 1937 im Dorf Kafr Manda bei Nazareth: »Die Männer wurden auf dem Dorfplatz versammelt, die Frauen in der Moschee. Dann durchsuchte man alle Häuser, die ausgeraubt und zum Teil zerstört wurden. Nachdem man keine Waffen gefunden hatte, verschaffte man sich Eier und Öl, so viel man finden konnte. Man übergoss die entkleideten Männer mit Öl; dann wurden sie durch den Staub getrieben und mit Eiern beworfen. Danach stellte man sie in einer Reihe auf, und sie mussten eine lange Distanz laufen. Jene, die zurückblieben, wurden mit hölzernen Stöcken geschlagen. Alle Dorfbewohner befanden sich in einem beklagenswerten Zustand. (…) Im Verlaufe desselben Tages begaben sich die britischen Truppen in die Dörfer Iksaal und Ondoor bei Nazareth, wo sie ihre Handlungen wiederholten. Die Scheiche wurden grausam geschlagen und in Lastwagen außerhalb des Dorfes gefahren, wo sie Steine sammeln mussten. Dann wurde ihnen befohlen zu laufen. Sie wurden von Lastwagen verfolgt und mit Steinen beworfen. Einige dieser armen Seelen kamen zurück in ihre Häuser – verletzt und krank.«[16]

Gegen die bewaffnete Übermacht konnten die Palästinenser kaum etwas ausrichten. Aber es gab auch interne Gründe für die Niederlage. Schon in dieser als »Großer Arabischer Aufstand« in die arabische Geschichtsschreibung eingegangenen Revolte zeigte sich die Fragmentierung der palästinensischen Gesellschaft. Es gab große und kleinere Familienclans, die zuweilen ihre wirtschaftlichen Interessen über die noch wenig ausgeprägten nationalen stellten. Es gab Loyalitäten innerhalb von Großfamilien und Dörfern, die ebenfalls manchmal die »nationalen« Interessen überlagerten. Und es gab starke Bindungen zwischen Landbesitzern und Pächtern (auf den bis dahin noch nicht verkauften oder usurpierten Ländereien). Dennoch: Politisch setzten die Palästinenser ein erstes, unübersehbares Zeichen des Protestes. Wendete man die heutige politische Terminologie an, müsste man den Aufstand von 1936 bis 1939 als erste palästinensische Intifada bezeichnen.

Kurz nach Niederschlagung des Aufstandes begann am 1. September 1939 der Zweite Weltkrieg. Im Januar 1942 beschlossen die Nationalsozialisten auf ihrer berüchtigten Wannseekonferenz die Vernichtung der europäischen Juden. Ohne diesen Krieg und ohne den Holocaust wäre es womöglich nicht zur Gründung eines jüdischen Staates in Palästina gekommen. Doch nun sahen sich jene Staaten, die sich heute »Internationale Gemeinschaft« nennen, verpflichtet, dem jüdischen Volk einen Staat zu geben. Am 27. November 1947 beschloss die neu gegründete UNO bekanntlich die Teilung Palästinas, am 14. Mai 1948 rief David Ben Gurion den Staat Israel aus. Was zu erwarten war, trat ein – arabische Staaten schickten Armeen, um die Gründung Israels auf ihrem Boden rückgängig zu machen. Aus der historischen Rückschau betrachtet wäre es für die Araber womöglich vernünftiger gewesen, den UNO-Teilungsplan anzunehmen. Jassir Arafat kam später, in den Jahren 1988/1989 auf diesen Plan zurück, als er Israel, zunächst indirekt, anerkannte und für seine Palästinenser einen Staat im Westjordanland, in Gaza und in Ost-Jerusalem forderte.

Am ersten arabisch-israelischen Krieg von 1948/49 allerdings waren die Palästinenser weniger beteiligt. Sie litten noch unter den Verwüstungen des Aufstandes zehn Jahre zuvor. Es gab so gut wie keine palästinensischen Institutionen mehr. Dieser verhängnisvolle Prozess setzte sich zwischen November 1947, dem Datum der UNO-Teilungsresolution, und der Gründung Israels im Mai 1948 fort. Legt man die Forschungen des jüdischen Soziologen Baruch Kimmerling zugrunde, dann geschah Folgendes: »Zwischen dem letzten Monat des Jahres 1947 und den ersten viereinhalb Monaten von 1948 hörte die palästinensisch-arabische Gesellschaft auf, als eine soziale und politische Einheit zu existieren. In den tumultuösen Jahren des Zweiten Weltkrieges hatten diesen Prozess weder die Juden noch die Araber vorausgesehen. Mehr als 350 Dörfer verschwanden [durch Zerstörung], städtisches Leben löste sich auf – Krieg und Exodus reduzierten die Bevölkerung von Jaffa von 70 000 bis 80 000 auf 3000 bis 4000.«[17]

In dieser Situation sollten die arabischen Staaten helfen. Doch der in Auflösung befindlichen palästinensischen Gesellschaft trat eine arabische Staatenwelt zur Seite, die selbst fragmentiert war. Jedes Regime verfolgte in erster Linie seine eigenen Interessen, nicht aber jene der Palästinenser. Am deutlichsten wird diese Malaise an der Person König Abdallahs I. von Jordanien. Das Land, damals noch als Emirat Transjordanien, war 1920 auf der Konferenz von Kairo von Winston Churchill, seinerzeit Kolonialminister, als Pufferstaat zwischen dem Irak und dem britischen Mandatsgebiet Palästina ins Leben gerufen worden. Als Königshaus setzten die Briten die Familie der Haschemiten aus Mekka ein. Abdallah verdankte seine Macht mithin jenem Empire, welches dem jüdischen Volk in Palästina eine Heimstatt versprochen hatte. Deshalb war es für Abdallah I. kaum möglich, jetzt plötzlich die Palästinenser gegen die Israelis zu verteidigen. Auch waren seine Pläne von vornherein ganz anders geartet. Abdallah beabsichtigte, jenen Teil Palästinas, der im Teilungsplan von 1947 für einen palästinensischen Staat vorgesehen war, seinem Wüstenkönigreich einzuverleiben. Diesen, die Palästinenser würden sagen »Verrat«, hatte er zuvor in einem Geheimabkommen mit David Ben Gurion und Golda Meir abgesprochen. Tatsächlich verleibte Abdallah 1950 das Westjordanland seinem Königreich Jordanien ein. (Erst 1988 gab es König Hussein offiziell wieder heraus, er stellte es Jassir Arafat zur Gründung eines Palästinenserstaates zur Verfügung, nachdem es im Sechstagekrieg von 1967 bereits unter israelische Kontrolle geraten war.)

Abdallahs größter Gegner im Krieg von 1948/49 war deshalb nicht der neue Staat Israel, sondern der Führer der Palästinenser – Mufti Haij Amin al-Husseini. Denn Al-Husseini wollte sich zum Führer des neuen Palästinenserstaates machen. Daher ließ Abdallah, der nominell Oberkommandierender der arabischen Interventionstruppen war, das in der Negevwüste operierende ägyptische Truppenkontingent im Stich (in dem übrigens auch der spätere ägyptische Präsident Gamal Abdel Nasser kämpfte). Auch den Irakern, die in jenem Teil Palästinas gegen Israel kämpften, den Abdallah annektieren wollte, half der König nicht.

Spannungen gab es auch zwischen Ägypten und Jordanien sowie Syrien und Jordanien. Ägypten fürchtete, seine arabische Führungsrolle könne an Jordanien fallen, sofern Abdallah sein Reich substantiell vergrößern sollte. Und Syrien wollte jordanische Expansionspläne vereiteln. Die politischen Rivalitäten führten das arabische Expeditionskorps in eine militärische Sackgasse.

Diese Malaise aber bedeutete noch nicht die arabische Niederlage. Die kam erst 1949. Trotz eines von der UNO verhängten Waffenembargos hatte Israel durch Waffenkäufe in Europa, besonders in der Tschechoslowakei, sein Arsenal erfolgreich aufgefüllt und gewann den Krieg. Die Araber zogen geschlagen nach Hause. Die Chance auf Gründung eines palästinensischen Ministaates hatten sie verspielt – nicht zuletzt durch ihre Uneinigkeit. Das Ergebnis des Krieges war für die arabische Welt verheerend. Der UNO-Teilungsplan von 1947 hatte für Israel etwa 56 Prozent Palästinas vorgesehen. In diesem Teil wohnten 1947 etwa 50 000 Juden und 400 000 Palästinenser. 42 Prozent Palästinas waren für die Palästinenser vorgesehen. Darin wohnten seinerzeit 818 000 Palästinenser und 10 000 Juden. Die restlichen zwei Prozent des Landes gehörten zu Jerusalem, für das eine internationale Verwaltung vorgesehen war. Dort lebten seinerzeit 200 000 Menschen, jeweils zur Hälfte Israelis und Palästinenser.[18] Nun, nach dem ersten Nahostkrieg, blieben den Palästinensern (wie auch heute) noch etwa 23 Prozent ihres Landes (das 1950 zudem von Jordanien vorübergehend annektiert wurde).

Bis heute nennen die Palästinenser die Gründung Israels und den praktisch kompletten Verlust ihres Landes Nakba – Katastrophe. Alljährlich am 15. Mai wird dieser Katastrophe in Kundgebungen und Demonstrationen gedacht. Die palästinensische Gesellschaft – geschwächt, zersplittert und zerrüttet durch die jüdische Kolonisation, die britische Besatzung, durch den Aufstand in den dreißiger Jahren und durch den Krieg von 1948/49 – verschwand zunächst einmal fast ganz von der politischen Szene. Palästinenser lebten jetzt in zwei Staaten – in Israel und in Jordanien, andere unter ägyptischer Kuratel, denn Ägypten hatte im Krieg den Gazastreifen übernommen. Wieder andere hausten in den Flüchtlingslagern Jordaniens, Syriens und des Libanon. Andere hatte es bis in den Irak verschlagen. Ihre Situation war so katastrophal, dass die UNO, wie bereits berichtet, ein Hilfswerk für palästinensische Flüchtlinge schaffen musste – die United Nations Relief and Work Agency (UNRWA). Bis zum Zusammenbruch des Osmanischen Reiches 1918 hatten die palästinensischen Araber in einer aus europäischer Perspektive vielleicht rückständig zu nennenden, aber doch innerlich kohärenten und intakten Gesellschaft gelebt. Nun aber waren sie als politische Einheit liquidiert. Damit einher ging das Ende der überkommenen Struktur der palästinensischen Gesellschaft. Die alte Klasse der Notabeln wurde von der Flutwelle der Nakba geradezu fortgespült, denn viele der Wohlhabendsten verloren mit ihrem Land und ihren Häusern auch ihren Status in einer Gesellschaft.[19]

Israel nutzte die verzweifelte Lage der in seinem Staatsgebiet verbliebenen Palästinenser, um ein umfangreiches Netz von Kollaborateuren aufzubauen, mit dem es die Stimmung unter seiner arabischen Minderheit erkundete. Der amerikanische Professor Yoav Di-Capua schreibt in einem Aufsatz: »Die Ursachen für die Kollaboration waren sehr verschiedenartige aber letztlich überwog ein wesentlicher Grund – die Notwendigkeit des Überlebens. Die palästinensische Gesellschaft nach 1948 lag in Ruinen, denn die Menschen hatten ihr Land und ihren städtischen Besitz verloren – und damit ihre ökonomischen und sozialen Netzwerke. Ebenso hatten sie – und das ist ein besonderer Aspekt für die Bereitschaft zur Kollaboration – ihre psychologischen Grundlagen verloren. Scharen verzweifelter und desorientierter Menschen, von denen einige physisch schwach und unterernährt waren, waren bereit für einen Deal.«[20]

Kollaborateure gibt es auch noch heute viele unter den Palästinensern. Sonst wäre es der israelischen Armee bzw. der Luftwaffe nicht möglich, oft punkt- und zeitgenau Mitglieder der Hamas und anderer Widerstandsgruppen zu töten.

Nicht alle Araber nahmen das Versagen ihrer Führung seinerzeit einfach hin. Es gab vereinzelte Attentate gegen jene, die man für schuldig hielt. So wurde König Abdallah I. von Jordanien 1951 vor dem

Felsendom in Jerusalem (dessen arabischer Teil damals zu Jordanien gehörte), von einem Palästinenser umgebracht. Der ägyptische Ministerpräsident Fahmi Nukrashi, der König Farouk diente, erlag 1948 einem Attentat der Muslimbrüder. Und König Farouk selbst wurde 1953 von einem der Verlierer des Krieges, von Oberst Gamal Abdel Nasser, abgesetzt und ins Exil geschickt.

Eine äußerst zweifelhafte Rolle spielte Großmufti Haij Amin al-Husseini. Nach der Machtergreifung Hitlers bot er dem deutschen Konsul in Jerusalem die Zusammenarbeit an. Später stimmte Winston Churchill einem zionistischen Plan zu, Al-Husseini zu ermorden. Der Plan schlug jedoch fehl. Danach floh Al-Husseini vom Irak aus als Frau verkleidet nach Deutschland, wo er von Hitler als Gast aufgenommen wurde. Das Naziregime richtete ihm in Berlin ein Büro ein, stattete ihn mit Geld aus, damit er über Radio Propaganda gegen die Engländer in die arabische Welt senden konnte. Offenbar kannte der Mufti Einzelheiten über die Vernichtung der Juden in Polen. Während der Nürnberger Prozesse gaben Zeugen an, der Mufti habe das Vernichtungslager Auschwitz-Birkenau besucht. Nach dem Krieg floh Al-Husseini über die Schweiz und Ägypten in den seinerzeit ägyptisch verwalteten Gazastreifen, wo er am 22. September 1948 eine »Regierung für ganz Palästina« ausrief. Ägypten löste diese Regierung 1959 auf. Al-Husseini, der 1974 in Beirut starb, hat durch seine Kollaboration mit den Nationalsozialisten dem palästinensischen Widerstand erheblich geschadet und sicher dazu beigetragen, dass viele Araber noch heute das Ausmaß des Holocaust unterschätzen oder gar leugnen.

Nakba, Katastrophe für die Palästinenser, endlich Sicherheit für die Juden – so verschieden sahen naturgemäß Araber und Israelis den 14. April 1948. Der Staat Israel war Wirklichkeit geworden, doch die Sicherheit, welche er versprach, war trügerisch. Aus palästinensischer Perspektive nämlich war Herzls »Judenstaat« ein manifester Beweis für den fortdauernden europäischen Imperialismus, gegen den man sich auch in Zukunft wehren wollte. So etwa überfielen arabische Freischärler, die aus dem damals zu Jordanien gehörenden Westjordanland kamen, immer wieder israelische Bürger. Im Oktober 1953 etwa kamen sie aus dem kleinen Ort Qibia. Seinem Aussehen nach ist Qibia kein besonderes palästinensisches Dorf. Moschee, Hauptplatz, Friedhof, unscheinbare, aus Beton gebaute Häuser. Bei klarem Wetter können die Dorfbewohner in der Ferne Tel Aviv erblicken. Eines Nachts brachen bewaffnete Palästinenser von hier aus auf, überschritten die jordanischisraelische Grenze, näherten sich der jüdischen Siedlung Yahud und ermordeten eine Frau und ihre zwei Kinder. Israel organisierte daraufhin eine Vergeltungsaktion. Kein anderer als Ariel Scharon wurde zum Kommandanten bestellt. In seinen Memoiren schreibt er: »Dieser Überfall war die erste größere israelische Reaktion auf den arabischen Terrorismus. Niemand konnte voraussagen, ob der Erfolg einen Effekt haben würde auf die Welle von Tod und Sabotage. Aber Passivität und diplomatische Beschwerden waren schmerzvoll unwirksam. Man musste eine Antwort finden.« Scharon schildert seine Sicht der Dinge dann so: »Die Befehle waren klar, Qibia sollte eine Lektion werden. Ich sollte der arabischen Heimatwache und den Verstärkungen, welche die jordanische Armee heranschaffen würde, so viele Verluste zufügen, wie ich konnte. Ich sollte jedes größere Haus in dem Dorf sprengen. An höchster Stelle war eine Entscheidung darüber gefallen. Die Jordanier sollten verstehen, dass jüdisches Blut in Zukunft nicht mehr straflos vergossen werden konnte.« Über den Verlauf der Aktion heißt es bei Scharon: »Um Mitternacht begannen wir, die großen Gebäude aus Stein im Dorf zu sprengen. (…) Soldaten wurden ausgeschickt, die sicherstellen sollten, dass niemand drinnen war. Dann wurde der Sprengstoff gezündet. Wir fanden einen Jungen, der sich in der Ecke eines Hauses verbarg, und brachten ihn in Sicherheit. (…) Ein paar Stunden später hörte ich Radio Jordanien. Es sendete bereits Nachrichten über den Überfall. Demzufolge sollten 69 Menschen getötet worden sein, meistens Zivilisten und unter ihnen viele Frauen und Kinder. Ich konnte meinen Ohren nicht glauben. Ich begann zu verstehen, was geschehen sein muss. (…) Die arabischen Familien sind nicht weggerannt, sondern müssen in ihren Häusern geblieben sein. In diesen großen Steinhäusern, in denen drei Generationen einer Familie zusammen gelebt haben können, haben sich einige leicht in den Kellern oder in den hinteren Räumen verbergen können. (…) Das Ergebnis war diese Tragödie.«

Diese Darstellung stellte sich bald als eine sehr durchsichtige Beschönigung des wahren Geschehens heraus. Zunächst einmal: Arabische Häuser haben im Allgemeinen keine Keller. Und dann: In einem Bericht der in der Region stationierten UNO-Überwachungskommission UNTSO (United Nations Truce Supervision Organisation, gegründet am 29. Mai 1948) hieß es: »Von Kugeln durchlöcherte Körper nahe den Eingangstüren und vielfache Einschüsse in den Türen der zerstörten Häuser deuten darauf hin, dass die Einwohner gezwungen worden waren, drinnen zu bleiben, während ihre Heime über ihnen gesprengt wurden.« Auch Israels Premierminister Moshe Sharett war entsetzt. In sein privates Tagebuch schrieb er: »Ich hatte nicht gedacht, dass es solch ein Blutvergießen geben würde. Ich dachte an eine Vergeltungsaktion der früheren Art, welche Routine geworden war, und sogar dagegen hatte ich Einwände. Hätte ich Grund gehabt, ein solches Massaker zu befürchten, hätte ich Himmel und Erde in Bewegung gesetzt, dieses Massaker zu verhindern.«[21]

Der Versuch Ariel Scharons, palästinensischen Widerstand, den er Terror nennt, mit Gegenterror zu bekämpfen und durch Gegengewalt zu verhindern, liegt jetzt etwas mehr als ein halbes Jahrhundert zurück. Wie der tragische Verlauf der Geschichte seitdem zeigt, ist dieses Konzept gründlich gescheitert. Denn die Ursache der Gewalt wurde nicht beseitigt – nämlich der bis auf den heutigen Tag andauernde Versuch, die palästinensische Gesellschaft als politisches Subjekt entscheidend zu schwächen oder gar zu zerstören, statt sie zu integrieren oder ihr einen eigenen Lebensraum zu gewähren.

Es mag überraschend klingen, aber es war der auch im Westen viel gescholtene Jassir Arafat, der versucht hat, aus den Trümmern der palästinensischen Gesellschaft wenigstens ein kleines neues Gerüst hochzuziehen, dessen Eckpfeiler den Wiederaufbau der palästinensischen Gesellschaft stützen könnten. Arafats Geschichte ist in zahlreichen Büchern geschildert worden und muss hier nicht wiederholt werden. In Erinnerung bleiben natürlich auch seine großen Fehler – etwa der Versuch von 1970, in Jordanien die Macht an sich zu reißen; oder die Infiltration des Libanon mit seiner Guerillaarmee nach dem Scheitern in Jordanien; dann seine Unterstützung Saddam Husseins, nachdem dieser im August 1990 Kuwait überfallen hatte; und schließlich seine undemokratische Amtsführung (mit der er sich allerdings nicht von anderen Potentaten unterschied).

Dennoch: Als Jassir Arafat 1959 zusammen mit ein paar anderen Palästinensern in Kuwait seine Fatah-Gruppe, die »Bewegung für die Befreiung Palästinas«, gründete, war dieser Akt, jedenfalls aus heutiger Perspektive, das erste Zeichen einer palästinensischen Wiederbelebung. Fünf Jahre später wurde auf Anregung der »Arabischen Liga«, der politischen Organisation der arabischen Staaten, die »Palästinensische Befreiungsorganisation« (PLO) ins Leben gerufen. Die sprach sich für die »Befreiung« Palästinas und damit die Vernichtung Israels aus, stand aber unter Kuratel der arabischen Herrscher. Und die wollten keinen großen Krieg mit Israel, denn sie wussten, dass sie einen solchen

Krieg nicht gewinnen konnten. Daher konnte die PLO, anders als Arafats Fatah, kaum unabhängig agieren. Das änderte sich nach der verheerenden arabischen Niederlage im Krieg von 1967. Jassir Arafat und seine Fatah setzten sich an die Spitze der PLO. Jetzt erst wurde aus ihr eine unabhängige, schlagkräftige Organisation. Ihr Ziel: die Beseitigung Israels und die Gründung eines palästinensischen Staates in ganz Palästina. Allerdings waren ihre Kampfmittel – etwa Flugzeugentführungen – nicht gerade geeignet, Sympathien für die Sache der Palästinenser zu erwecken. Immerhin aber erkannte die Arabische Liga die PLO schließlich als einzige und alleinige politische Vertreterin des palästinensischen Volkes an.

Arafats Ziel aber änderte sich. Auf dem Treffen des Palestinian National Council, der Vertretung aller in der PLO vertretenden Gruppen und Fraktionen, erkannte Arafat im November 1988 erstmals die Existenz Israels an. Wenig später, im Dezember 1988, wiederholte Arafat diese Aussage vor der UNO-Generalversammlung in Genf (die USA hatten Arafat die Einreise nach New York, dem ständigen Sitz der UNO, verweigert). In einer Presseerklärung nach seiner Rede bekräftigte Arafat noch einmal die von ihm nunmehr angestrebte Zwei-Staaten-Lösung: »Unser Wunsch nach Frieden ist ein strategischer, kein kurzfristig taktischer. Wir arbeiten für den Frieden unabhängig davon, was passieren wird. Unser Staat bedeutet die Rettung für die Palästinenser und Frieden für beide, für Palästinenser und Israelis. Das Recht auf Selbstbestimmung bedeutet die Existenz der Palästinenser, und unsere Existenz zerstört nicht die Existenz der Israelis, wie deren Herrscher behaupten.«[22] (Damals residierte die PLO noch in ihrem Exil in Tunis, in das sie Ariel Scharon 1982 durch seine Libanon-Invasion getrieben hatte.)

Arafat wollte mit dieser Erklärung die Lage beruhigen und die Politik von der Straße zurück in die Verhandlungsräume holen. Sein Volk hatte 1987 in Gaza einen Aufstand begonnen, den zweiten nach 1936. Die Intifada war spontan ausgebrochen, Arafat und seine Führung waren nicht gefragt worden. Steine wurden zur Waffe der aufständischen Jugendlichen. Dem Autokraten Arafat missfiel diese Selbständigkeit insofern, als er die Kontrolle über den Gang der Ereignisse verloren hatte. Nach zwei Jahrzehnten deprimierender israelischer Besatzung wirkte dieser Aufstand wie eine große psychologische Befreiung für viele Palästinenser. Doch er forderte auch enorme Opfer auf beiden Seiten. In den fünf Jahren des Aufstandes wurden 1162 Palästinenser getötet, davon 241 Kinder. Auf israelischer Seite starben 160 Menschen, darunter 5 Kinder. 60 706 Palästinenser erlitten allein in den ersten beiden Jahren Verletzungen durch Schüsse, Schläge oder Tränengas. Einer anderen Statistik zufolge wurde zwischen 1987 und 1992 jede zweite Woche ein Kind unter sechs Jahren von einem israelischen Geschoss in den Kopf getroffen.[23]

Ziemlich genau drei Jahre nach Arafats Anerkennung Israels in Algier und vier Jahre nach Beginn der Intifada von 1987 tagte in Madrid die große Nahost-Friedenskonferenz. Saddam Hussein war aus Kuwait vertrieben worden – mit diplomatischer Unterstützung der UNO. Nun forderten die Araber, speziell die Palästinenser, wenn UNO-Beschlüsse, die Saddam Hussein beträfen, so strikt umgesetzt würden, dann müssten auch andere Resolutionen befolgt werden – etwa jene aus den Jahren 1967 und 1973, in denen Israel zum Verlassen der eroberten Gebiete aufgefordert werde. Präsident George Bush senior sprach von der Etablierung einer »neuen Weltordnung«. In Madrid einigten sich die Verhandlungspartner, unter ihnen Israels Premier Yitzhak Shamir, auf die Formel »Land für Frieden«. Israel sollte die 1967 eroberten Gebiete an die Palästinenser übergeben, dafür sollte die arabische Welt den Israelis eine friedliche und dauerhafte Koexistenz zusichern.

Die Palästinenser fassten diese Formel als Beginn einer Entwicklung auf, an deren Ende die Gründung eines palästinensischen Staates stehen sollte. Zunächst schien alles gutzugehen. 1993 und 1995 schlossen Israelis und Palästinenser in Oslo und Kairo Abkommen, welche die Rückkehr der PLO nach Palästina ermöglichte und später der PLO die zivile Verwaltung über andere Städte der besetzten Gebiete in Aussicht stellte. Orte wie Ramallah, Dschenin, Tulkarem, Nablus sowie der Gazastreifen kamen unter zivile palästinensische Verwaltung. Militärisch jedoch blieben die Israelis die Herren. Aber immerhin: Erstmals seit den turbulenten dreißiger Jahren hatten Palästinenser auf ihrem ureigensten Grund und Boden zumindest ein kleines Mitspracherecht erworben. Und dieses Recht war international anerkannt – sogar von der israelischen Besatzungsmacht. Die zersplitterte palästinensische Gesellschaft schien sich wieder zu beleben – mit Institutionen wie einem gewählten Parlament, einer eigenen Regierung, einer eigenen kleinen Polizeimacht. Sogar einen Flughafen, im südlichen Gazastreifen gelegen, bekam dieses embryonenhafte, pränationale Gebilde, und dazu eine Airline, die Palestinian Airlines. Auf ihrer heute noch bestehenden Website wird sie als »National Flag Carrier« bezeichnet, als Bannerträger der palästinensischen Nation.

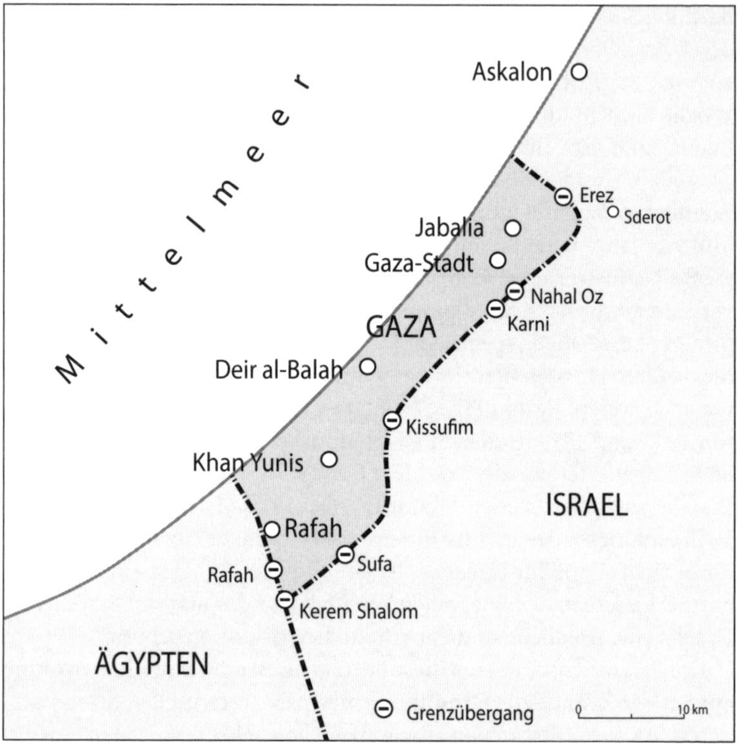

Ein Jahrzehnt später bleibt für die Palästinenser nur eine Erinnerung an verheißungsvollere Tage. Der Flughafen in Süd-Gaza, von der Europäischen Union finanziert, wurde während der im Oktober 2000 ausgebrochenen dritten Intifada (nach dem Aufstand von 1936 bis 1939 und jener von 1987 bis 1993) von Israel zerstört. Entschädigung haben die Europäer nicht verlangt. Schlimmer noch, auch die Erwartungen, mit den Verträgen von Oslo werde sich die wirtschaftliche Situation der Palästinenser, besonders jener, die im Gazastreifen leben, bessern, haben sich nicht erfüllt. Im Gegenteil. Zwischen 1992 und 1996, also in den Jahren der Friedenskonferenzen von Madrid und Oslo, sank das Pro-Kopf-Einkommen in Gaza um 37 Prozent. Das Bruttosozialprodukt fiel um 18,5 Prozent. Amira Hass, welche diese Statistik vorlegt, sieht die Gründe dafür vor allem in der israelischen Abriegelungspolitik, zu der auch die Blockade eines sicheren Korridors zwischen Gaza und dem Westjordanland gehört.[24]

Die Zeit der Hoffnung, welche den Oslo-Verträgen folgte, ist vorbei. Die Palästinenser hatten mit den Abkommen die Erwartung auf Gründung eines eigenen Staates verknüpft. Doch Israel baute in den Jahren zwischen 1992 und 1996 auf Land, welches die Palästinenser als Teil ihres zukünftigen Staates ansahen, neue Siedlungen. In Gaza und im Westjordanland erhöhte sich die Zahl der Siedler von etwa 100 000 auf 150 000. Denn in Israel gab es von vornherein Widerstand gegen die in Norwegen erreichten Absprachen. Die späteren Ministerpräsidenten Benjamin Netanjahu, Ehud Barak und Ariel Scharon lehnten den Oslo-Friedensprozess ab, obwohl das Abkommen nicht unwesentlich dazu beigetragen hat, die 1987 ausgebrochene Intifada 1993 zu beenden.

Die Blockade des Oslo-Prozesses wurde unter den Regierungen Netanyahu, Barak und Scharon praktisch zur offiziellen Politik Israels. Dazu beigetragen haben der Anschlag Baruch Goldsteins in Hebron, bei dem 1994 29 Palästinenser starben, und die daraufhin einsetzende Welle von Selbstmordanschlägen (meistens organisiert von der Hamas) sowie die Ermordung des israelischen Premierministers Yitzhak Rabin im Dezember 1995 durch den von religiösen Siedlern inspirierten Attentäter Yigal Amir. Ein Rettungsversuch des Friedensprozesses durch US-Präsident Bill Clinton vom Sommer 2000 in Camp David schlug fehl. Israel weigerte sich, den Palästinensern ein stringentes Angebot für einen eigenen, zusammenhängenden Staat zu unterbreiten. Einer von Clintons Beratern, Robert Malley, schrieb ein Jahr nach der Konferenz von Camp David: »Die endgültige und weitgehend nicht zur Kenntnis genommene Konsequenz von Baraks Taktik bestand darin, dass es, kurz gesagt, niemals ein israelisches Angebot gegeben hat. Entschlossen, für den Fall des Scheiterns ihre Positionen zu halten, und ebenso entschlossen, den Palästinensern nicht zu erlauben, aus einseitigen Kompromissen Vorteile zu ziehen, gingen die Israelis niemals so weit, ein Angebot zu machen. Die Ideen, über die man in Camp David sprach, wurden niemals in schriftlicher Form vorgelegt, sondern mündlich übermittelt. Im Allgemeinen wurden sie als amerikanische Konzepte, nicht aber als israelische präsentiert. (…) Weil er befürchtete, dass der palästinensische Führer israelische Konzessionen schriftlich festhalten würde, weigerte sich Barak, mit Arafat über substantielle Fragen persönlich zu verhandeln.«[25]

Dem Misserfolg von Camp David im Sommer 2000 folgte am 28. September 2000 der Besuch Ariel Scharons auf dem Tempelberg, jenem Platz, den die Palästinenser Haram al-Sharif (Heiliger Ort, Nobles Heiligtum) nennen und auf dem der Felsendom und die Al-

Aqsa-Moschee stehen. Premier Barak hatte Scharon, der im bevorstehenden Wahlkampf für die von ihm gegründete Kadima-Partei kandidierte, ein großes Polizeiaufgebot mitgegeben. Die Palästinenser fassten den Besuch als grobe Provokation auf. Die allgemeine Enttäuschung über die fehlenden Fortschritte auf dem Weg zu einem eigenen Staat brach sich in einer neuen Intifada Bahn. Ein paar Monate später, im Frühjahr 2001, wurde Ariel Scharon israelischer Premierminister. Er bezeichnete Jassir Arafat als Friedenshindernis und ließ ihn in seinem Amtssitz in Ramallah belagern. Dabei war es Arafats politisches und persönliches Ziel gewesen, als erster Präsident eines wenn auch kleinen palästinensischen Staates in die Annalen seines Volkes einzugehen. Schon um diesen auch ganz persönlichen Ehrgeiz zu befriedigen, hatte er auf die Friedenskarte gesetzt. Scharons »Friedenshindernis Arafat« starb enttäuscht und verbittert im November 2004. Nachfolger Mahmud Abbas hat von den Israelis niemals ein umfassendes Friedensangebot erhalten. Deshalb sind beide Seiten bis zum heutigen Tage einer Lösung keinen Schritt näher gekommen. Stattdessen erfüllte Ariel Scharon die Prophezeiung Wladimir Jabotinskys: Er trennte Israelis und Palästinenser, Einwanderer und Alteingesessene, Kolonisten und Kolonisierte durch eine »Eiserne Mauer«. Arafats Friedenspolitik, sicherlich mit vielen Mängeln behaftet, war eindeutig gescheitert.

Nun betraten die »Islamische Widerstandsbewegung« (Hamas) und ihr Gründer Scheich Ahmed Yassin die Bühne. Von seiner religiös-ideologischen Ausrichtung her war Ahmed Yassin der wahre Nachfolger von Izz al-Din al-Qassam, der kurz vor Ausbruch des Aufstandes von 1936 im Gefecht mit der Polizei getötet worden war. Yassins Hamas hat ihre Wurzeln in der Muslimbruderschaft, die 1928 zu Lebzeiten al-Qassams in Ägypten gegründet worden war. Beide Bewegungen waren strikt antikolonialistisch ausgerichtet und plädierten für eine Rückkehr zum wahren, reinen Islam, wie sie ihn sahen. Scheich Yassin hat zehn Jahre in israelischen Gefängnissen gesessen. Er kam im Herbst 1997 frei, nachdem der israelische Geheimdienst Mossad in der jordanischen Hauptstadt Amman versucht hatte, Khaled Meshal, einen prominenten Hamas-Führer, zu ermorden. Als Preis für die Verletzung der jordanischen Souveränität durch den Mossad forderte und erreichte Jordaniens damaliger König Hussein die Freilassung Yassins. Was Israel mit der Inhaftierung Yassins in den 1990er Jahren nicht gelungen war, die dauerhafte Ausschaltung des Hamas-Führers, erreichte es im März 2004, als Yassin durch einen israelischen Helikopterangriff getötet wurde.

Ahmed Yassin war verantwortlich für eine Form des Widerstandes gegen die israelische Politik, die weltweit auf Ablehnung traf und die auch zum Bau von Mauer und Sperranlage durch Ariel Scharon beigetragen hat. Ahmed Yassin und seine Anhänger entwickelten die Strategie der Selbstmordattentate auf Israelis, die innerhalb des international anerkannten Staates Israel leben. Der Kampf der Hamas richtete sich also nicht in erster Linie gegen Siedler und israelisches Militär in den besetzten Gebieten, sondern direkt gegen Zivilisten, die am Konflikt nicht beteiligt waren und sind. Diese Strategie widerspricht nicht nur dem Völkerrecht, sie ist auch moralisch nicht zu vertreten. Und sie hat den politischen Zielen der Palästinenser immens geschadet. Ganz sicher ist diese Strategie mit verantwortlich für den Misserfolg aller Friedensbemühungen in jüngster Zeit.

Dennoch: Die Polizei in aller Welt fragt nach Motiven, wenn ein Kapitalverbrechen aufgeklärt werden muss. Im Fall der Hamas-Attentäter ist eine solche Frage für viele nicht opportun. In den Denkkategorien von George W. Bush etwa waren die Hamas-Anhänger schlicht Terroristen, also von Grund auf böse, üble Verbrecher. Doch mit einer solchen simplen Kategorisierung verstellt man nur den Blick auf die wahren Ursachen. Raid Sabbah, ein palästinensischer Autor, hat die Entwicklung von Said verfolgt, der ein Selbstmordattentäter werden wollte, dann aber auf andere Weise ums Leben kam.[26] Der Lebensweg Saids ist auch ein Leidensweg. Und aus diesem Leiden ist sein Entschluss entstanden, Israelis zu ermorden – und sich selbst.

Said wurde 1972 in einem kleinen Dorf bei Ramallah geboren – fünf Jahre nach dem Krieg von 1967, in welchem die Israelis ganz Palästina bis zum Jordan eroberten. Said war noch ein Kleinkind, als plötzlich israelische Landvermesser das Areal der neu zu bauenden Siedlung Hadasha absteckten. Die Siedlung wurde gebaut, ein Teil des familiären Landbesitzes von Israel enteignet. Der Vater protestierte und wurde deswegen von einem israelischen Soldaten geschlagen. Nachdem die neue Siedlung Hadasha fertig war, kamen wieder Landvermesser – die Siedlung sollte erweitert werden. Die Familie protestierte erneut beim Militärgouverneur und nahm sich einen israelischen Anwalt. Nichts half. Schließlich wurde der gesamte Grund und Boden der Familie samt Haus enteignet. Said, Eltern und Geschwister kamen bei einem Onkel im Flüchtlingslager Dschenin unter – die Familie wurde zu einer Flüchtlingsfamilie im eigenen Land. Der israelische Beamte, der die Enteignung vollzog, begründete die Vertreibung mit den Worten: »Dieses Land ist jüdisches Land. Es gehört uns. Das sind das biblische

Judäa und Samaria. Gott hat uns hierher geführt.« In Dschenin fand Saids Vater Beschäftigung im Restaurant seines Bruders. Eines Tages wurden Saids Vater und Onkel von einer israelischen Militärpatrouille aufgegriffen. Nächtens wurden sie zurück gebracht. Said berichtet, die Israelis hätten sie einfach wie »Müll« auf die Straße geworfen: »Sie waren bewusstlos, … ihre Kleidung war zerrissen. Und überall … waren Blutergüsse und offene Wunden, die von Schlägen mit spitzen und stumpfen Gegenständen herrührten.« Möglicherweise haben Vater und Onkel Kontakte zu Widerstandsorganisationen gehabt. Dann brach 1987 die Intifada aus. Said stellte sich der israelischen Militärmaschinerie mit Steinen entgegen. Einmal nahmen Said und sein Bruder Farid an einem Straßenkampf teil. Die Situation war gefährlich, weil israelische Soldaten auch mit scharfer Munition schossen. Doch nicht Farid oder Said, sondern die Mutter der beiden wurde getötet. Said erzählt: »Man hatte sie kaltblütig erschossen. Eine Kugel mitten in die Stirn. Und das nur, weil sie aus Sorge um ihren Jüngsten diesem hinterhergerannt war, um ihn nach Hause zu holen. Sie hatte doch mit allem, was sich hier abspielte, nichts zu tun.« Später wurde Said von den Israelis aufgegriffen, ins Gefängnis gesteckt, gefoltert und zu vier Jahren Haft verurteilt. Said schildert manche Folterszene in aller Deutlichkeit – etwa die Folter durch die so genannte »syrische Falaga« – Quälerei mit Hilfe eines Brettes und eines Seiles: »Sie zogen mir die Sandalen aus, winkelten meine Beine an, so dass meine Füße in die Höhe ragten, und zogen sie zwischen dem Brett und dem Seil durch. Dann begannen sie das Brett in der Weise zu drehen, dass das Seil eine Schlaufe um meine Fußknöchel bildete und sich durch das Drehen immer enger zog.« Danach hagelten Peitschenliebe auf Saids Fußsohlen. Said musste bei jedem Schlag laut mitzählen.

Eine übertriebene Darstellung? Said mag in dem einen oder anderen Detail ungenau sein. Aber Folter wird besonders von israelischen Menschenrechtsorganisationen immer wieder bestätigt – und kritisiert. Nach dem Friedensvertrag von Oslo war die Freude in der Familie Saids und bei vielen Freunden groß. Endlich bestand Hoffnung auf ein normales Leben. Said suchte Arbeit – und fand sie in Israel. Als ehemaliger Gefängnisinsasse bestand aber keine Hoffnung auf eine reguläre Arbeitserlaubnis. Beim ersten Mal wurde er wie ein Sklave ausgenutzt, beim zweiten Job hatte er einen freundlichen und gut bezahlenden israelischen Arbeitgeber. Eines Tages wurde Said von einer Militärpatrouille angehalten. Aus der Bewusstlosigkeit wachte er im Krankenhaus von Dschenin wieder auf, in das ihn die Israelis geschafft hatten. So sah der Friede von Oslo für viele Palästinenser aus, dachte Said. Dann begann im Herbst 2000 die neue Intifada. Saids Vater sagte, er wolle eine volle Konfrontation, diesmal ginge es um die Frage: »Wir oder sie«. Und zu Said sagte der Vater: »Weißt du, mein Sohn, sterben ist besser als so weiterzumachen wie bisher.« Bei einem Trauermarsch zu Ehren eines gefallenen Palästinensers lernte Said ein Mitglied des »Islamischen Dschihad«, der Organisation »Islamischer Heiliger Krieg« kennen. Saids innere Verfassung hatte sich zu diesem Zeitpunkt schon verändert. Aus einem Jugendlichen, der Steine warf, war ein Mann geworden, der zum Selbstmordattentat, zu einer Märtyreroperation, wie Hamas und Dschihad sie nennen, bereit war. Eines Tages ging Said zu seinem Kontaktmann und sagte nur: »Ich bin bereit.« Mehr brauchte Dschamal nicht zu hören.

Zum Märtyrer, wie die Palästinenser sagen, wurde Said aber auf andere Weise. Said starb nicht als Selbstmordattentäter. Said starb im Kampf mit israelischen Soldaten am 2. April 2002 im Flüchtlingslager Dschenin im nördlichen Westjordanland. Said war kaum 30 Jahre alt.

Die von Ariel Scharon errichtete Mauer hat den bewaffneten Kampf der Hamas und anderer Gruppen gegen Israel nicht vollständig unterbunden. Auch haben die »außergerichtlichen Hinrichtungen« (Kofi Annan) palästinensischer Aufständischer durch die israelische Luftwaffe kein Ende gefunden. Der Abnutzungskrieg ging unvermindert weiter.

Im Januar 2006 fanden, auch auf Drängen der USA, im Westjordanland und in Gaza Wahlen für ein neues palästinensisches Parlament statt. Die USA erwarteten und wünschten einen Sieg der Fatah bzw. der PLO, welche die palästinensischen Gebiete seit den Verträgen von Oslo, seit Mitte der 1990er Jahre also, regiert hatte. In den Wahlurnen, so hoffte man in Washington, sollte die besonders im Gazastreifen erstarkte Hamas besiegt und zurückgedrängt werden. Doch die Regierung von George W. Bush hatte die Stimmung unter den Palästinensern falsch eingeschätzt. Hamas siegte.

Zwei Gründe waren ausschlaggebend: das Scheitern der Verträge von Oslo, wodurch die Erwartungen der Palästinenser auf Gründung eines eigenen Staates nicht erfüllt wurden. Und die wachsende Korruption in der von Arafat-Leuten durchsetzten Palästinensischen Autonomiebehörde. Die Palästinenser hatten das Vertrauen in ihre eigene Regierung verloren. Sie wollten Wandel. Es gab nur eine Partei, welche diesen Wandel versprach: die Hamas. Damit begann eine weitere palästinensische Tragödie: Fatah und PLO waren nie wirklich bereit, ihre

Niederlage zu akzeptieren. Obwohl es faire Wahlen waren, wie internationale Beobachter festgestellt hatten, wollten auch die USA und in ihrem Schlepptau Europa den Hamas-Sieg nicht akzeptieren. Da die Hamas sich weigerte, Israel anzuerkennen, verhängte Tel Aviv eine Wirtschaftsblockade und hielt der Palästinensischen Autonomiebehörde zustehende finanzielle Mittel auf israelischen Banken zurück. Der Wahlausgang wurde nicht akzeptiert, weil er nicht den Erwartungen der USA und Israels entsprach. Auf den neuen, unangenehmen Partner wollte man sich nicht einstellen. Schon einmal, in Algerien 1992, war ein Wahlsieg islamischer Parteien nicht anerkannt worden. Das Ergebnis war ein Bürgerkrieg.

Zeittafel: Israels langer Kampf gegen die Hamas

1987/88
Gründung der Hamas in Gaza als Ableger der Muslimbruderschaft. Anfangs fördert Israel die Hamas als Gegengewicht zur PLO.

1989
Israel verhaftet Hamas-Gründer Ahmed Yassin.
1991
Yassin wird von Israel zu lebenslanger Haft verurteilt.

1994
Hamas lehnt den Eintritt in die neu eingerichtete, von Jassir Arafat geleitete Palästinensische Autonomiebehörde ab.

1996
5. Januar: Israel tötet den Hamas-Bombenbauer Yahya Ayyash.

1997
Ein Giftattentat des israelischen Geheimdienstes Mossad gegen das führende Hamas-Mitglied Khaled Meshal in der jordanischen Hauptstadt Amman scheitert. König Hussein fordert und erreicht von Israel die Freilassung Yassins.

2004
22. März: Hamas-Führer Ahmed Yassin wird von Israel in seinem Haus in Gaza getötet.

2005
Januar: Hamas boykottiert die Präsidentschaftswahlen, bei denen als Nachfolger des im November 2004 gestorbenen Jassir Arafat Mahmud Abbas gewählt wird.

2006
Januar: Hamas gewinnt die palästinensischen Parlamentswahlen. Unter der Bezeichnung »Liste für Wechsel und Reform« erreicht Hamas 74 von 132 Sitzen. Da Hamas sich weigert, Israel anzuerkennen, verhängt Israel ein Wirtschaftsembargo über die Palästinensergebiete.
Am 13. Februar bietet Khaled Meshal, in Damaskus lebender Hamas-Führer, Israel einen Waffenstillstand an, sofern Israel die Waffenstill-

standslinien von 1949 als Grenzen anerkenne und sich aus den 1967 besetzten Gebieten zurückziehe.

19. März: Hamas formt eine Regierung für den Gazastreifen und das Westjordanland. Es kommt zu bewaffneten Auseinandersetzungen mit Fatah-Anhängern.

26. Juni: Der israelische Soldat Gilad Shalit wird von der Hamas gefangen genommen. Als Bedingung für seine Freilassung nennt die Hamas die Entlassung von über 1000 Palästinensern aus israelischer Haft.
29. Juni: Israel verhaftet 64 Hamas-Politiker, darunter 8 Kabinettsmitglieder.

2007

8. Februar: Hamas und Fatah unterzeichnen ein Übereinkommen, ihre Kämpfe zu beenden, bei denen bereits 200 Palästinenser getötet worden sind.

Am 15. März formen Hamas und Fatah eine gemeinsame Regierung.

Juni: Kurzer Bürgerkrieg zwischen Hamas und Fatah. Hamas übernimmt allein die Macht in Gaza. Mahmud Abbas entlässt Hamas-Premierminister Ismael Haniye. Im Westjordanland regiert die Fatah unter Präsident Mahmud Abbas. In Gaza regiert die Hamas unter Ismael Haniye.

2008

19. Juni: Beginn eines auf sechs Monate angelegten Waffenstillstandes zwischen Hamas und Israel.

4. November: Israel tötet sechs Hamas-Mitglieder, die Kriegsvorbereitungen getroffen haben sollen. Der Waffenstillstand bricht zusammen. Hamas schießt verstärkt Raketen auf Israel.

27. Dezember: Israel beginnt seinen Luftkrieg gegen die Hamas im Gazastreifen.

2009

4. Januar: Israel beginnt eine Bodenoffensive gegen die Hamas in Gaza.

Kurz vor der Inauguration Barack Obamas verkündet Israel einen einseitigen Waffenstillstand. Wenig später schliesst sich die Hamas dem an.

In Palästina hat der Westen durch seinen Boykott die Chance vertan, die Hamas, wie einst die PLO Jassir Arafats, in die internationale Diplomatie einzubeziehen. Mit der Blockade des Wahlsiegers haben besonders die USA in der arabischen Welt weiter an Ansehen verloren. Denn die Botschaft, welche die Araber empfangen haben, lautet: Demokratie ist »dem Westen« nur angenehm, wenn die Wahlergebnisse in sein politisches Kalkül passen. Hinter diesen fatalen Fehlern steht eine politische Misskalkulation. Diese entstammt dem politischen Konzept der Regierung Bush und wurde unter dem Druck der USA von Europa übernommen. George W. Bush hat die Hamas in seinen »Krieg gegen den Terror« einbezogen. Doch der Wahlsieg der Hamas beruhte nicht so sehr auf der islamischen oder islamistischen Ideologie der Organisation, sondern hatte vor allem sehr weltliche, wirtschaftliche Gründe. Die USA, Europa, aber auch die arabische Welt einschließlich der palästinensischen Autonomiebehörde, haben sich der ökonomischen und sozialen Misere der 1,5 Millionen Menschen im Gazastreifen nicht wirklich angenommen. Über zwei Drittel der Palästinenser dort leben unterhalb der Armutsgrenze, die mit zwei Dollar pro Tag und Person schon außerordentlich niedrig angesetzt ist. Das seit dem Hamas-Sieg verhängte Finanz- und Wirtschaftsembargo hat die Situation noch einmal verschlimmert. Wie einst im Irak traf der Boykott aber nicht in erster Linie das Regime (der Hamas), wohl aber 1,5 Millionen Menschen, die ohnedies leiden. Diese Menschen wandten sich auch deshalb der Hamas zu, weil sie als eine Art Wohlfahrtsorganisation für die Einwohner auftrat. Im Übrigen ist die Hamas in erster Linie eine lokale Widerstandsorganisation – und wohl kaum ein Glied im globalen Terror-Franchise-Netzwerk von Al-Qaida. »Ob wir es mögen oder nicht«, schrieb der Kolumnist Roger Cohen auf der Meinungsseite der International Herald Tribune am 21. Juni 2007, »Hamas repräsentiert einen großen Teil der Palästinenser.« Und Cohen fügte hinzu: Gaza »implodierte, weil es abgeschnitten war. Interpalästinensisches Chaos folgte. Hamas hat terroristische Elemente. Aber Hamas bleibt mehr eine palästinensische nationale als eine globale dschihadistische Bewegung. Es gibt Mitglieder von Hamas, mit denen ein Dialog möglich ist. Um Frieden zu schließen, muss man den Feind an den Tisch bekommen«, meinte Cohen.

Dieser Feind zeigte – zumindest nach seinem Wahlsieg – einige Ansätze zur Kooperation. Westliche Politiker verweisen bis heute auf die Hamas-Charta aus dem Gründungsjahr 1987, in welcher die Vernichtung Israels gefordert wird. Außer Acht gelassen werden aber Dokumente, in welcher sich die Hamas den politischen Gegebenheiten angenähert hat. Es sind dies die Hamas-Wahlplattform vom Herbst 2005 sowie der Plan für eine Koalitionsregierung und das Regierungsprogramm nach dem Wahlsieg vom Januar 2006. Über den Umgang mit den bisher von der PLO geschlossenen Verträgen sagt die Hamas: »Die Regierung wird mit den zwischen der PLO bzw. der Autonomiebehörde sowie Israel geschlossenen Vereinbarungen mit hoher Verantwortung und unter Bewahrung der Interessen unseres Volkes« umgehen. (…) Die Regierung wird die internationalen Resolutionen zu Palästina mit nationaler Verantwortung und im Einklang mit den unveräußerlichen Rechten unseres Volkes behandeln.« In der Kabinettsplattform vom 27. März 2006 bedauert Hamas ausdrücklich das Scheitern seiner (damaligen) Bemühungen, eine Koalitionsregierung mit der in den Wahlen unterlegenen Fatah-Bewegung zu bilden. »Trotz unseres Versagens, eine nationale Koalitionsregierung zu formen, müssen wir darin Erfolg haben, unsere nationale Einheit zu bewahren.« Der Autor, Khaled Hroub, sieht in diesen Dokumenten eine »Evolution im Denken der Hamas« in Richtung auf politischen Pragmatismus und eine Annäherung an den palästinensischen politischen »Mainstream«.[27]

Diese Thematik nahm Ahmed Youssef, Berater des abgesetzten palästinensischen Premiers Ismael Haniye, in einem Beitrag für die *International Herald Tribune* wieder auf. Youssef schrieb (in derselben Ausgabe der *Tribune* wie Cohen), die Behauptung, die Hamas sei in Gaza durch einen Putsch an die Macht gekommen, ist falsch. Youssef argumentierte: »Vom Tag an, da Hamas die allgemeinen Wahlen von 2006 gewann, hat sie der Fatah angeboten, zusammenzuarbeiten und eine gemeinsame Regierung zu bilden. Hamas hat versucht, der internationalen Gemeinschaft seine Plattform für den Frieden zu erklären. Hamas hat wiederholt einen zehnjährigen Waffenstillstand mit den Israelis angeboten, um eine Atmosphäre der Ruhe zu schaffen, in welcher wir unsere Differenzen lösen können.«

Freilich gibt es auch andere Stimmen. In der bereits zitierten Ausgabe der *Tribune* schreibt David Makovsky, es sei falsch, der Hamas jetzt mit einer Politik der Beschwichtigung zu begegnen. Makovsky ist Direktor des »Project on the Middle East Peace Process« am »Washington Institute for Near East Policy«. Man müsse, schreibt Makovsky, bedenken, dass Hamas durch einen Putsch an die Macht gekommen sei. Bewaffnete Hamas-Kämpfer plünderten viele palästinensische Institutionen in Gaza, besetzten Kreuzungen und das palästinensische

Fernsehen. Sie feuerten in Krankenhäuser, richteten einige ihrer Feinde hin und stürzten manche sogar aus dem Fenster.

Das alles ist richtig. Doch: Hamas war in die Ecke gedrängt – vom internationalen Embargo, das andauerte, als in Saudi-Arabien eine Koalitionsregierung mit der Fatah ausgehandelt war, und von einem Mann wie Mohammed Dahlan, Fatah-Sicherheitschef in Gaza, einem ausgesprochenen Hamas-Hasser. Dahlan hat, wie die gesamte Fatah, die Wahlniederlage von 2006 niemals wirklich anerkannt und wollte sich deshalb, wie andere autoritäre Herrscher der arabischen Welt, keineswegs von der Macht trennen. Bevor Hamas-Kämpfer Fatah-Rivalen liquidierten, hatten die Anhänger des verhassten Dahlan ihrerseits Hamas-Mitglieder umgebracht. Es sei falsch, schreibt daher Roger Cohen in dem oben zitierten Beitrag, von Hamas »schweizerische Mäßigung« zu erwarten.

Tatsächlich hatten nach Bildung einer Koalitionsregierung aus Hamas und Fatah Anfang 2007 die überwiegend von Fatah-Anhängern gestellten Sicherheitskräfte der neuen Regierung unter Führung der Hamas die Gefolgschaft verweigert. Durch diesen Akt der Unbotmäßigkeit seien diese Sicherheitskräfte praktisch zu Privatmilizen geworden, schreibt der in Berlin lehrende Islamwissenschaftler Stephan Rosiny. Zudem sei bekannt geworden, dass die USA und Israel den Umbau der Präsidentengarde von Mahmud Abbas zur Elitetruppe finanzieren und diese mit Waffen versorgen wollten. Möglicherweise griff die Hamas deshalb jetzt an und entmachtete die Fatah im Gazastreifen, um ihrer eigenen Entwaffnung durch eine militärisch gestärkte Fatah zuvorzukommen.[28]

Dass sich die Hamas in Gaza als neue Ordnungsmacht präsentieren wollte, hängt auch damit zusammen, dass Familienclans mit ihren bewaffneten Banden dabei waren, die Macht in Gaza zu übernehmen. Wie schon in den dreißiger Jahren des 20. Jahrhunderts hatten sich verschiedene Familienverbände verfeindet und begannen sich zu bekämpfen. Das Embargo, welches Israel, die USA und dann auch Europa über den Gazastreifen verhängten, hat zu diesem freien Fall ins Chaos ebenso beigetragen wie der jahrelange soziale Abstieg. Hamas, schreibt der palästinensisch-amerikanische Autor Ramzy Baroud, hatte das Limit seiner politischen Konzessionen erreicht – alle weiteren wären als Rückzug von der politischen Plattform aufgefasst worden und hätten zu politischer Fragmentation in den eigenen Reihen geführt.[29]

Tatsächlich befanden und befinden sich die Einwohner Gazas in einer verzweifelten Lage. In einer E-Mail vom 12. Juni 2007 schrieb der palästinensische Psychiater Eyad Sarraj über Gaza: »Es gibt so viel Hass und Rufe nach Stammesrache. Es handelt sich nicht nur um einen politisch-militaristischen Machtkampf. (…) Wir alle sind von Israel besiegt worden. Und das Gefühl der Erniedrigung macht sich jetzt Luft gegen kleinere Feinde unter uns. Israel hat uns weiter brutalisiert durch Folter und Unterdrückung und hat soviel Schmerz verursacht, welcher nun, wie zuvor, das hässliche Gesicht von giftiger und chronischer Gewalt zeigt.« In demselben Beitrag zitiert der französische Journalist und Autor Alain Gresh den israelischen Journalisten Gideon Levy, Journalist bei der Zeitung *Ha'aretz*: »Diese gewalttätigen jungen Männer, die wir sahen, wie sie so grausam töteten, sind die Kinder des Winters 1987, die Kinder der Intifada. Die meisten von ihnen waren niemals außerhalb Gazas. Sie sahen, wie ihre älteren Brüder geschlagen und verletzt wurden, sie sahen ihre Eltern in ihren Häusern eingesperrt, ohne Arbeit oder Hoffnung, jahrelang. Ihr gesamtes Leben wurde gelebt im Schatten israelischer Gewalt.«[30]

Die eigentlichen Ursachen dieser palästinensischen Katastrophe liegen in der Weigerung Israels, 59 Jahre nach seiner Gründung und 42 Jahre nach der Eroberung Gazas und des Westjordanlandes Frieden mit den Palästinensern zu schließen. Bis zum Jahre 2004 hat Israel erklärt, die Person Jassir Arafats sei das einzige Hindernis zum Frieden. Seit dem November 2004 ist Arafat tot. Seitdem hat Israel Arafats Nachfolger, Mahmud Abbas, kein einziges profundes Friedensangebot gemacht. Im November 2008 schaltete die Palästinensische Autonomiebehörde in mehreren israelischen Tageszeitungen eine Anzeige, in welcher sie an den saudischen Friedensplan von 2002 erinnerte. Damals hatte der saudische Kronprinz und heutige König Abdallah Israel Frieden und volle Anerkennung durch die arabische Welt angeboten, sofern Israel die 1967 eroberten Gebiete verlasse. Israel argumentiert, man habe Gaza im Sommer 2005 verlassen, die Palästinenser hätten es versäumt, aus dieser großen Möglichkeit das Beste zu machen. Doch die Räumung Gazas war vom damaligen Premier Ariel Scharon, wie schon dargelegt, niemals als Friedensgeste gemeint.

Es lohnt sich, zu diesem Thema und zur Position der Hamas in Gaza etwas näher aus dem Schlussbericht Alvaro de Sotos, des ehemaligen UN-Koordinators für den nahöstlichen Friedensprozess, zu zitieren. Der Bericht des peruanischen Diplomaten vom Mai 2007, also kurz vor dem Höhepunkt der inneren Kämpfe in Gaza geschrieben, stellt der israelischen, amerikanischen und europäischen Diplomatie kein gutes

Zeugnis aus. De Soto beginnt mit dem Rückzug aus dem Gazastreifen. Er sieht Scharons Hauptmotiv dafür im Versagen des von ihm selbst mit dem Siedlungsbau vorangetriebenen zionistischen Projektes, Israel zur Heimat aller Juden zu machen. Das Scheitern dieses Planes sei daran zu erkennen, dass nach wie vor »zwei Drittel der jüdischen Bevölkerung auf der Welt« außerhalb Israels bleiben. Sogar die politische Rechte habe akzeptieren müssen, dass Juden in den 1967 eroberten Gebieten niemals die Mehrheit bilden werden. Er glaube auch, schreibt de Soto, dass Scharons Rückzugsplan in keiner Weise eine Bekehrung Scharons zu der Idee eines unabhängigen und lebensfähigen palästinensischen Staates darstellt – im Gegenteil, es war ein spektakulärer Zug, der den von den USA, der Europäischen Union, Russland und der UNO vorgegebenen »Fahrplan zum Frieden« tötete und in Formaldehyd legte.

De Soto bedauert, dass sich Israels Premier Ehud Olmert geweigert habe, mit Mahmud Abbas über den Frieden zu verhandeln, dass Olmert stattdessen der Autonomiebehörde die Gelder blockiert habe, welche den Palästinensern rechtmäßig zuständen.

Besonders schlechte Noten gibt Alvaro de Soto der Politik des Nahostquartetts, welches aus den USA, Russland, der UN und der EU besteht. Die Konsequenzen der Forderung der Vier, Hamas müsse zuerst das Existenzrecht Israels anerkennen und auf jede Gewalt verzichten, nennt de Soto »verheerend«. Durch das Embargo seien alle sozialen und medizinischen Dienste der Autonomiebehörde zusammengebrochen. De Soto wirft den USA und Israel vor, von vornherein die Bildung einer Koalitionsregierung aus Hamas und Fatah boykottiert zu haben. Die USA hätten ganz klar auf eine Konfrontation zwischen Hamas und Fatah hingearbeitet. Als in Gaza der Ausbruch des Bürgerkrieges absehbar gewesen sei, habe der US-Gesandte beim Nahost-Quartett erklärt, er »liebe diese Gewalt, weil sie zeige, dass es Palästinenser gebe, welche sich der Hamas widersetzten«.[31]

Beim Bürgerkrieg um Gaza war die Fatah der Verlierer. Natürlich traf die Machtübernahme der Hamas im Gazastreifen auch jene Israelis, die, wie etwa David Grossman, stets für die Verständigung mit den Palästinensern gekämpft hatten. Die Ereignisse in Gaza seien ein schwerer Schlag für die Friedensaussichten, schrieb Grossman. »Der Handlungsspielraum der beiden Völker ist jetzt stark geschrumpft. Die Aussichten auf einen echten, dauerhaften Kompromiss sind vorerst in weite Ferne gerückt. Das heißt nicht, dass sich mit der Hamas keine Regelung erzielen ließe. Aber das Ergebnis wäre himmelweit entfernt von dem, was noch gestern im Bereich des Möglichen (oder zumindest Erhofften) lag.«[32]

Was der Fatah 2007 nicht gelang, die Ausschaltung der Hamas in Gaza, versuchte dann die israelische Armee Ende 2008/Anfang 2009. (Siehe dazu das Nachwort über Gaza)

Israel suchte, wie schon so oft in seiner Geschichte, eine militärische Lösung. Dabei lag der letzte Fehlschlag noch nicht lange zurück. Im Sommer 2006 hatte Israel versucht, die schiitische Hisbollah-Miliz im Südlibanon durch Bombenangriffe auszuschalten. In dem 33-Tage-Krieg kamen etwa 1300 Libanesen und 160 Israelis ums Leben. Vernichtet oder auf Dauer geschwächt wurde die Hisbollah durch die israelischen Angriffe nicht. Vielmehr hat sie ihr damals dezimiertes Waffenarsenal aufgefüllt und neue Kämpfer rekrutiert.

In Gaza griff Israel erneut zu diesem erfolglosen Rezept. Waffengewalt sollte die Politik ersetzen. Dabei wird dadurch eher die Hamas gestärkt. Nur eine friedliche, sozial erfolgreiche Entwicklung kann den militanten Fanatikern den Boden entziehen. Israel wäre klug beraten, die Hamas nicht zu bombardieren, sondern sie in den Verhandlungsprozess zu integrieren.

So argumentierte u. a. Volker Perthes, Direktor der in Berlin ansässigen Stiftung für Wissenschaft und Politik. In einem Beitrag für die *Süddeutsche Zeitung* forderte er einen wahren Friedensprozess und argumentierte: »Es reicht nicht mehr, um den Konflikt ›herumzuarbeiten‹, wie es gelegentlich im EU-Duktus heißt. Es hilft nicht, über iranischen Einfluss in Palästina zu klagen. Dieser Einfluss wird noch zunehmen, je mehr die Hoffnung der Palästinenser auf eine Zwei-Staaten-Lösung schwindet. Nur eine Rückkehr zu glaubhaften Verhandlungen über die Grenzen Israels und des palästinensischen Staates, über Jerusalem, die Siedlungen und die Flüchtlinge wird die Hamas und den iranischen Einfluss schwächen.«[33]

Noch immer aber führt Israel erfolglose Kriege. Und noch immer fordert Israel von der Hamas vor Beginn von Friedensverhandlungen, was an ihrem Ende stehen müsste: Verzicht auf Gewalt, Anerkennung Israels. Andere Beispiele zeigen, dass das Rezept »Erst Verhandlungen, dann Gewaltverzicht« durchaus Erfolg versprechend sein kann. Die Irisch Republikanische Armee hatte noch Waffen, als sie mit Großbritannien um eine Lösung verhandelte. Und Arafats PLO hatte der Gewalt noch nicht abgeschworen und das Ziel der Vernichtung Israels noch nicht aus ihrem Programm gestrichen, als 1993 die hoffnungsvollen Verträge von Oslo unterschrieben wurden. Nach allem, was man über Hamas weiß, kann die Organisation über ihre 2005 und 2006 überarbeitete Position derzeit nicht hinausgehen. Täte sie es, gäbe es schnell »Radikale«, die sich abspalten und eine Art »Reale Hamas« gründen würden. Vergleichbares geschah einst der nordirischen IRA, die sich, als sie Friedensfühler ausstreckte, plötzlich mit einer radikaleren »Real IRA« konfrontiert sah. In Nordirland konnten die Extremisten den Friedensprozess nicht anhalten. Im Nahen Osten aber könnte eine »Reale Hamas« leicht von Al-Qaida instrumentalisiert werden und die Region in ein neues Chaos stürzen.

Ein neuer Clankrieg

Absurd nennt man eine Situation, wenn man sie mit dem normalen Menschenverstand eigentlich nicht mehr schlüssig erklären kann. Seit Jahren etwa spricht man von einer Zwei-Staaten-Lösung in Nahost: einen Staat für die Israelis, einen für die Palästinenser. Die derzeitige Lage in Israel/Palästina indessen ist noch mehr als absurd, sie kafkaesk zu nennen, ist sicher keine große Übertreibung. Es gibt zwei palästinensische Gebiete, beide unter strikter Kontrolle Israels: Im Westjordanland leben 2,5 Millionen Palästinenser, ihr tägliches Leben wird von der Palästinensischen Autonomiebehörde geregelt; diese wird von der laizistischen, einst von Jassir Arafat dominierten Fatah beherrscht. Ihr Präsident, Mahmud Abbas, hofft noch immer auf eine mit Israel auszuhandelnde friedliche Lösung des Konfliktes. Die eineinhalb Millionen Palästinenser im Gazastreifen unterstehen nominell der Autonomiebehörde in Ramallah, werden aber seit Sommer 2007 von der islamistischen Hamas beherrscht, die, offiziell wenigstens, jedwede Kontakte mit Israel ablehnt. Gaza ist von einem großen Zaun umgeben, das Westjordanland ist von Israel mit Mauer und Zaun verriegelt worden. Im Westjordanland behindern zudem etwa 560 israelische Kontrollposten die Bewegungsfreiheit der Menschen.

Doch die Palästinenser in Ramallah sind nicht nur geographisch von ihren südlich wohnenden Landsleuten in Gaza getrennt. Statt sich nun zumindest organisatorisch miteinander gegen den gemeinsamen Gegner zu vereinigen, ist das einzige Band, das Palästinenser in Nord und Süd eint, innige Abneigung gegeneinander. Denn es liegen Welten zwischen der liberalen, fast weltoffen zu nennenden Kulturszene in Ramallah und der Enklave Gaza, deren Menschen auf die See blicken müssen, um eine kleine Vorstellung von einem Leben ohne Zaun und ohne ideologisch-religiöse Zwangsjacke zu bekommen. Mehr noch: Fatah und Hamas führen einen administrativen Bürgerkrieg gegeneinander – zum Schaden aller vier Millionen Menschen, die in den beiden Territorien leben. Unterstellt man, dass es wirklich das Ziel der herrschenden israelischen Parteien ist, die Gründung eines lebensfähigen palästinensischen Staates zu verhindern, dann haben die Palästinenser selbst die besten Voraussetzungen für den Erfolg einer solchen israelischen Politik geschaffen. Denn der schon aus den dreißiger Jahren des 20. Jahrhunderts bekannte palästinensische Clankrieg ist in neuer Form wieder ausgebrochen. Amira Hass beschreibt, wie dieser Krieg von der Autonomiebehörde in Ramallah geführt wird: »Die Palästinensische Autonomiebehörde hat alles getan, was sie kann, um den Einfluss der Hamas im Westjordanland zu schwächen: Sie hat Imame an den Moscheen ausgetauscht, sie hat gemeinnützige Hilfswerke und Nichtregierungsorganisationen geschlossen oder deren Direktoren ersetzt, sie hat politische Führer verhaftet, sie hat gewaltsam Demonstrationen unterbunden, sie hat Hamas-Zeitungen verboten. Und was die Autonomiebehörde nicht schafft, erledigt die israelische Armee oder der israelische Geheimdienst.«[34]

Ähnlich handelt die Hamas in Gaza. Lehrer, von denen die Hamas vermutet, sie seien Anhänger der Fatah, werden entlassen. Die Autonomiebehörde in Ramallah (welcher der Gazastreifen nominell noch untersteht) zahlt weiter ihre Gehälter. Die Hamas ersetzt dann die von ihr entlassenen politisch missliebigen Lehrer mit Lehrkräften, die der Hamas nahestehen. Diese sind oft sehr jung, können zwar religiöse Glaubenssätze vermitteln, kaum aber Fachkenntnisse. Um die Hamas-Regierung in Gaza zu unterminieren, hat die Autonomiebehörde in Ramallah auch schon zum Lehrerstreik aufgerufen. Absurder geht es nicht: der Arbeitgeber, die Autonomiebehörde in Ramallah, fordert die eigenen Beamten bzw. Angestellten zur Arbeitsniederlegung auf. Wohlgemerkt, nur jene in Gaza, nicht die in Ramallah. Lehrkräfte, die den Streik befolgen, werden von der Hamas entlassen und ebenfalls durch junge, unerfahrene, ersetzt. Die ehemaligen Fatah-Anhänger sitzen dann zu Hause, mit Gehalt aus Ramallah, aber ohne Arbeit.

Beide Seiten haben zudem ein ganzes Netzwerk von Informanten aufgebaut. Es gibt Tausende von Informanten, welche die Regierungen in Ramallah und in Gaza über die Stimmung der Menschen und über das Verhalten einzelner auf dem Laufenden halten. Die Fatah-Spione werden im Allgemeinen in England und in den USA ausgebildet, die der Hamas in Syrien und im Iran. Hamas nutzt ihre Leute auch als eine Art Religionspolizei: Penibel lässt sie etwa in ihrem Herrschaftsbereich beobachten, wer in die Moschee geht und wer nicht. Beide Seiten, Fatah wie Hamas, lassen politische Gegner verhaften und auch foltern. Es herrscht Bürgerkrieg. Dieser wird nicht mehr zwischen Straßenkämpfern ausgefochten, sondern zwischen Spionen, Verwaltungsbeamten und Gefängnisaufsehern.

Natürlich hat jede Seite ein gehöriges Waffenarsenal angehäuft. Waffen für die Fatah in Ramallah kommen aus den USA – jedenfalls war das so unter der Bush-Regierung. Hamas bezieht seine Vorräte aus Syrien und dem Iran und, vermutlich, über den internationalen Waffenhandel. Geschmuggelt werden sie, oft mit Duldung Ägyptens, durch Tunnel, die unter der befestigten Grenze zwischen Ägypten und Gaza gegraben werden. Andere werden, trotz israelischer Blockade, möglicherweise über den Seeweg nach Gaza gelangen.

Ein palästinensisches Volk, aufgeteilt auf zwei Mini-Territorien, regiert von zwei sich befehdenden autoritären Regimen. Das eine im Westjordanland wird weitgehend von der Europäischen Union finanziert. Mit der Fatah an der Spitze hat es sich in seinem von Israel bewachten Areal so gut es geht eingerichtet. Korrupt, abgehoben vom Volk, aber international hoffähig und ohne Embargo, seitdem Präsident Abbas den Hamas-Premier Ismael Haniye entlassen hat, leben die Funktionäre ein den Umständen entsprechend bequemes Leben. Das andere, das Regime der Hamas in Gaza, ist international geächtet. Auf seinem von Israel eingezäunten und mit einem Wirtschaftsembargo belegten Territorium versucht es, seine Version eines islamischen Gottesstaates zu verwirklichen. Eine gemeinsame Position gegenüber Israel, Solidarität miteinander? Nichts geht momentan unter den Palästinensern – sechs Jahrzehnte nach der Gründung Israels.

Nach Schulschluss aufs Schlachtfeld

Intifada in Ramallah

Süddeutsche Zeitung *vom 6. November 2000*

Nadim ist immer dabei, jedenfalls fast immer. Nicht in der vordersten Linie, nicht dort, wo sich die Mutigsten hinter einem Autowrack oder dem Qualm brennender Reifen verschanzen und aus wenigen Metern die gepanzerten israelischen Militärjeeps und die Soldaten in ihren kugelsicheren Westen mit Steinen bewerfen. Nadim steht in der zweiten Reihe, rechts hinter der Frontlinie an einem kleinen Abhang. Sein Kampfgerät besteht aus zwei langen Stricken, an deren Ende ein nach oben offener Behälter aus Stoff angebracht ist. Jeder kann eine solche Wurfschleuder, eine Zwille, in kurzer Zeit basteln. In den Behälter legt Nadim einen Stein. Dann packt er die beiden Enden der Stricke, dreht den ausgestreckten rechten Arm schnell wie bei Turnübungen im Unterricht. Schließlich lässt Nadim einen der Stricke los, der Stein hat freie Bahn und fliegt in Richtung der Israelis. Er trifft selten jemanden.

Viele seiner Kameraden werfen die Steine ohne jedes Hilfsmittel einfach mit der Kraft ihrer Arme. Auch sie treffen fast nie. Die Israelis schießen Tränengaspatronen herüber – jedenfalls dann, wenn der Wind das beißende Gas nicht zu ihnen zurücktreibt. Die Teenager reagieren immer gleich. Einer der jungen Leute hebt die Patrone auf und wirft sie weit weg, so dass möglichst wenige Demonstranten den giftigen Qualm einatmen müssen. Meistens aber antworten die Israelis mit Gummigeschossen. Mehr und mehr benutzen sie scharfe Munition gegen die Steineschleuderer.

Um zu verstehen, warum Nadim fast täglich nach dem Unterricht und dem Mittagessen gegen Israel zu Felde zieht, muss man seine Schule, das Gymnasium in Ramallah, besuchen. Schaut man vom Schulhof nach Norden, fällt der Blick auf die israelische Siedlung Beit El. Schaut man nach Süden, sehen die palästinensischen Schüler die israelische Siedlung Psagott. Beide sind sie wie Festungen auf Bergspitzen gebaut.

Nadim ist erst fünfzehn Jahre alt. Er geht in die zehnte Klasse und will einmal Tierarzt werden – wenn er dann noch lebt. Doch schon der junge Nadim hat begriffen, welche Funktion israelische Siedlungen haben. Nadim sagt: »Die Israelis wählten die Lage mit Absicht. Sie wollen das palästinensische Land aufspalten. Sie wollen die palästinensischen Dörfer voneinander isolieren. Sie wollen alles kontrollieren.« Nadim und seine Freunde wollen nicht kontrolliert werden.

Deshalb hat sich Nadim eine Steinschleuder gebaut. Deshalb versucht er täglich, seine Eltern davon zu überzeugen, dass es seine heilige Pflicht sei, an den gefährlichen Demonstrationen teilzunehmen. Sein Vater, ein angesehener Arzt, hat Verständnis. Denn er selbst hat in der ersten Intifada gekämpft. Doch er mahnt seinen Sohn zur Vorsicht. In den Jahren zwischen 1987 und 1993 sind etwa 3000 Palästinenser gefallen.

Nachmittags, nach dem Unterricht, ist Nadim wieder auf dem Schlachtfeld – einem Schlachtfeld, das die unerfüllten Verträge von Oslo geschaffen haben. Das Ramallah City Inn Hotel, vor ein paar Jahren nur wenige hundert Meter unterhalb der Siedlung Beit El am Stadtrand errichtet, gehört zur Zone C. Diese Zone steht vollkommen unter israelischer Kontrolle. Hier stehen die Israelis auf Posten. Geht man den Berg hinauf Richtung Ramallah, erreicht man nach ein paar Metern Zone B. Sie steht unter ziviler Kontrolle der Palästinenser und unter militärischer Herrschaft Israels. Hier sind Nadims Leute unmittelbar mit den Israelis konfrontiert. Zweihundert Meter weiter oben beginnt Zone A. Hier übt die palästinensische Selbstverwaltungsbehörde die volle Hoheit aus.

Um dieses diplomatische Flickwerk zu korrigieren, ist Nadim hier. Er will die israelischen Besatzer zurück nach Israel schicken. In den gut zwanzig Prozent des historischen Palästina, das ihm und seinen Freunden dann noch bleibt, will er in Frieden leben. Israel müsste dazu die 1967 eroberten Gebiete und Siedlungen wie Beit El und Psagott räumen. Das City Inn sowie ganz Gaza und das gesamte Westjordan- Land würden dann zur Zone A. Nadim ist Mitglied der Volkspartei der ehemaligen Kommunisten. Die meisten seiner Mitkämpfer haben keine politischen Bindungen. Sie gehören weder zu Arafats Fatah, noch zur islamistischen Hamas. Niemand schickt sie – aber von niemandem würden sie sich abhalten lassen, am Aufstand teilzunehmen.

Mit Nadim ist auch Karim gekommen. Eigentlich heißt Karim anders, aber seinen richtigen Namen will er nicht nennen. Karim ist stadtbekannt in Ramallah. Er fährt einen braungelben, schrottreifen Autobianchi. Sein Erscheinen auf dem Schlachtfeld kündigt sich oft mit lautem Getöse an. Denn Karim bringt die Barrikaden. Heutzutage sind das Autowracks. An einem Drahtseil zieht er ein Schrottauto hinter sich her. Im Kofferraum und auf den hinteren Sitzen transportiert er gebrauchte Reifen. Hastig lädt er seine Ladung ab, schlägt ein paar Mal mit der Hand von innen ans Autodach, um die vielen Beulen zu begradigen. Dann verschwindet er unter lautem Beifall, um neuen Nachschub für die Demo zu holen.

Sofort rollen Teenager die Reifen hinunter an die Frontlinie. Dort werden sie mit Benzin übergossen und angezündet. Schließlich herrscht Krieg, da muss etwas brennen. Andere verschanzen sich hinter dem neu angelieferten Autowrack und schieben es langsam in Richtung Front, in Richtung der Israelis. Bis knapp einhundert Meter arbeiten sie sich heran. Dann beginnen sie ihre Steineschlacht. Manchmal stehen Vater oder Mutter in sicherer Entfernung. Es ist ein Gefühlskonflikt: Sie haben Angst um ihre Söhne, aber sie verstehen sie trotzdem. In ihrer eigenen Jugend kämpften sie selbst in vorderster Front – Generationenwechsel im ewigen palästinensischen Kampf um ein Stückchen Staat.

Zum täglichen Kampf kommt auch Manal. Die untersetzte Frau ist Mutter von zwei Kindern. Ihr Mann hat eine kleine Druckerei und schreibt in der Freizeit Hymnen auf die palästinensische Revolution. Vor einem Jahrzehnt hat auch Manal gekämpft – in der ersten Intifada. Manal ist Mitglied der »Volkspartei«. Auch im politischen Koordinierungskomitee der Intifada arbeitet sie mit. Eigentlich sei sie, sagt Manal, religiös. Aber der islamischen Widerstandsbewegung Hamas habe sie sich nicht angeschlossen. Denn nur die Volkspartei trete für volle soziale Gerechtigkeit ein. Manal kommt fast täglich zum Schlachtfeld. Ihr Platz ist am Hang. Dort hockt sie und schlägt mit ihren bloßen Händen große Steine so lange gegeneinander, bis sie auseinanderfallen und zu handlichen Wurfgeschossen werden. Damit die Kids Nachschub haben, unaufhörlich weiterwerfen können.

Thair kann nicht mehr werfen. Er wurde am 20. Oktober von einem israelischen Geschoss getroffen und starb. Er war siebzehn Jahre alt. Thairs Großeltern kommen aus Malha, einem kleinen Dorf bei Jerusalem. 1948 mussten sie fliehen. Thair wurde im Flüchtlingslager Amari geboren. Es liegt mitten in Ramallah. Bis zu seinem Tode hat er dort gelebt. In dem kleinen kargen Haus versammelt sich während der Trauerzeit jeden Abend die Großfamilie, um Trost zu spenden. Auch viele Nachbarn kommen. Die Männer sitzen in einem Raum, getrennt von ihnen die Frauen in einem anderen. Vater Ali Omar berichtet, Thair sei ein sehr ruhiger Junge gewesen. Doch: »Er hasste die Israelis, seit er sechs Jahre alt war. Schon mit sechs Jahren, während der ersten Intifada, wurde er von den Israelis verhaftet, weil er hier Barrikaden baute. Die Israelis brachten ihn nach Hause und warnten uns, dass sie Thair beim nächsten Mal töten würden.« Ali Omar lehnt sich zurück und sagt: »Wir brauchten ihm nichts über die Israelis zu erzählen. Von frühester Kindheit an hat er die Besatzung am eigenen Leib erlebt, als Kind lernte er, dass er Flüchtling ist, von einem anderen Ort kommt, der ihm weggenommen worden ist.« Thair war nie Mitglied einer politischen oder religiösen Partei. »Er war ein Nationalist von Geburt an«, sagt sein Vater. Kindheit? Ali Omar antwortet: »Unseren Kindern wurde die Kindheit gestohlen. Sie fühlen es, und sie wissen es. In diesem engen Lager mit seinen 7000 Flüchtlingen gibt es keinen Spielplatz für Kinder. Die Menschenrechte werden ihnen verweigert, die Konsequenz ist die Revolte.«

Es ist die zweite palästinensische Teenagerrevolte seit 1987. Sie wird andauern. Da ist Daoud Ali, ein entschlossen dreinblickender junger Mann, einer der Brüder Thairs. Daoud Ali sagt: »Ich will wie mein Bruder ein Märtyrer werden.« Auch Daoud gehört keiner politischen Gruppe an. Doch aus seinen Worten wird klar, dass er radikaler denkt als viele: »Wir wollen Israel nicht. Wir wollen unseren Staat in ganz Palästina.« Daoud Ali vertritt die Minderheit.

Die Mehrheit stellen Nadim und seine moderaten Freunde – noch. Versöhnung sei möglich, sagt Nadim. Etwa dann, wenn die Israelis ihre Siedlungen aufgäben und wenn Palästinenser ihren Staat bekämen. Solange will Nadim kämpfen. Neulich wurde ein Junge von einem israelischen Geschoss mitten ins Auge getroffen. Nadim und die anderen trugen den Verletzten zu einem der Ambulanzwagen, die immer in der Nähe warten. Nadims Hose war vom Blut des Verletzten getränkt, als er abends nach Hause kam.

Am nächsten Tag war Nadim wieder auf dem Schlachtfeld.

Selbstmordattentate und ihre Folgen

NRC Handelsblad *vom 8. März 2002*

*Von Joris Luyendijk**

Vor sechs Wochen hatte Chizky Loonstein einen guten Tag. In seinem Krankenwagen gebar eine Frau Drillinge. »Es war ein solch wunderschönes Erlebnis, die ausgewachsenen kleinen Körper auf die Welt kommen zu sehen«, sagt der 18 Jahre alte jüdische Junge aus Amsterdam, der seit über einem halben Jahr in Israel lebt. Und plötzlich sehr enthusiastisch: »Kleine Beine, kleine Arme, alles war da.«

Und dann, in seinem Büro: »Nach einem Bombenanschlag bleibt nicht viel übrig von einem Menschen.« Er sitzt hinter einem Aufnahmegerät. Es trägt die Aufschrift »Mach dir keine Sorgen, sei glücklich.« Und dann sagt Chizky Loonstein: »Manchmal finde ich einen Kopf neben einem Körper. Dann denke ich, dass die zusammengehören. Aber dann schaue ich näher hin, und es stellt sich heraus, dass der Kopf

* Joris Luyendijk, niederländischer Journalist, war mehrere Jahre Korrespondent in Israel. Von ihm erschien 2006 das Buch »Wie im echten Leben. Von Bildern und Lügen in Zeiten des Krieges«.

zu einer weißen Person gehört und der Körper zu einem Schwarzen. Die Wucht der Explosion blies den Kopf des Schwarzen 20 Meter weiter. Die Terroristen tun Nägel, Metall, Glas, alles, was sie finden können, in solch eine Bombe. Das zerstreut sich in alle Richtungen. Der Terrorist wird komplett auseinandergesprengt. Stücke eines Rätsels.«

Chizky arbeitet gegen ein symbolisches Gehalt für den israelischen Krankenwagen-Dienst Magen David Adom. Nach den Bombenanschlägen schaffen sie die Verletzten in Krankenhäuser. Danach kommt Zakah, ein Freiwilligendienst, der die Überreste der gestorbenen Opfer beseitigt. Chizky arbeitet auch für diese Freiwilligen.

Am letzten Samstag [Anfang März 2002] jagten sich ein Palästinenser und zehn andere um etwa sechs Uhr abends im jüdisch-orthodoxen Viertel von Jerusalem in die Luft. »Ich kaufte gerade ein paar Lebensmittel ein, als ich eine enorme Explosion hörte, und ich fühlte einen großen Druck an meinen Autofenstern. Ich befestigte mein Zeichen am Autodach, man nannte mir den Ort der Explosion, und ich erreichte die Stelle in Sekunden«, sagt Chizky mit vorsichtigem Stolz. »Sofort begann ich mit der Nothilfe bei einem Mann, der nur zwei- bis dreimal in der Minute atmete. Er sollte aber 25 Mal in der Minute atmen. Ich rettete ihn, er ist jetzt auf der Intensivstation.« Chizky arbeitet bis ein Uhr nachts. Chizky arbeitete für Magen David Adom in dieser Nacht. Danach suchte er nach Leichenteilen für Zakah. Er kletterte auf Hausdächer und auf Bäume, er ließ Autos abschleppen, und schaute auf Balkone. Eine Mauer mit einem schmalen Grat? Zakah besorgt eine Leiter, um zu sehen, ob es dort Blutflecken gibt oder sogar mehr. Es geht alles um die Heiligkeit und um die Unverletzlichkeit des menschlichen Körpers, der schnell und so unverletzt wie möglich beerdigt werden muss. »Nach solch einem Angriff gleicht die Szene einem kompletten Desaster«, erzählt Chizky. »Überall findet man Überreste, Glas und Organe. Man muss im Rauch nach den Opfern suchen. Sie liegen am Boden mit aufgeblähten Bäuchen und enormen Löchern in ihren Körpern.«

Magen David Adom benutzt vier Arten von Tragen mit austauschbaren Kennzeichnungen: eine grüne für Leichtverletzte, eine gelbe für Schwerverletzte, eine rote für Menschen in Lebensgefahr, und eine schwarze für Tote. Chizky und seine Kollegen untersuchen ein Opfer sehr schnell und legen ein Kennzeichen daneben, damit die ankommenden medizinischen Teams wissen, wem man Priorität geben muss. »Es sind solche Blitzentscheidungen, die zählen«, sagt Chizky in einem überraschend neutralen Tonfall. »Soll ich mit der Nothilfe fortfahren, oder soll ich mich um einen anderen kümmern, dessen Überlebenschancen höher sind? In einer kurzen Sekunde entscheidet man über Leben und Tod. Verstehen Sie mich nicht falsch, in Magen David Adom sind wir alle eins. Es gibt keinen Wettstreit, es ist nicht so, dass wir sagen ›Ich rettete einen und du nicht‹. Oder ›Ich räumte drei Körper weg und du nur einen‹. Im Gegenteil, wir unterstützen uns. Sonst könnte dies niemand ertragen.«

Die Freiwilligen von Zakah haben verschiedene Säcke für Organe, Hände, Füße und andere Körperteile. Wenn alles aufgeräumt ist, fahren sie zum Leichenhaus. Dort wird alles auf einem Tisch aussortiert. Die Beine kommen zu den Beinen, die Arme zu den Armen usw. Durch einen DNA-Test versucht man, die Glieder der Opfer zu trennen. Aber dem jüdischen Gesetz nach muss das Begräbnis schnell stattfinden. Und für die schreckliche Arbeit von Zakah finden sich immer weniger Freiwillige. Oft muss man die Gliedmaßen verschiedener Menschen zusammen begraben.

Zwanzig Prozent der Israelis sind arabische Muslime und arabische Christen. Auch unter den israelischen Arabern werden Freiwillige rekrutiert. Deshalb geschah es nach dem Anschlag vom letzten Samstag, dass ein muslimischer Freiwilliger einem jüdisch-orthodoxen Opfer erste Hilfe leistete, welches das Opfer eines Attentats war, das ein muslimischer Palästinenser ausgeführt hatte. Am Anschlagbrett des Magen David Adom-Krankenhauses hängt ein Dankesbrief einer amerikanisch-jüdischen Familie, deren Tochter im Dezember von einem Palästinenser angeschossen worden war. Dank zweier palästinensischer Ärzte wurde sie gerettet. »Das ist das Schöne hier«, sagt Chizky, »sie treffen hier Menschen aus allen Schichten der israelischen Gesellschaft.«

Jede Woche ist Chizky Zeuge von Szenen, welche die westlichen Medien aus Pietät oder aus gutem Geschmack nicht senden. Wie hält das ein Achtzehnjähriger aus Buitenveldert aus? »Bevor man bei Magen David Adom oder bei Zakah aufgenommen wird, wird man geschult, und man spricht mit einem Psychologen. Er zeigt einem ein Video mit Bildern von dem, was einem bevorsteht. Ich reagierte sehr ruhig. Dann erzählte mir der Psychologe, dass ich einer der wenigen Menschen sei, der für diese Art Arbeit wirklich geeignet ist. Ich lege einen mentalen Schalter in meinem Kopf um und schaue nicht zurück. Man kann dann die Situation sowieso nicht mehr ändern.«

Er habe das immer gewollt, sagt Chizky, die Kippa und Sonnenbrille auf seinem Kopf, Taschenlampe, Pistole, Beeper, Mobiltelefon an seinem Gürtel. Seitdem er 16 Jahre alt wurde, hat er als Freiwilliger für Magen David Adom gearbeitet. »Als ich in Amsterdam hörte, dass es eine Bombendrohung gab, rief ich meine Freunde hier an und setzte mich in ein Flugzeug«, berichtet er mit einem unangenehmen Lächeln. Seine Eltern sind »stolz, obwohl sie nichts gegen meine Rückkehr einzuwenden hätten. Aber ich denke mir ›wenn ich das nicht mache, wer macht es dann?‹«

»Wir wollen einen islamischen Staat«

*Interview mit Hamas-Sprecher Dr. Mahmoud al-Zahar**
Süddeutsche Zeitung *vom 18. Juli 2002*

Mit ihren Selbstmordattentaten haben die Palästinenser die Wiederbesetzung der Autonomiegebiete 2002 durch Israel erreicht. War das Ihr Ziel?
Dieses Land ist seit 1967 besetzt. Die Besatzung vor Beginn der Al-Aqsa-Intifada im September 2000 war eine komfortable Besatzung. Die Lage jetzt ist eigentlich nicht neu – außer dass die Israelis nun ganz zurück sind. Seit den Verträgen von Oslo gab es keinerlei Souveränität. Diese Tatsache zeigt die wahren Absichten Israels. Unser Ziel ist es, die Besatzung zu beenden und die Siedlungen abzubauen. Wir können solange kämpfen, bis die Israelis unser Gebiet verlassen.

Welche Grenzen genau umfasst »ihr Gebiet«?
Unser Gebiet ist wohlbekannt. Es wird seit vielen hundert Jahren Palästina genannt. 1948 kamen Ausländer aus Polen, Amerika, den arabischen Ländern und besetzten unser Gebiet. Palästina ist also sehr bekannt. Nur: Heute nennt man es Israel.

Ihr endgültiges Ziel ist …
Unser Ziel ist die Errichtung eines panislamischen Staates, wie er hier noch vor einhundert Jahren bestand.

* Dr. Mahmoud al-Zahar ist Sprecher der »Islamischen Widerstandsbewegung« (Hamas) in Gaza. Das Gespräch fand im Sommer 2002 statt. Hamas hatte im Frühjahr in der israelischen Stadt Netanja ein verheerendes Selbstmordattentat verübt. Daraufhin hatte der damalige israelische Ministerpräsident Ariel Scharon das Westjordanland wieder besetzen lassen, das Israel nach den Verträgen von Oslo (1993) zumindest teilweise verlassen hatte. Zahars Aussagen geben noch heute Strategie und Ziele der Hamas wieder.

Das war aber ein osmanischer Kolonialstaat, kein Staat, in dem die Araber die Souveränität ausübten.
Aber es war ein islamischer Staat. Wir unterscheiden nicht zwischen Arabern, Persern, Türken, Afrikanern, Europäern. Wenn wir Muslime sind, sind wir Brüder. Es war ein osmanisches Reich, ja, aber es war unser Staat.

Und diesen Staat wollen Sie wieder herstellen?
Ja. Die Amerikaner haben sich auch von den Briten befreit, Deutschland hat sich vereinigt. Verschiedene europäische Völker mit verschiedenen Sprachen haben die Europäische Union gegründet. Wir sind Araber, wir sind Muslime, wir sprechen dieselbe Sprache.

Was passiert mit den Israelis in Ihrem neuen Staat?
Unter dem Islam lebten Juden als wahre Bürger. Es war das goldene Zeitalter der Juden. Es gab keine Pogrome.

Die Hamas bezeichnet sich auch als soziale Organisation. Aber Ihr Krieg brachte den Menschen nun noch mehr Armut.
Das ist nicht unser Krieg. Sie führen Ihre Leserschaft in die Irre. Das ist unser Land. Und die Israelis kamen aus Europa. Die Deutschen ermordeten die Juden, nicht wir. Wir kämpfen lediglich gegen eine illegale Besetzung unseres Landes.

Aber Israel ist ein international anerkannter Staat. Sogar die Arabische Liga will Israel anerkennen.
Das heißt, dass Okkupation legal ist?

Innerhalb der Grenzen von 1949 ist Israel ein anerkannter Staat.
Von den arabischen Staaten haben nur Ägypten und Jordanien Israel anerkannt. Wir verteidigen unsere Rechte. Insofern interessiert uns die internationale Meinung nicht. Unsere Menschen werden getötet und eingekerkert.

Warum begrenzen Sie Ihren Widerstand nicht auf das Westjordanland? Warum töten Sie Zivilisten in Israel?
Der Westen schaut zu, wenn die Israelis Zivilisten töten. Sie im Westen haben nur ein Auge – ein Auge für die Israelis. Denn die Juden litten in Ihren Ländern unter Diskriminierung, Verfolgung, Massakern. Jetzt beruhigen Sie Ihr Gewissen, indem Sie Israel unterstützen. Deshalb

spricht niemand über die israelischen Verbrechen hier. Niemand bei Ihnen spricht über Dschenin [Palästinensische Stadt im Norden des Westjordanlandes, die von den Israelis 2002 fast dem Erdboden gleich gemacht wurde]. Nach Dschenin haben Sie mich nicht gefragt.

Nach den Vorfällen in Dschenin fragen wir die Israelis.
Gut. Das akzeptiere ich. Wir kämpfen hier nicht, um Israel zu besetzen. Wir kämpfen, um die besetzten Gebiete zu befreien und einen unabhängigen Staat zu gründen. Wir haben leider keine F-16-Flugzeuge und keine Apache-Hubschrauber, um das israelische Militär anzugreifen. Daher kämpfen wir auf unsere Weise.

Warum organisieren Sie keinen gewaltlosen Widerstand? Gandhi befreite Indien von England ohne Gewaltanwendung.
Eine sehr gute Frage. Wir sind nicht Gandhi. Und die britische Besatzung Indiens war keine Besatzung nach israelischem Muster. Warum haben sich die Franzosen gegen die deutsche Besatzung durch Hitler nicht mit gewaltfreien Mittel gewehrt?

Sie sagen also, dass die israelische Besatzung Palästinas brutaler ist als die britische seinerzeit in Indien?
Natürlich. Die Israelis zerstörten 459 palästinensische Städte und Dörfer, nachdem sie 1948 ihren Staat ausgerufen hatten. Die Briten haben niemals Inder aus Indien vertrieben.

Das Kampfmittel der Hamas sind Selbstmordattentäter. Was verspricht die Hamas den jungen Leuten, die sich selbst mit in die Luft sprengen?
Das sind keine Selbstmordattentäter. Das sind Märtyrerbomben. Außerdem versprechen wir nichts. Die Menschen lesen den Koran. Sie lesen über die Geschichte des Islam. Sie sind davon überzeugt, Märtyrer zu sein. Wir sind nicht irgendein abergläubisches Volk. Wir sind Ärzte, Ingenieure. Die Leute mit der besten Ausbildung finden sich bei der Hamas. Wir leben nicht in Mythen. Wir haben die höchsten akademischen Ausbildungsgrade in dieser Gesellschaft.

Welche Taktik verfolgen Sie? Wann immer ein Schritt zum Frieden möglich schien, schickte Hamas einen Selbstmordattentäter.
Sie bestehen auf der Bezeichnung Selbstmordattentäter. Kein Problem.

Wann immer ein US-Vermittler kam, gab es eine Bombe. Wollten Sie den Frieden verhindern?
Das ist auch so eine zionistische Propaganda. Die erste solche Operation stammt aus dem Jahr 1994, nachdem der Israeli Baruch Goldstein in Hebron 29 Muslime erschoss. War Goldstein Mitglied der Hamas? Und wenn es sich wirklich um einen Friedensprozess gehandelt hätte, warum haben die Israelis ihren Rückzug solange hinausgezögert? Wegen unserer Märtyrer-Operationen? Nein. Sie wollen einfach dieses Land nicht verlassen.

Moralisch verwerflich, politisch schädlich – Selbstmordattentate sind der falsche Weg

*Von Issa Sarras, Ramallah 2008**

Das Phänomen der Selbstmordattentate im palästinensischen Kontext ist für mich und für viele anderen Palästinenser eine Quelle großen Schmerzes. Das mag nicht die Wahrnehmung der Menschen in aller Welt sein, weil viele glauben, dass Selbstmordattentate von den Palästinensern in großem Maße unterstützt werden. Davon abgesehen veranlasst diese Praxis viele Menschen im Ausland, ihr rationales Urteilsvermögen beiseitezulegen, diesen verabscheuungswürdigen Akt zu verdammen und zwar unabhängig von den realen Gegebenheiten, die solch einen Akt verursacht haben.

Lassen Sie mich zunächst deutlich klarstellen, dass ich Selbstmordattentate aus ganzem Herzen verurteile, obwohl ich verstehen kann, welche Umstände sie verursachen. Ich glaube, dass diese Praxis unter gar keinen Umständen gerechtfertigt ist. Sie ist moralisch falsch, und der Schaden, den sie verursacht, ist enorm und vielleicht nicht wiedergutzumachen. Mein Auge richtet sich in die Zukunft und auf die Beziehungen, die wir mit unseren jüdischen Nachbarn haben werden. Abgesehen von der harten Realität einer militärischen Okkupation, müssen wir über die Art der Beziehung mit dem israelischen Volk nachdenken, über die Natur der israelischen Gesellschaft selbst und

* Issa Sarras wurde in Beit Dschala geboren. Er lebt in Ramallah und arbeitet dort als Dozent. Den Beitrag verfasste er für dieses Buch.

darüber, was Selbstmordattentate der israelischen Psyche antun. Regierungen kommen und gehen, aber wir und die Israelis werden immer hier sein, und ohne konstruktive Zusammenarbeit kann es keine Zukunft für diese Region geben.

Die Praxis der Selbstmordattentate hat in der palästinensischen Gesellschaft zu einem fundamentalen Wandel geführt. Diese Selbstmordattentate kamen im Gefolge der beständigen Desintegration der palästinensischen Nationalbewegung, im Gefolge des sich allmählich entwickelnden politischen Islam und als Folge der Unfähigkeit palästinensischer Intellektueller, einen klaren Weg nach vorne zu entwerfen, einen Weg, der zur Befreiung führt. In einer Atmosphäre von Hoffnungslosigkeit und Verzweiflung und angesichts des Versagens der Internationalen Gemeinschaft und der UNO, eine gerechte Lösung des palästinensisch-israelischen Konfliktes zu finden, war die Tür offen zu verschiedenen negativen Konflikten. Und zu mehr Instabilität. Die erste und die zweite Intifada waren Versuche der einfachen Leute, ihr Geschick in die eigenen Hände zu nehmen und zu tun, was ihre Führer und die Welt nicht tun konnten. Das funktionierte nicht, weil die Politiker in aller Welt ihr Vertrauen in eine Abfolge von »Friedensprozessen« setzten und noch heute setzen, die an der Basis, bei den Menschen, keinerlei Wirkung zeigen.

Angesichts dauernder Fehlschläge und in einer Atmosphäre eines intellektuellen und politischen Vakuums begann eine wachsende Zahl von Menschen, der Stimme des politischen Islam größere Beachtung zu schenken. Das Schlagwort »Islam ist die Lösung« fand mehr und mehr Unterstützung.

Man kann nicht sagen, dass der politische Islam im Allgemeinen Selbstmordattentate befürwortet. Aber im palästinensischen Kontext gesehen, wurde der politische Islam immer extremer, und mit Selbstmordattentaten glaubte man, der Gegenseite genügend Schmerz zu bereiten und eine Art »Terror-Gleichgewicht« zu erlangen.

Vielleicht befriedigte dies ein Verlangen nach Rache in den Gedanken mancher Leute. Aber die Konsequenzen waren desaströs. Die palästinensisch-israelischen Beziehungen verschlechterten sich rapide. Und sie erreichten jenen Tiefpunkt, an dem wir uns heute befinden. Israel begann, die Mauer zu bauen und führte im Westjordanland strikte Sicherheitsmaßnahmen ein. Hunderte von Armeestraßensperren und physische Hindernisse verwüsteten die palästinensische Wirtschaft und machten das Leben für die zivile palästinensische Gesellschaft fast unmöglich. Nachdem der jüngste »Friedensprozess« wieder einmal weit hinter seinem Ziel zurückhinkt, ist die Möglichkeit des Wandels für die Menschen in sehr weite Ferne gerückt.

Um der Fairness willen müssen wir uns fragen: Was für eine palästinensische Gesellschaft ist es, die Selbstmordattentate zu tolerieren begann? Es ist eine Gesellschaft, die ihrer besten Köpfe beraubt ist (wegen des ständigen Exodus wohl ausgebildeter Palästinenser, die in Palästina kein würdiges Leben erwarten konnten). Und es ist eine Gesellschaft, die von der arabischen Welt und der internationalen Gemeinschaft insgesamt verlassen wurde und die deshalb von Verzweiflung ergriffen ist.

Schließlich, nachdem das alles gesagt ist, müssen wir zugeben, dass Selbstmordattentate ein gewaltiger strategischer Fehler gewesen sind. Sie brachten unermessliches Leiden über Israelis und Palästinenser, und sie entfernten uns noch weiter von einer gerechten Lösung. Wir müssen hoffen, dass der entstandene Schaden nicht irreparabel ist. Und wir müssen hoffen, dass vernünftige Menschen auf beiden Seiten den Mut und die Weisheit für einen Neuanfang finden und dazu beitragen, ihre Völker und die Region in eine völlig andere Richtung zu lenken.

In den Trümmern einer Hoffnung

Warum es nie einen wirklichen Friedensprozess gab

»Hätte Israel dort aufgehört, wo es im Jahre 1948 stand, hätte ich damit leben können. Als Israelin wuchs ich in dem Glauben auf, dass diese ursprüngliche Sünde, auf der unser Staat gegründet wurde, eines Tages vergeben werden könne.«
Tanya Reinhart, israelische Professorin an den Universitäten Tel Aviv und Utrecht. Gestorben 2007

Die Palästinenser müssen in den Tiefen ihres Bewusstseins verstehen lernen, dass sie ein besiegtes Volk sind.
Moshe Avalon, israelischer Generalstabschef, 2002

Was wäre geschehen, wenn Israel, internationalem Recht gemäß, auf seinen Siedlungsbau verzichtet hätte?

Und was wäre geschehen, wenn sich Hamas, Islamischer Heiliger Krieg und andere Gruppen auf Widerstand in den besetzten Gebieten beschränkt und darauf verzichtet hätten, israelische Zivilisten in Restaurants und auf Straßen zu ermorden?

Natürlich, solche Fragen sind müßig und vor allem unhistorisch. Im Falle des israelisch-palästinensischen Konfliktes sind sie aber ausnahmsweise einigermaßen leicht zu beantworten. Zum Problem der Siedlungen hat der bereits ausführlich zitierte israelische Journalist Gideon Levy von der Zeitung *Ha'aretz* einen bemerkenswerten Kommentar geschrieben: »Es ist nicht schwer, sich vorzustellen, was passiert wäre, wenn die Siedlungen nicht gebaut worden wären, wie der territoriale Konflikt leicht zu lösen gewesen wäre, wie er sich ganz einfach in Luft aufgelöst hätte und mit welcher Leichtigkeit die allein legitimen Grenzen, jene vom Juni 1967, zu den internationalen Grenzen Israels geworden wären. Sie würden Israel von dem kleinen palästinensischen Staat trennen und vielleicht sogar friedliche Beziehungen mit ihm erlauben. Aber das Land der Palästinenser, dieser winzige Streifen Land, das ihnen bleibt von ihrem Gelobten Land und von unserem, ist das Land der Siedlungen geworden.«[1]

Auch die zweite Frage, die nach dem Verzicht auf Selbstmordattentate, ist relativ leicht zu beantworten. Ohne diese perfide Taktik hätte Israel wohl kaum einen Grund und Anlass gehabt, sich von den Palästinensern durch Mauer und Zaun abzuschirmen. Verhandlungen zwischen beiden Seiten wären erheblich einfacher geworden. Und vor allem: Die Argumente der Palästinenser wären auf der internationalen politischen Bühne auf weit mehr Gehör gestoßen. Doch wer in einem von der großen Mehrheit der Länder völkerrechtlich anerkannten Staat gezielt friedliche Bürger tötet, darf nicht auf großen Rückhalt für seine politischen Anliegen hoffen. So aber muss man einem Teil der Palästinenser, nämlich jenem, welcher die Gewalttäter der Hamas unterstützt, den Vorwurf machen, er hätte, womöglich mit voller Absicht, eine friedliche Lösung mit Israel verhindert.

Will man aber die tieferen Ursachen ergründen, die dazu geführt haben, dass sich Palästinenser und Israelis bis heute so unversöhnlich gegenüberstehen, muss man auf beiden Seiten historische Aspekte berücksichtigen. Da ist die sehr weit zurückreichende, aber aktuell durchaus wichtige Frage, ob durch die historischen Fakten tatsächlich gedeckt ist, dass die Juden, wie immer wieder geschrieben wird, einst brutal von den Römern aus Kanaan-Palästina vertrieben wurden, deshalb ins Exil gehen mussten und dann endlich, in der ersten Hälfte des 20. Jahrhunderts, in ihre angestammte Heimat Palästina zurückkehren konnten. Wenn etwa der israelische Historiker Shlomo Sand ein Buch vorlegt, in dem gerade die bisher verkündete Wahrheit von der Vertreibung durch die Römer in Frage gestellt wird, dann könnte eine innerisraelische Diskussion darüber durchaus zu einer Auflockerung überkommener Einstellungen führen und, auf lange Sicht, auch zu einem offeneren Klima gegenüber den Palästinensern beitragen.[2] (Dazu im nächsten Kapitel mehr.) Allmählich entwickelt sich in Israel auch eine Diskussion darüber, ob es denn richtig sein kann, den jüdischen Staat weitgehend auf die Katastrophe des Holocaust zu gründen, ob es nicht vielmehr nötig sei, auch die Leiden anderer Völker anzuerkennen und zu würdigen. Diese Frage etwa stellt Avraham Burg, ehemaliger Präsident des israelischen Parlamentes, der Knesset, und ehemaliger Präsident des Zionistischen Weltkongresses. In seinem auf Hebräisch und auf Französisch publizierten Buch »Vaincre Hitler« (Hitler besiegen) plädiert er für ein, wie er sagt, Judentum, das in einer humaneren und einer weltoffeneren Form auftritt.[3] Ende 2008 ist dieses Buch in geringfügig veränderter Form unter dem Titel »The Holocaust Is Over« auch in englischer Sprache erschienen. (Dazu mehr im folgenden Kapitel.)

An die Palästinenser ging wiederholt der Vorwurf, sie hätten in der Geschichte immer wieder Gelegenheiten zu einem Frieden ausgeschlagen, vor allem Jassir Arafat, der vielen als »Pate des Terrors« gilt. Arafat hat in der Tat einige gravierende Fehler gemacht. Nachdem er 1994 aus seinem Exil in Tunis nach Gaza zurückgekehrt war, errichtete er ein typisch arabisches autoritäres Regime. Politische Gegner ließ er verhaften – und auch foltern. Gerichtsverfahren wurden in seinem Sinne manipuliert. Seinen Günstlingen erlaubte er, sich in Gaza und in Ramallah luxuriöse Villen zu bauen. Durch die immer weiter auswuchernde Korruption verlor sein Regime unter der Bevölkerung allmählich an Glaubwürdigkeit. Diese fatale Entwicklung trug dazu bei, dass die Palästinenser bei den Wahlen im Januar 2006 der Hamas die parlamentarische Mehrheit bescherten. Keineswegs aber unterstützten die neuen Hamas-Wähler in ihrer Mehrheit die islamistische Ideologie und die militärische Strategie der Hamas. Posthum erntete Jassir Arafat 2006 nur, was er (und sein Fatah-Clan) in den zwölf Jahren zuvor gesät hatten.

Doch was Israel betrifft, so ist Arafat schon relativ früh auf den jüdischen Staat zugegangen, den er anfangs vernichten wollte. In seinem ersten Auftritt vor der UNO hat er am 13. November 1974 von einem friedlichen Miteinander von Juden, Christen und Muslimen in Palästina gesprochen und damit zumindest indirekt einen gemeinsamen Staat angeboten. Vierzehn Jahre danach bot Arafat Israel eine Zwei-Staaten-Lösung an. Dieser Vorschlag wurde vom Palästinensischen Nationalkongress gebilligt, der 1988 in Algier tagte. Nachdem er in der Krise um Kuwait 1990/91 die Invasion des ölreichen Staates durch Saddam Hussein nicht entschieden verurteilt hatte, war er nach dem Krieg in einer schlechten Position. International war er geschwächt, in den Flüchtlingslagern entglitt ihm die Kontrolle über die dort organisierten Gruppen. In den Verträgen von Oslo unterzeichnete er 1993, 1994 und 1995 Abkommen, von denen er glaubte, sie werden in etwa einem Jahrzehnt zu der von ihm 1988 vorgeschlagenen Zwei-Staaten-Lösung führen. In Wirklichkeit brachte es den Palästinensern nur ein weiters Desaster. Schon im Verlaufe der Verhandlungen hatten die Palästinenser letztlich das Nachsehen. Immer musste Arafat nachgeben. »Israel diktierte, Arafat protestierte, weinte – und unterzeichnete.« So drückt sich die israelische Historikern Tanya Reinhart aus.[4] Einer der größten Fehler bestand darin, dass man Israel nicht dazu verpflichtet hatte, den Bau von Siedlungen ein für allemal einzustellen. Später, in den Verhandlungen von Camp David im Jahr 2000, folgte von Israel, wie bereits dargelegt, kein umfassendes Friedensangebot. Was die von Arafat immer wieder beschworene Hauptstadt seines Ministaates, das arabische Ost-Jerusalem betraf, so ließ er sich sogar mit einem Trick abfertigen und machte seine Landsleute glauben, Ost-Jerusalem werde die Hauptstadt Palästinas werden. In Wirklichkeit aber hatten die Israelis ein kleines Dorf am Rande Jerusalems als palästinensische Hauptstadt vorgesehen – Abu Dis. Der Trick: Man belegte Abu Dis einfach mit dem Namen Al-Quds, der arabischen Bezeichnung für Jerusalem.

Im Nachhinein wird oft gefragt: Hat Israel den Oslo-Prozess wirklich ernst genommen? Vieles spricht dagegen. Ariel Scharon, Ehud Barak und Benjamin Netanjahu sprachen sich von vornherein gegen die Oslo-Verträge aus. Und die praktische israelische Politik ließ, um es gelinde zu sagen, nicht den Eindruck zu, als wolle sie besetztes Land herausgeben, um Anerkennung und Frieden zu ernten. Im Gegenteil: Weiter wurde palästinensisches Land konfisziert, um neue Siedlungen zu bauen, und die Palästinenser, die sich zuvor sowohl zwischen dem Westjordanland und Gaza als auch innerhalb Israels relativ frei bewegen konnten, wurden jetzt mehr und mehr in ihren Städten und Dörfern eingesperrt.

Die israelische Journalistin Amira Hass kommt in ihrem eindrucksvollen, aber auch deprimierenden Buch über die Unterdrückung der Palästinenser in Gaza zu der Einschätzung, dass Israel mit dem Boykott der Oslo-Verträge eine auf lange Zeit einmalige Friedenschance vergeben habe: »Während der Oslo-Jahre haben Palästinenser Israel ein goldenes Geschenk angeboten: sich von seinen kolonialistischen Charakterzügen und Traditionen zu lösen und nach einem neuen Weg zu suchen, um den Konflikt mit den Palästinensern friedlich und mit vernünftigen Methoden zum Abschluss zu bringen. Ich bin fest davon überzeugt, dass dies der sicherste Weg gewesen wäre, der jüdischen Gemeinschaft eine normale Zukunft in Wohlstand und Sicherheit zu garantieren – und nicht nur den Juden, sondern auch den Palästinensern. Denn es sind zwei Völker, die in diesem einen, gequälten Land leben, und jede mögliche Lösung sollte auf der Anerkennung des Grundsatzes der Gleichheit basieren.«[5]

Was den Terror betrifft, so startete Hamas die Serie von Selbstmordattentaten im April 1994. Arafat war gerade nach Gaza zurückgekehrt. In der damaligen Situation hatte er keinerlei politisches Interesse an terroristischen Attacken. Sie liefen seinem Ziel, den Oslo-Prozess friedlich zu Ende zu führen und einen eigenen Staat zu gründen, diametral zuwider. Doch Arafat besaß kaum Kontrolle über die Hamas, die sich als politische und ideologische Alternative zur Fatah sieht und sich entsprechend profilieren wollte. Die Hamas war gegen den in Oslo begonnenen Verhandlungsprozess. Dabei ignorierte sie den mehrheitlichen Willen der Palästinenser. In der Überzahl wollten diese in Frieden in ihrem zukünftigen kleinen Staat leben. Andererseits ignorierte Israel, vermutlich bewusst, dass die Hamas keineswegs repräsentativ für den Willen der Palästinenser war. Hätte Israel nach Oslo seinen Siedlungsbau eingestellt, wäre auch der Hamas ein wichtiges Argument für ihr Handeln entzogen worden.

In den Oslo-Jahren arbeitete Arafat häufig mit den israelischen Sicherheitsbehörden zusammen, um den Terror der Hamas einzudämmen. Die bereits zitierte Historikerin Tanya Reinhart hat diese Kooperation ausführlich dokumentiert.[6] Doch diese Zusammenarbeit hatte ihre Grenzen. Wäre das volle Ausmaß der Kooperation zwischen dem israelischen Inlandssicherheitsdienst Shin Bet und Arafats Dienst der Preventive Security (»Vorbeugende Sicherheit«) in der palästinensischen Öffentlichkeit bekannt geworden, hätten Arafats Ansehen und Einfluss erheblichen Schaden genommen. Die palästinensische Öffentlichkeit hätte es kaum verstanden, dass ihr Präsident mit den »Besatzern« kooperiert.

Im Verlaufe der nach Ariel Scharons Besuch auf dem Tempelberg/Haram al-Sherif im September 2000 ausgebrochenen Al-Aqsa-Intifada umzingelten israelische Truppen den Amtssitz Arafats in Ramallah so lange, bis Arafat im November 2004 starb. Vorher wurde in der israelischen Öffentlichkeit die Frage lanciert bzw. diskutiert, ob man Arafat nicht einfach ermorden solle, um ein »Friedenshindernis« beiseitezuräumen. Das »Friedenshindernis« saß in einer belagerten Festung unter israelischem Hausarrest, seine gesamte Kommunikation mit der Außenwelt wurde von den Belagerern überwacht. Belege, dass der Eingeschlossene Terror dirigiere, wurden nicht vorgelegt. Vielmehr dürfte umgekehrt die Umzingelung ihres Führers weitere Palästinenser zum Widerstand angestachelt haben.

Nachdem der palästinensische Autokrat erleben musste, dass der auf der Friedenskonferenz von Madrid im Herbst 1991 eingeleitete und in Oslo ab 1993 fortgesetzte Prozess unter der Formel »Land für Frieden« von den Ministerpräsidenten Benjamin Netanjahu, Ehud Barak und Ariel Scharon immer wieder boykottiert wurde, hätte Arafat der Welt und seinem Volk durch Rücktritt ein Zeichen setzen können: Seht her, hätte er sagen können, wir sind zum Frieden bereit, doch niemand folgt uns. Leider aber sind in Arabien Lebenszeit und Amtszeit der Machthaber ungefähr identisch. Kein Rais, kein Führer ist bereit, durch Amtsverzicht ein Signal zu setzen. Machterhalt ist traditionell wichtiger als das Ziel, welches man mit dieser Macht erreichen will.

Besonders die Verhandlungen von Camp David im Sommer 2000 hätten für einen Rücktritt allen Grund gegeben. Die israelischen Unterhändler, an der Spitze Ehud Barak, verlangten damals zum Beispiel von Arafat, er müsse die Forderung nach Verwirklichung der UNO-Resolution 242 aus dem Jahre 1967 fallen lassen. Diese sieht den Rückzug Israels aus den besetzten Gebieten vor. Diesen Rückzug hat Israel aber wohl nie ernsthaft erwogen, denn nach 1967 begann, wie dargelegt, die Besiedlung der besetzten Gebiete. Da, wie Avraham Burg sagt, die israelische Politik praktisch von den Siedlern bestimmt wird, hat es keine Bereitschaft zum Rückzug und deshalb eigentlich auch nie einen wirklichen Friedensprozess gegeben.

Nach einer verheerenden Serie von palästinensischen Selbstmordattentaten – u.a. in der israelischen Stadt Netanja – gab es im Frühjahr 2002 einen massiven Gegenschlag der israelischen Armee im Westjordanland, der sich aber nicht auf die Suche nach palästinensischen Terroristen beschränkte. Die Armee hatte es sich offensichtlich zum Ziel gesetzt, die von der Palästinensischen Autonomiebehörde aufgebaute Infrastruktur zu zerstören – und damit einem palästinensischen Staat die Basis zu entziehen. Schon bis zum Dezember 2001 hatte die israelische Armee etwa drei Viertel aller palästinensischen Polizeistationen zerstört,[7] gleichzeitig aber immer wieder gefordert, Jassir Arafat müsse den »Terror« bekämpfen.

In demselben Feldzug zerstörte die israelische Armee auch das Hauptquartier von Jassir Arafats Behörde der »Vorbeugenden Sicherheit« in Beitunia bei Ramallah. Der großzügige Gebäudekomplex, inklusive Gefängnis, war von Israel und der amerikanischen CIA finanziert worden. Ihr Leiter, Dschibril Radschub, ein enger Vertrauter Arafats, jagte, fing und folterte in Kooperation mit Israel und der CIA Mitglieder der Hamas und des Islamischen Heiligen Krieges. Nach dem Abzug der Israelis im April 2002 lag sein Geheimdienstzentrum einschließlich seines luxuriösen Büros in Schutt und Asche. Arafats Kooperation wurde von der israelischen Regierung nicht mehr benötigt. Die Millionen, mit denen man Arafats Geheimdienstbehörde aufgepäppelt hatte, zählten nun ebenso wenig wie die Millionen, welche die Europäische Union einst für den palästinensischen Flughafen in Rafah spendiert hatte.

In Ramallah hat Israels Armee 2002 etwas Wertvolleres zerstört als ein paar Häuser. In Trümmern lagen die Fundamente, auf denen die Palästinenser jenen kleinen Staat hatten aufbauen wollen, von dem die meisten von ihnen noch träumten. Vom Beginn des Oslo-Prozesses im Jahre 1993 bis 2002 hatten die USA, die Europäische Union, die Weltbank und andere Organisationen etwa fünf Milliarden Dollar in den Aufbau des palästinensischen Ministaates gesteckt. Damit waren Ministerien, Behörden, Dokumentationszentren, Krankenhäuser, Schulen, Computer, Lehrer finanziert worden. In ihren Ministerien fanden die Beamten jetzt fast nur noch Zerstörung vor. Computer waren zerschlagen, Festplatten entwendet, Archive entleert worden. Kurz: Ein großer Teil der fünf Milliarden Dollar war in Ramallah, Dschenin, Nablus und in anderen Städten verbrannt, die Grundlagen eines palästinensischen Staates waren zerstört.

Die israelische Regierung hatte in ebendiesem Westjordanland derweil die Fundamente für eine Zukunft gelegt, die nur einen Staat vorsah, nämlich einen israelischen. Amira Hass schreibt dazu: »Die zielstrebige Weiterentwicklung der Siedlungen während des Friedensjahrzehnts (das 1991 begann) hatte die Entstehung eines einzigen Staates in einem Land zur Folge, das sich vom Mittelmeer bis zum Jordan erstreckt. Die Infrastruktur, die zum Zweck der Verbesserung der Situation der Siedler entwickelt wurde, ist die Infrastruktur eines einzigen Staates, Israels. Schnelle Straßen verbinden die Siedlungen mit dem Mutterland, das Elektrizitätsnetz, das Wasserversorgungssystem, die Schulen, das Steuersystem, die Gerichte und Polizeistationen sind die gleichen. Nur dass zwischen diesen israelischen Ablegern … ein anderes Volk lebt, dessen Entwicklungschancen a priori von den verschiedenen Regierungen Israels begrenzt wurden, dessen Zugang zu Wasser- und Landreserven systematisch limitiert wird.«[8]

Noch einmal gab es den Versuch, in einer Art Neu-Oslo Verhandlungen zwischen Israelis und Palästinensern auf den Weg zu bringen. Auf der Konferenz im amerikanischen Annapolis gab George W. Bush Ende 2007 das Ziel aus, binnen eines Jahres eine friedliche Lösung des Konfliktes herbeizuführen. Doch kaum war dieses weitere, fast kafkaesk und wirklichkeitsfremd zu nennende Diplomatentreffen beendet, führte Israel demonstrativ seinen Siedlungsbau weiter. Auch hat sich die Lebenssituation der Palästinenser seitdem in keiner Weise verbessert. Im Westjordanland wird die Bewegungsfreiheit der Einwohner weiter durch über 560 israelische Kontrollposten behindert. Israel handelte nicht anders als zuvor. Im Jahre 2002 hatten die USA, Russland, die Europäische Union und die USA einen »Friedensfahrplan« vorgelegt. Auch damals war Israel aufgefordert worden, seinen Siedlungsbau einzustellen und Übergriffe der Siedler auf Palästinenser einzudämmen. Außerdem sollte Israel die Büros palästinensischer Organisationen in Ost-Jerusalem wieder eröffnen. Das Gegenteil geschah. Der Siedlungsausbau wurde ausgedehnt, vor allem der Siedlungsgürtel um das arabische Ost-Jerusalem herum verstärkt. Die Übergriffe von Siedlern haben nicht abgenommen. Lediglich in Hebron ging das israelische Militär im Dezember 2008 gegen Siedler vor, die Palästinenser angegriffen hatten. Und bis Ende 2008, also bis ein Jahr nach der Konferenz von Annapolis, hatte Israel auch die Genehmigung verweigert, die Büros palästinensischer Organisationen in Ost-Jerusalem wieder zuzulassen. Nach einer Statistik der Palästinensischen Autonomiebehörde kamen in den ersten elf Monaten vor der Konferenz von Annapolis 330 Palästinenser durch israelischen Beschuss ums Leben, 1700 wurden verletzt. In den ersten elf Monaten nach Annapolis dagegen wurden 498 Palästinenser von Israel getötet, 2148 wurden verletzt.[9]

Annapolis, Sharm el-Sheikh, Camp David, Taba (wo beide Seiten Ende 2000 versuchten, eine Einigung zu erzielen), Oslo, Madrid – alle diese Konferenzorte wurden letztlich zu Symbolen des Scheiterns. An diesen Stätten wurde der Kriegszustand zwischen beiden Völkern lediglich verwaltet. Kaum ein einziger Palästinenser verbindet mit solchem diplomatischen Treffen noch irgendeine Hoffnung auf Besserung seiner Situation. Schon im Jahr 1996 schrieb der große (inzwischen verstorbene) palästinensische Wissenschaftler Edward W. Said: »Tatsache ist, dass der Friedensprozess für die palästinensische Seele eigentlich eine Beleidigung darstellt. Jede Erklärung, wie wertvoll er sei, jedes überschwängliche Kompliment, das man ihm macht, jede Parade und jede Zeremonie, die man ihm widmet, hat die Palästinenser daran erinnert, wie ihre Geschichte als das eingeborene Volk Palästinas, das absichtlich aus seinem Land vertrieben wurde, dessen Gesellschaft zerstört wurde, dessen Territorium, das Westjordanland und Gaza, seit 29 Jahren militärisch besetzt ist – wie diese gesamte Geschichte ignoriert, verletzt und entstellt wurde. Terrorismus wird in Armut, Verzweiflung, in einem Gefühl der Machtlosigkeit und in Elend ausgebrütet. Terrorismus signalisiert das Versagen der Politik und einen Mangel an Visionen.«[10]

Machtlos sind nicht nur die Palästinenser. Machtlos gibt sich oft auch die sogenannte internationale Gemeinschaft, etwa die UNO und die EU. Gescheitert nämlich sind mindestens zwei Versuche der Vereinten Nationen, die Situation der Palästinenser in den besetzten Gebieten zu untersuchen. Im Jahr 2002 musste UNO-Generalsekretär Kofi Annan seinen Plan aufgeben, die Kämpfe zwischen Palästinensern und Israelis in der Stadt Dschenin näher prüfen zu lassen. Dort hatte die israelische Armee nach Kämpfen mit palästinensischen Guerillaverbänden die Stadt praktisch dem Erdboden gleich gemacht. Kofi Annans Kommission sollte untersuchen, ob Palästinenser unter den Trümmern der Häuser begraben worden waren und ob sich die israelische Armee möglicherweise eines Kriegsverbrechens schuldig gemacht habe.

Im Dezember 2008 stand die UNO vor einer ähnlichen Situation: Die israelische Regierung verweigerte dem UNO-Beauftragten Richard Falk die Einreise. Falk, amerikanischer Jude, ist Professor für Internationales Recht an der Universität Princeton und UNO-Beauftragter für die Berichterstattung über die Palästinensergebiete. Bei seiner Einreise nach Israel wurde er auf dem Flughafen Ben Gurion festgehalten und in das nächste Flugzeug gesetzt, das ihn an den UNO-Sitz in Genf zurückbrachte. Falk gilt als heftiger Kritiker der israelischen Politik gegenüber den Palästinensern. In einem Artikel vom Juni 2007 hatte er Israels Vorgehen mit dem nationalsozialistischen Deutschland verglichen. Falk hatte seine Worte als Versuch verstanden, die Welt vor Tendenzen in Israel zu warnen, die aus seiner Sicht einem Genozid an den Palästinensern ähneln könnten. Falk hatte namentlich die USA und die Europäische Union dafür kritisiert, dass sie die wiederholten Blockaden des Gazastreifens durch Israel tatenlos hinnähmen.[11] Die immer wieder ausbrechenden Phasen der Gewalt hätten wahrscheinlich vermieden werden können, wenn die von vielen Politikern, Experten und Autoren erhobene Forderung nach Gründung eines palästinensischen Staates Erfolg gehabt hätte. So schrieb der Publizist Henryk M. Broder bereits im Herbst 1989, dass es die letzte große Aufgabe des Zionismus sei, auch den Palästinensern einen Staat zu verschaffen: »Nun erheben die Palästinenser dieselbe Forderung wie die Juden vor einem halben Jahrhundert: Sie wollen sich als Nation im eigenen Haus organisieren. Dafür zu sorgen, dass den Palästinensern endlich Recht zuteil wird, wäre eine zionistische Aufgabe – die letzte große Herausforderung für den Zionismus hundert Jahre nach seinem Entstehen.«[12]

Durch den Bau von Mauer und Sperrzaun hat sich die Lage noch einmal zugespitzt. Theodor Herzl bekam seinen jüdischen Staat, Jassir Arafat und seinen Nachfolgern wird ein palästinensischer Staat verweigert. Die Zukunft als düster zu bezeichnen, ist fast eine Untertreibung.

Das Wort Friedensprozess sollte so lange aus dem Sprachgebrauch gestrichen werden, wie Israel sein Ziel nicht aufgibt, die Palästinenser politisch mundtot und handlungsunfähig zu machen. Einen gerechten und haltbaren Frieden kann es nur zwischen weitgehend gleichberechtigten Partnern geben, nicht aber zwischen einer regionalen Supermacht und einem vermeintlichen Leichnam.

Das Ende des Oslo-Staates
Wie die palästinensische Infrastruktur zerstört wurde

Süddeutsche Zeitung *vom 24. April 2002*

Naim Abu Hommos sitzt in einem aufgeräumten Büro des palästinensischen Erziehungsministeriums in Ramallah. Dass Schreibtisch, Stühle, Sitzecke ordentlich an ihrem Platz stehen, ist ein paar Tage nach Abzug der israelischen Truppen aus Ramallah durchaus nicht normal. Denn bis auf zwei Ministerien sind praktisch alle öffentlichen Ämter verwüstet. Naim Abu Hommos ist stellvertretender Erziehungsminister in Arafats palästinensischer Selbstverwaltungsbehörde. Wie es dazu kam, dass in seinem Amt, das knapp einer Million Schüler und 40 000 Lehrern dient, fast kein Computer mehr steht und die meisten Büros verwüstet sind, erzählt der Minister mit gefasster Stimme. »Am 4. April, fünf Tage nach der israelischen Invasion, wurde unser Gebäude von etwa 30 Panzern umzingelt. Etwa 150 Soldaten betraten das Haus, schubsten die drei anwesenden Beamten als Schutzschilde vor sich her.«

Das Ergebnis der darauf folgenden achtstündigen Durchsuchung des Ministeriums ist verheerend. So gut wie alle Computer wurden zerstört, alle Festplatten geraubt, der Tresor in der Finanzabteilung wurde mit Sprengstoff geöffnet und 40 000 Schekel entwendet. Auch nahmen die Soldaten viele Akten mit.

In diesen ersten Tagen nach Abzug der Israelis sind die Beamten des Ministeriums nur mit Aufräumarbeiten beschäftigt. Minister Abu Hommos hat selbst mit Hand angelegt, sein Büro instand zu setzen. Die Fußböden der anderen Zimmer sind noch übersät von Glasscherben, Müllpapier und zerstörten Computern. Schreibtische, Stühle, Sessel müssen an ihre Plätze zurück, Aktenschränke eingeräumt, Telefonleitungen repariert werden. Viele Türen wurden demoliert, obwohl, wie Naim Hommos berichtet, die Angestellten den israelischen Soldaten die Schlüssel angeboten hatten.

Einen Mann wie Naim Abu Hommos treffen die Verwüstungen im Erziehungsministerium besonders hart. Seine Familie wurde im ersten Nahostkrieg von 1948 aus jener Gegend vertrieben, in der heute der Flughafen Ben Gurion steht. Sein Vater hätte neun Kinder ernähren müssen, erzählt der Minister, trotzdem habe er es dazu gebracht, in Bir Zeit bei Ramallah ein kleines Haus zu bauen. »Wir Kinder«, erinnert sich Naim Abu Hommos, »wurden in die Erziehung hineingezwungen.« Denn immer wieder habe der Vater ihnen eingebläut, dass Palästinenser nur eines retten könne: eine gute Ausbildung. Abu Hommos machte seinen Bachelor in Pädagogik in Jordanien, kaufte sich einen Flugschein in die USA »ohne Rückflugcoupon«, wie er sagt, arbeitete in Gaststätten und machte seinen Magister. Als 1994 die palästinensische Selbstverwaltungsbehörde aufgebaut wurde, war Abu Hommos mit seiner guten Ausbildung zur Stelle. Denn, sagt er: »Ich war immer auf Seiten des Friedensprozesses.«

Nun aber sitzt der Mann, dessen Vater stets von der Wichtigkeit der Erziehung gesprochen hatte, in seinem zerstörten Ministerium, das der Erziehung – und dem Frieden diente. Viele in Ramallah sagen, es sei eines der wenigen effektiv arbeitenden Behörden in Arafats Reich gewesen. Minister Naim Abu Hommos beantwortet die Frage, warum die Israelis palästinensische Institutionen demoliert hätten, wie fast jeder in Ramallah. In keiner einzigen zivilen Behörde seien Akten über Terroristen zu finden: »Die Israelis wollen die Palästinensische Autonomiebehörde zerstören, den Sicherheitsapparat und unsere Gesellschaft.«

Man braucht nicht lange zu suchen in Ramallah, um Indizien zu finden, welche diese These belegen. Vor der »Palestine International Bank« liegt ein Haufen verbrannten Schutts. Mitten drin ein verkohlter Computer. »24 Hour Banking« steht auf einem Schild am Eingang der Bank. Ein solcher Rundum-Service wird so schnell nicht mehr möglich sein. Die Geldmaschine, Kostenpunkt 50 000 Dollar, ist von den Israelis zerstört worden. »Schreiben Sie, ich sei einer der Manager hier«, sagt einer der fließend englisch sprechenden Angestellten, der durch den verwüsteten Schalterraum führt. Auch hier ausgebrannte Computer, zerstörte Tastaturen, zerstörte Telefone, gekappte Leitungen. Sechs kleine Tresore – Kostenpunkt zusammen 18 000 Dollar – sind demoliert. Der Bankmanager geht ins Untergeschoss. Vergeblich hätten die Israelis versucht, die beiden Haupttresore zu knacken. Tatsächlich deuten Beschädigungen in der Betonwand auf einen Einbruchversuch hin. Millionen von Schekel, Schmuck von Kunden, Schecks lägen hinter den Stahltüren, sagt der Manager. Immerhin hätten es die Israelis geschafft, die Türschlösser zu beschädigen: »Unsere Schlüssel funktionieren hier nicht mehr.« Und warum das alles? Der Manager schüttelt den Kopf: »In den Tresoren sind keine Terroristen versteckt. Die Israelis wollen keinen Frieden.«

Wie kann Frieden aus solchen Zerstörungen entstehen? Ein wenig weiter, im Zentrum Ramallahs. Die Straßen sind überfüllt von Fußgängern und Autos. Die Menschen inspizieren ihre Stadt, aus der sie drei Wochen verbannt waren. Ein paar Polizisten, unbewaffnet, versuchen, etwas Ordnung ins Chaos zu bringen. Bulldozer räumen Schutt beiseite, befördern ausgebrannte Autos auf Lastwagen. Eine Kolonne junger Leute ist dabei, Lehm, Sand und Müll zu beseitigen. Arbeiter stehen auf Leitern, reparieren Strom- und Telefonleitungen. An einer Stelle versuchen sich ein paar palästinensische Jugendliche zu bereichern: Sie plündern einen Laden, der elektronische Waren anbietet. Andere Läden öffnen. Mohammed Tarifi sitzt zum ersten Mal seit dem 29. März hinter der Kasse. Die Regale sind voller Waren, denn niemand hatte Gelegenheit zum Einkauf. Hier, im Zentrum, wurde die Ausgangssperre drei Wochen keine einzige Stunde aufgehoben. Die ersten Kunden kaufen Schokoriegel und Zigaretten. Mohammed Tarifi sagt, er sei zufrieden – fürs Erste wenigstens.

Andere aber stehen auf den Scherben ihrer Existenz – etwa im zweiten Stock des Tarnus-Zentrums, einem Geschäfts- und Bürokomplex. Als Musa Shukri nach drei Wochen in seine Anwaltskanzlei zurückkam, sah er herausgebrochene Wände, zerstörte Akten, demolierte Möbel, beschädigte Computer – ein wahres Chaos. Warum? Der Anwalt hat eine Vermutung. Einer seiner Partner heiße Barghouti; vielleicht hätten die Soldaten den Mann mit Marwan Barghouti verwechselt, den von den Israelis gefangen gesetzten Arafat-Getreuen. An den Wänden seines Büros habe er – in verschiedenen Sprachen – einen Druck der Internationalen Erklärung der Menschenrechte befestigt. Alle Plakate seien verschwunden – bis auf die arabische Version: »Das konnten sie wohl nicht lesen«, vermutet der Anwalt.

Im Raum nebenan steht Dr. Mohammed Nasr. »Siebzehn Jahre habe ich in Deutschland Medizin studiert und als Arzt gearbeitet«, sagt Dr. Nasr empört. »Und nun schauen Sie sich dies an.« Seine Praxis liegt in Trümmern. »Niemand kann annehmen, dass meine Praxis ein Hort des Terrorismus war.« Niemand schütze die Palästinenser vor solcher Willkür: »Israel und die USA aber können sich alles erlauben«, ruft Dr. Nasr, immer noch erregt.

Wenige Schritte weiter ein ebenso empörter Dr. Issa Kayyat. Dr. Kayyat ist Kinderarzt. »Warum zerstören Sie meine Praxis?« habe er die Soldaten gefragt. »Fragen Sie das Abu Ammar«, hätten die Soldaten geantwortet. (Abu Ammar ist der Deckname Jassir Arafats aus früheren Kriegszeiten.) Die Fenster seiner Praxis sind zerbrochen, Papier und Akten auf dem Boden zerstreut. Impfstoffe im Wert von 1600 Schekel seien geraubt oder unbrauchbar, aus seinem Schreibtisch fehlten 950 Schekel. »Jeden einzelnen Schekel fordere ich von den Israelis zurück«, ruft Dr. Kayyat den Umstehenden zu. Der Arzt kann sich nicht beruhigen. Erneut steigt er über die Trümmer seiner Praxis. »Was soll das heißen«, fragt er empört, »Geld aus meiner Praxis zu stehlen? Das ist Vandalismus.«

Nur Vandalismus? Immer wieder kommen politische Deutungen des Geschehens – etwa von Dr. Abdellatif Mohammed. Er ist leitender Mitarbeiter des »Landwirtschaftlichen Hilfskomitees«. Seit 1983 arbeitet diese Nicht-Regierungsorganisation in knapp 400 Dörfern des Westjordanlandes und Gazas an Schulungs- und Bewässerungsprojekten. »Sie wollen uns zerstören«, vermutet Dr. Mohammed. Indizien sind im Gebäude seiner Organisation genügend zu finden. Im ersten Stock beschädigte Computer, Telefone, Drucker, Kopierer, Möbel. Im zweiten Stock das gleiche Bild – im dritten ebenso. Hier arbeitet die »Palästinensische Hydrologische Gesellschaft«. Direktor Abdelrahman Tarnini übt sich in Sarkasmus: Die Israelis hätten sein Büro »nur ein wenig reorganisiert«, sagt er mit Blick auf das Chaos. Vermutlich hätten die Israelis hier wirklich Terroristen vermutet, denn »Menschen wie wir, die nach Wasser suchen, arbeiten notwendigerweise im Untergrund.« Im vierten Stock hat sich »Link-TV« eingemietet, eine private Fernsehproduktionsfirma. Einige Computer sind intakt. Doch als die weiblichen Mitarbeiter die Geräte in Betrieb genommen hätten, berichtet ein Angestellter, seien sie als Erstes auf Internetseiten mit Sexbildern gestoßen, die von israelischen Soldaten heruntergeladen worden seien: »Das war für die Frauen ein peinliches Erlebnis.«

Im fünften Stock sind die Büros von »Watan-TV«. Dieser private »Heimat«-Sender, wie das Wort Watan zu übersetzen ist, war den Israelis deshalb ein Dorn im Auge, weil er in allen Einzelheiten über die Intifada berichtete. Nachdem die Israelis den Sender besetzt hatten, strahlten sie Pornofilme aus. Erst ein Protest amerikanischer Diplomaten bei israelischen Behörden machte dem Spuk ein Ende. Heute sind die Büros von Al-Watan geschlossen, die Stimme der Intifada ist verstummt.

Verstummt ist auch die Stimme eines Mannes, den viele Palästinenser als Kollaborateur Israels verdächtigten. Es ist die Stimme Dschibril Radschubs. Der Vertraute Jassir Arafats war Chef des berüchtigten palästinensischen Geheimdienstes »Vorbeugende Sicherheit«. In Zusammenarbeit mit Israel und der amerikanischen CIA hat er des Terrorismus verdächtige Hamas- und Dschihad-Mitglieder verhaftet und, wie viele sagen, foltern lassen. Sein von den Amerikanern finanzierter großzügiger Gebäudekomplex im Ort Beitunia bei Ramallah gleicht einem Schlachtfeld. Tagelang haben die Israelis ihren ehemaligen Verbündeten Dschibril Radschub belagert – bis die knapp 500 Menschen aufgaben. Das Areal stellte eine kleine Stadt dar mit Wohnungen, Arztpraxen, Büros und Gefängniszellen. Das zentrale Archiv ist ausgebrannt. Radschubs Räume sind verwüstet. Einige der Fenster mit schusssicherem Glas haben der Wucht der Granaten standgehalten, andere sind zerborsten. Irgendwie konnte Radschub, der Arafat politisch gerne beerbt hätte, dem Inferno entkommen. Ein Mann, der sich als Dr. Ahmed vorstellt und von Beruf Arzt ist, sagt deprimiert: »Diese Institution diente dem Frieden, weil sie Terroristen verfolgte. Nun sehen Sie, was die Israelis von Frieden halten.«

Dann noch eine Hiobsbotschaft. Zu Wochenbeginn sendet der israelische Rundfunk eine Nachricht, die Menschen in Gaza, Ramallah, Nablus und allen anderen Orten in Schrecken versetzt: Palästinenser, die außer Landes reisen wollten, müssten zukünftig eine israelische Genehmigung haben. Nachdem die Verträge von Oslo in Kraft getreten waren, konnten Palästinenser erstmals ohne Genehmigung das Land verlassen. Nach der militärischen Attacke lassen die Israelis jetzt die zivile folgen: Sie zielt auf die Bewegungsfreiheit der Palästinenser.

Ramallah bleibt eingekesselt. Die Israelis haben sich auf Positionen am Stadtrand zurückgezogen. Von hier aus können sie in wenigen Minuten das Zentrum besetzen. Wer in die Stadt einreisen und wer Ramallah verlassen darf, das bestimmen allein die Israelis.

Dennoch geben viele der in Ramallah und in anderen Städten Eingeschlossenen ihr Bestes, das tägliche Leben wieder in Gang zu bringen. Einer von ihnen ist Hisham Kuhail. Der fließend englisch sprechende, gewandt auftretende Mann ist stellvertretender Minister für »Höhere Erziehung«. Seinen Master in Philosophie hat er in England gemacht. 36 Stunden vor ihrem Abzug kamen am letzten Freitag israelische Soldaten ins Ministerium, warfen in allen fünf Stockwerken die Computer auf einen Haufen und vernichteten sie, indem sie Sprengstoff explodieren ließen. Das Ministerium, zuständig für Universitäten und wissenschaftliche Institute, gleicht einer Wüstenei. Und warum das alles? Wie Naim Abu Hommos, sein Kollege vom Erziehungsministerium, sagt auch Hisham Kuhail: »Die Israelis wollen alles zerstören, was Palästinenser in den letzten zehn Jahren aufgebaut haben.«

Ist die palästinensische Gesellschaft am Ende? Nicht für einen so energischen Mann wie Hisham Kuhail. Sein Ministerium sei dazu da, Ausbildung zu fördern – zum Wohle der Palästinenser und der ganzen Region: »Wir sind entschlossen, alles wieder aufzubauen – auch wenn die Israelis in vier Wochen wiederkommen.«

Ende eines Mythos – Beginn einer Umkehr?

Shlomo Sand und Avraham Burg: Wie ein Neuanfang möglich wäre

»Sogar nach der Zerstörung des zweiten Tempels lebte die Bevölkerung Judäas weiter in ihrem Land. Im 4. Jahrhundert konvertierten einige zum Christentum, im 7. Jahrhundert, nach der arabischen Eroberung, öffnete sich die Mehrheit dem Islam. (...) Die Bauern Palästinas sind die Nachfahren der Einwohner des alten Judäa.«

Shlomo Sand, israelischer Historiker

»Wenn sich Israel von der Obsession und dem Monopol der Shoa befreite, würde es gleichzeitig die ganze Welt befreien. Unter einer solchen Konstellation wäre es Israels Aufgabe, alle Verfolgten zu alarmieren, ihnen zu helfen und sie zu verteidigen, und zwar unabhängig davon, wo sie leben und ohne einen Unterschied zu machen, ob sie Freunde oder Feinde sind.«

Avraham Burg, ehemaliger Knesset-Sprecher

Wie schön, dass es Demokratien gibt, in denen Querdenker ein freies Betätigungsfeld haben. In vielen arabischen Staaten, in Syrien und in Ägypten etwa, und in Saudi-Arabien allemal, landen solche Freigeister, wenn sie denn in solchen Gesellschaften überhaupt erblühen können, meistens im Gefängnis. Nicht so in Israel. Obwohl dieses Land, wie Uri Avnery sagt, manchmal einer Armee gleiche, die sich einen Staat leiste[1], kommen aus der israelischen Gesellschaft immer wieder neue Ideen und Denkansätze. Aus einer solchen intellektuellen Beweglichkeit entsteht Hoffnung – Hoffnung darauf, dass einst alte Denkmuster überwunden, alte Mythen in Frage gestellt werden und dass aus einem solchen Neuanfang auch eine neue Haltung gegenüber den Palästinensern erwächst.

Da ist zum Beispiel der Historiker Shlomo Sand, Professor für Geschichte an der Universität Tel Aviv. Sein Buch »Wie das Jüdische Volk erfunden wurde«, auf Hebräisch und Französisch publiziert, stellt verschiedene Mythen der jüdischen Geschichte in Frage.[2] Etwa jenen vom Auszug der Kinder Israels aus Ägypten ins gelobte Land unter der Führung von Moses. Ist es eigentlich möglich, fragt der Historiker Sand, dass die Juden seinerzeit ausgerechnet nach Kanaan geflohen sind? Nach Kanaan, heute Palästina genannt? Das sei kaum wahrscheinlich, argumentiert er. Denn dort, in Kanaan, habe zu jener Zeit kein anderes Volk als eben jene Ägypter geherrscht, vor denen die Juden angeblich geflohen seien. Auch sei, schreibt Shlomo Sand, aus dieser Epoche in Ägypten kein großer Sklavenaufstand bekannt, der die Flucht einer solch großen Anzahl von Menschen wahrscheinlich mache.

Ähnlich argumentiert der Historiker, wenn er über die immer wieder behauptete Vertreibung der Juden aus Kanaan-Palästina im Jahre 70 n. Chr., also nach Zerstörung des Zweiten Tempels durch die Römer, schreibt. Erstens, sagt Sand, hätten die Römer die von ihnen besiegten Völker zwar harsch behandelt, niemals aber hätten sie Völker vertrieben. Und, so fragt Sand weiter: Wohin hätten die Römer die Juden vertreiben sollen? Viele angrenzende Länder seien damals von keinem anderen Volk als eben den Römern beherrscht worden, von jenen Römern, welche die Juden angeblich vertrieben hätten.

Wie ist es also gekommen, dass sich so viele Juden über die damals bekannte alte Welt verteilt haben? Durch eine ausgiebige Missionsarbeit, schreibt Shlomo Sand. Jüdische Missionare hätten in vielen Regionen rund um das Mittelmeer Menschen zum jüdischen Glauben bekehrt. Andere Juden seien zum Christentum konvertiert, nicht wenige hätten sich nach der arabischen Eroberung im 7. Jahrhundert dem Islam geöffnet. Seine Schlussfolgerung: Viele der heutigen »Palästinenser« seien eigentlich Nachkommen der von den Römern angeblich vertriebenen Juden. Andere Juden, etwa solche in Nordafrika, seien Nachkommen von Berbern, die zum Judentum bekehrt worden seien. Wieder andere, etwa ein Teil der Khazaren, seien freiwillig zum Judentum übergetreten. Die Khazaren hatten im nördlichen Kaukasus ein Königreich errichtet. Im 8. oder 9. Jahrhundert wurde der mosaische Glaube dort sogar zur Staatsreligion erklärt.

All diese Fakten, Theorien, Hypothesen – wie immer man sie nennen will – stehen im krassen Gegensatz zum Alten Testament. Shlomo Sand schreibt, dass frühe jüdische Historiker das Alte Testament keineswegs als historische Wahrheit betrachtet, sondern als ein theologisches Werk angesehen hätten. Auch David Ben Gurion sei sich der Tatsache bewusst gewesen, dass die Geschichte vom Exodus mit der Realität nicht übereinstimme, sondern eher eine Metapher sei.

»Ist die Bibel ein historischer Text? Jüdische Historiker ..., die in der ersten Hälfte des 19. Jahrhunderts schrieben, glaubten das nicht. Sie betrachteten das Alte Testament als ein theologisches Werk, welches den Glauben jüdischer Gemeinden reflektierte, die nach der Zerstörung des ersten Tempels lebten. Erst in der zweiten Hälfte des 19. Jahrhunderts entwickelten (jüdische Historiker) eine ›nationale‹ Vision der Bibel und verwandelten Abrahams Reise nach Kanaan, die Flucht aus Ägypten und das vereinigte Königreich von David und Salomon in eine authentische nationale Vergangenheit. Durch ständige Wiederholung haben zionistische Historiker diese biblischen ›Wahrheiten‹ zur Basis einer nationalen Erziehung gemacht.«[3]

Es ist die Deutung des Alten Testamentes als Geschichtsbuch (die heute von den Evangelikalen ja auch in den USA propagiert wird), auf die sich letztlich der Anspruch Israels auf den Besitz ganz Palästinas gründet. Und diese Deutung zeigt auch ganz aktuelle Wirkungen. So schreibt Shlomo Sand, jene Soldaten, die 1967 den Ostteil von Jerusalem eroberten, hätten tatsächlich die Überzeugung in sich getragen, sie seien die direkten Nachkommen des »mythischen Königreiches Davids gewesen und nicht – Gott bewahre – Nachkommen von Berberkriegern oder des Reitervolkes der Khazaren«. Die Eroberer Jerusalems, fährt Shlomo Sand fort, hätten geglaubt, sie seien eine »spezifische ethnische Gruppe, welche nach 2000 Jahren des Exils und der Wanderungen nach Jerusalem zurückgekehrt sei«.

Wenn aber, andererseits, ein Ereignis wie der »Auszug aus Ägypten« nicht stattgefunden haben kann, dann verlieren die religiös motivierten Siedler im Westjordanland die Basis ihrer Argumente. Kein Auszug aus Ägypten, kein Versprechen Gottes, seinem »auserwählten Volk« ein »gelobtes Land« zuzuweisen. Viele Siedler interpretieren die gleichnishafte Bibel wortwörtlich und würden sie am liebsten noch als Grundbuch ansehen, um daraus Gebietsansprüche ableiten zu können. Nach Sands Lesart bliebe ein wunderschöner Mythos, ein Mythos, der zweifellos zum Zusammenhalt eines Volkes »im Exil« beitrüge, der aber andererseits für den Zusammenhalt des modernen israelischen Staates durchaus gefährlich werden könne. Denn, so der Autor, durch die Adern Israels fließe der Mythos einer geschlossenen »jüdischen Ethnie«. Dieser Zustand aber könne Israel auf Dauer von innen zersetzen: »Das Bestehen auf einer geschlossenen Ethnie, das Ausschließen und die Diskriminierung eines Viertels der zivilen Bevölkerung des Landes, Araber und anderer Bürger, die nach dem religiösen Gesetz und gemäß der Geschichte nicht als Juden angesehen werden, bringt unaufhörlich Spannungen hervor, welche in einer ungewissen Zukunft in gewalttätige Brüche ausarten können, welche schwer zu beherrschen sein werden.«[4]

Nach Shlomo Sand müssten sich Israel und seine jüdischen Bürger von der Vorstellung verabschieden, sie seien alleine im Lande. Sie müssten sich vielmehr mit dem Gedanken vertraut machen, den Palästinensern in Israel und auch denen in den besetzten Gebieten gleiche Rechte zuzuerkennen. Im Einzelnen argumentiert Sand so: Sollte es zu einer Übereinkunft mit den Palästinensern kommen, so würde dem ein schmerzhaftes Umdenken in Israel folgen müssen. Damit Israel seine Beziehungen zur arabischen Welt und besonders zu den Palästinensern in Israel auf eine neue Grundlage stellen könne, müsse es von einer Haltung Abschied nehmen, die allein auf die jüdische Identität Israels baue.

»Damit sich Israel erholt, muss es seine absolut jüdisch-israelische Identität fundamental ändern und sich an die lebendige und dynamische Realität anpassen. (…) Es ist zu spät, aus Israel eine einheitliche und homogene Staatsnation zu machen. Deshalb ist es nötig, … eine demokratisch und multikulturell ausgerichtete Politik zu entwickeln, welche jener in Großbritannien oder Holland ähnelt, und welche den palästinensischen Israelis, neben einer totalen Gleichheit, eine entwickelte und institutionalisierte Autonomie verschaffen würde.«[5]

Ein Mann, der ebenso wie Shlomo Sand zu einem neuen intellektuellen und politischen Ansatz beitragen will, ist Avraham Burg – ehemaliger Sprecher der Knesset und einstiger Vorsitzender des Zionistischen Weltkongresses. Avraham Burg spricht sich für einen Judaismus aus, der in Zukunft, wie er im Untertitel seines Buches »Hitler besiegen« schreibt, in einer Weise auftreten sollte, welche die humanistische und universelle Seite des Judentums mehr als bisher hervorkehre. Burg schreibt, Israel sei heute ein Staat »ohne Prophetie«. Die Entscheidungen seien getroffen, das Leben nehme seinen normalen Gang, die Menschen schauten auf ihre Vorgesetzten, unfähig, über die nächste Welle hinauszuschauen, die über dem Land zusammenschlage. Es sei aber das Charakteristikum des Judentums, nicht zu stagnieren, sondern stets nach neuen Ufern Ausschau zu halten. Israel sei, und damit kommt Avraham Burg zu seiner Hauptthese, zu sehr mit sich selbst beschäftigt, mehr noch, Israel habe die Shoa fast ausschließlich zu seiner Existenzgrundlage gemacht. Jeder Staatsgast werde dem fast schon leeren Ritual unterzogen, am Anfang seines Besuches die Gedenkstätte Yad Vashem zu besuchen. »Yad Vashem ist unsere Vitrine, unser Portal zur israelischen Erfahrungswelt.«[6]

Dann argumentiert Burg: »Obwohl wir einen Staat und eine Armee haben, handeln wir wie Widerstandskämpfer im Wald. Wie Aufständische im Ghetto. Die Shoa ist ein Teil unseres Lebens, wir werden sie nie vergessen, und wir werden nicht zulassen, dass sie jemand vergisst. Wir haben die Shoa aus ihrem historischen Kontext gerissen, um sie umzuwandeln in ein Argument und einen Motor für jede Handlung. Im Angesicht der Shoa ist alles andere unbedeutend, vernachlässigenswert und demnach erlaubt. Straßensperren, Umzingelungen, Belagerungen, Liquidierungen, alles ist möglich, weil wir ja die Shoa überlebt haben, und überhaupt, dass man uns ja nicht an der Moral packt! (…) Die Shoa ist ein größeres Ereignis gewesen, ein unvergleichliches, aber trotz ihres Ausmaßes leben wir noch. Statt nun einen Optimismus zu kultivieren, mit dem wir weiterleben, schließen wir uns mehr und mehr in Stagnation ein.«[7]

Gibt es so etwas wie Tiefenpsychologie eines Volkes? Braucht ein Volk, das ein Ereignis wie den Holocaust erlitten hat, ein Ventil, um seine seelische Last anderswo abzuladen? Avraham Burg argumentiert in diese Richtung. Nach der Feststellung, die Shoa erlaube es seinem Land, mit den Palästinensern so rücksichtslos umzugehen, wie es wolle, schreibt er, Israel lebe mit Deutschland, dem Land der Täter, in Frieden und sehe sogar deutsche Produkte als Zeichen des Reichtums an. Seinen Zorn aber und sein Bedürfnis nach Rache habe sein Land auf ein anderes Volk gelenkt – auf die Palästinenser: »Aber den Arabern vergeben kommt nicht in Frage. Sie sind Nazis, schlimmer als die Deutschen. Wir haben unseren Zorn und unser Bedürfnis nach Rache auf ein anderes Volk übertragen, auf einen neuen Feind. Wir können in Frieden leben mit den Erben des deutschen Henkers und die Araber als Sündenbock benutzen, um unser Übermaß an Aggressivität und unsere Hysterie abzulassen.«[8]

Für das israelische Establishment sind solche Worte gleichzusetzen mit Ketzerei. Aber Burg geht sogar noch weiter und fragt: Ist Israel ein gefährdeter Staat? Die Zeit, da man hätte sagen können, Israel lebe in einem Meer von – arabischen – Feinden, sei vorbei, meint der erfahrene Politiker. Kein Staat auf dieser Welt habe so viele Bestandsgarantien bekommen wie Israel. Das Land solle aus der Shoa die Lehre ziehen, sich als normales Volk und als normaler Staat zu fühlen und dafür sorgen, dass überall auf der Welt die Menschenrechte beachtet werden.

Weiter argumentiert Burg, die Paranoia, welche eine Politik nach dem Motto, alle Welt sei gegen die Juden, hervorgebracht habe, habe heute keine Existenzberechtigung mehr. Der Antisemitismus werde heute weit überschätzt. Auch fürchte er sich nicht vor dem Iran, schreibt Avraham Burg. Ein Iran mit Atombombe sei nämlich nicht nur ein Problem für Israel, sondern auch eine Gefährdung der meisten arabischen Staaten und der westlichen Welt. Israel habe also keinen Grund, sich mehr zu sorgen als andere.

Schließlich abermals die Shoa. Hat nur Israel einen Völkermord erlebt? fragt Avraham Burg. Und: Nimmt Israel die Tragödien anderer Völker genügend zur Kenntnis? Keineswegs. Der Autor erinnert an den Besuch von Heidemarie Wieczorek-Zeul, der damaligen Bundesministerin für Wirtschaftliche Zusammenarbeit und Entwicklung, im Jahre 2004 in Namibia. Die Ministerin habe sich für den deutschen Völkermord an den Hereros am Anfang des 20. Jahrhunderts entschuldigt. Und wie habe Israel auf dieses Ereignis reagiert? Eher verhalten, schreibt der Autor und erklärt diese reservierte Reaktion so: »Für uns ist die Regel einfach: Die Shoa ja, besonders wenn es die unsrige ist. Die der anderen? Nein, danke.« Und: »Strategisch gesehen ist die Situation des jüdischen Volkes die beste, die wir jemals gehabt haben.« Und schließlich: »Der Staat Israel braucht keine jüdische Struktur zu formen, um gegen den Antisemitismus zu kämpfen. Die Knesset Israels und der Staat Israel sollten der Welt die Hand reichen und sagen: Lasst uns zusammen eine weltweite Koalition gegen Fremdenfeindlichkeit bilden, gegen den Hass, wo immer er zu finden ist, gegen den Hass des Menschen im Allgemeinen, zu dem auch der jüdische Mensch gehört.«[9]

Was nun haben der Historiker Shlomo Sand und der ehemalige Politiker Avraham Burg gemeinsam? Sand versucht auf wissenschaftlicher Basis einige Mythen seines Volkes wie der Vertreibung aus Ägypten und die Vertreibung aus Jerusalem zu untersuchen und kommt dabei zu dem Ergebnis, dass sie historisch nicht haltbar sind. Er fordert von Israel, seine ethnozentrische Sichtweise, seine Haltung, Israel sei ein exklusiv jüdischer Staat, aufzugeben. Er fordert weiter, der palästinensischen Minderheit im Land volle Gleichberechtigung zu geben. Israel müsse sein Verhältnis zur arabischen Welt auf eine vollkommen neue Grundlage stellen. Insgesamt, sagt Shlomo Sand, sei eine grundsätzliche Wende im Bewusstsein Israels notwendig. In diese Richtung argumentiert auch Avraham Burg. Burg bestreitet zwar nicht die Einzigartigkeit der Shoa, stellt aber fest, dass auch andere Völker – von den amerikanischen Indianern über die Hereros zu den Armeniern und anderen – ihre Tragödien erleben mussten. Aufgabe Israels sei es, sich von der Obsession der Shoa zu lösen und mit anderen Völkern zusammen dafür zu sorgen, dass Genozide nirgends auf der Welt mehr vorkommen können.

Und welche Bedeutung haben solche Aussagen im Kontext des palästinensisch-israelischen Konfliktes? Zunächst einmal treten beide für eine Umkehr ihres Landes im Verhältnis zu den Palästinensern ein. Der Historiker Sand wagt es, als Ideallösung einen gemeinsamen israelisch-palästinensischen Staat zu erwähnen, sagt aber auch, dass es den Juden nicht zuzumuten sei, im eigenen Land zur Minderheit zu werden. Langfristig sei eine Lösung des Konfliktes in einer inneren Umkehr seines Landes zu suchen. Burg argumentiert ähnlich und erklärt deutlich und ohne Abstriche, Israel habe sich aus den 1967 besetzten palästinensischen Gebieten zurückzuziehen.

Letztlich sind Shlomo Sand, Avraham Burg und der zuvor mehrmals zitierte Baruch Kimmerling der Meinung, dass das Schicksal Israels – viel mehr als dem Land und seinen Führern bewusst – mit dem der Palästinenser verknüpft sei. Wie Kimmerling betont etwa auch Burg, dass es im Verhältnis zu den Palästinensern letztlich auch um das Überleben Israels gehe. (Siehe Interview im Anhang dieses Kapitels). Und Shlomo Sand sagt, dass mit der eventuellen Gründung eines palästinensischen Staates in Israel ein Abschied von der fundamental auf jüdische Identität ausgerichteten Politik notwendig sei.

Man hat jenes Israel, das sich nach seinem Sieg über die Araber im Sechstagekrieg von 1967 entwickelt hat, die zweite israelische Republik genannt. Nach den knapp zwei Jahrzehnten der Konsolidierung zwischen 1948 und 1967 entstand ein Israel, das ein fremdes Territorium kolonisiert, das als Besatzungsmacht auftritt und dessen Soldaten an über 560 mittlerweile gut ausgebauten, meistens permanent installierten Kontrollposten Palästinenser von Palästinensern trennen. Was Shlomo Sand, Avraham Burg und andere israelische Autoren fordern, ist die Beendigung solcher Praktiken, ist der Übergang von der zweiten zur dritten israelischen Republik, denn der Abschied von der Exklusivität jüdischen Leidens, mehr Weltoffenheit, eine israelische Führungsrolle beim Kampf gegen jede Art des Völkermordes und die Anerkennung des palästinensischen Volkes als eines auf allen Ebenen gleichberechtigt handelnden politischen Subjektes – das alles liefe auf einen grundsätzlichen Paradigmenwechsel in der israelischen Geschichte, eben auf eine neue Art von Republik hinaus. Aus diesen Forderungen ergibt es sich fast von selbst, dass auch Mauer und Zaun fallen müssen.

»Wir Juden hatten Macht, und wir nutzten sie«

*Interview von Sybille Oetliker mit Avraham Burg**
Basler Zeitung *vom 30. Mai 2007*

Sie haben den Sechstagekrieg von 1967 als zwölfjähriges Kind erlebt. Was ist Ihnen davon in Erinnerung geblieben?
Es war ein so dramatisches Ereignis – nicht nur für mich persönlich, sondern auch für die Nation –, dass es aus 40-jähriger Distanz schwer ist, zu unterscheiden, was ich selbst erlebt habe und was später aus Erzählungen und Lektüre dazukam.

Welche Bilder tauchen auf?
Kurz vor dem Krieg war ich zum ersten Mal mit der jüdischen Erfahrung konfrontiert. Ich war ein Bub aus guter Familie und wuchs in einer privilegierten Umgebung auf. Doch plötzlich breitete sich Angst aus, Sandsäcke wurden verteilt, Fenster verklebt und Autolichter blau gefärbt. König Hussein und Gamal Abdel Nasser, ein neuer Hitler, weckten uns eines Morgens, und es war, als ob die jüdische Geschichte an die Tür klopfte; sie sprach mit Bildern von Warschau und Auschwitz.

Und später?
Die neue Realität nach dem Krieg war zunächst wunderbar: Wir konnten zum ersten Mal das Land der Bibel besuchen. Es war wie eine Reise in die Vergangenheit. Doch allmählich wurde klar, dass unser Sieg nicht so siegreich war und der siebte Tag des Krieges bis heute dauert.

Inwiefern?
Der Krieg hat alles geändert. Es war das erste Mal seit der Zerstörung des Zweiten Tempels, dass wir Juden Macht hatten und diese nutzten.

* Avraham Burg wurde 1955 in Jerusalem geboren, war Präsident der israelischen Knesset und der Zionistischen Weltorganisation. Heute ist er Geschäftsmann und arbeitet als Autor.

Die ewigen Verlierer der Geschichte wurden zu Gewinnern, und die ersten Nachkriegsjahre waren durch eine unglaubliche nationale Arroganz gekennzeichnet.

Wie hat das Israel nach 1967 verändert?
Zwischen 1948 und 1967 war Israel ein rationaler Staat, der sich in Ruhe aufbauen und seinen Bürgern eine Pause geben wollte. Nach 1967 aber hat sich das Verständnis der Nation gewandelt. Durch den Bau der jüdischen Siedlungen im besetzten Gebiet wurde der Staat messianisch. Parallel zum jüdischen Staat ist eine palästinensische politische Einheit gewachsen. Wir wollten lange nicht wahrnehmen, dass der Feind eine Nation ist. Es ist erst 30 Jahre her, dass Golda Meir sagte, es gebe kein palästinensisches Volk. Das war totaler Eskapismus.

Israel wurde 1967 zu einer Besatzungsmacht. Sie haben die Okkupation immer wieder kritisiert.
Weil wir einen Denkfehler machen, wenn wir als Juden und Israelis Anerkennung als gleichberechtigte Nation mit Recht auf Selbstbestimmung von der Staatengemeinschaft verlangen und gleichzeitig die ersten sind, die den Palästinensern im besetzten Gebiet ihr Recht auf Selbstbestimmung verweigern. Das ist moralisch falsch. Man kann nicht ein Recht für sich einklagen, das man andern nicht zugesteht.

Das aber tut Israel als Besatzungsmacht im besetzten Gebiet bis auf den heutigen Tag.
Ein Volk lässt sich aber nicht freiwillig dominieren. Um andere zu kontrollieren, muss deren Freiheit eingeschränkt werden. Man muss sie zwingen, ihre Rechte aufzugeben. An der Unterdrückung der Palästinenser sind in Israel sehr viele beteiligt. So entstand eine Art israelische Schizophrenie: Hier in Tel Aviv kann jemand der liberalste, progressivste Mensch sein, aber sein Bruder, seine Tochter, sein Freund oder auch er selber wird in der Armee als Soldat der Besatzungsmacht Israel gegenüber den Besetzten – der palästinensischen Bevölkerung – andere Werte durchsetzen. Eines Tages aber kommen die Soldaten zurück und bringen das, was sie im besetzten Gebiet taten, mit sich mit in unseren Alltag.

Muss sich Israel aus den besetzten Gebieten zurückziehen?
Natürlich. Es geht letztlich um unser eigenes Überleben. Wir müssen uns darüber klar werden, was wir wollen, sonst werden wir aufhören

zu existieren. Heute möchte Israel alles haben: das Land von Israel, weil in der Bibel steht, dass es uns gehört. Wir möchten auch eine Demokratie sein, und wir wollen eine jüdische Mehrheit in unserem Land.

Die drei Ziele sind unvereinbar?
Sie lassen sich unmöglich zusammenbringen. Und je mehr wir versuchen, alles zu haben, umso größer ist die Gefahr, dass wir gar nichts mehr haben. Ich persönlich will weder die Demokratie noch den einzigen Ort auf der Welt aufgeben, in dem die Juden eine gewisse Unabhängigkeit und eine eigene Nation haben. Um das zu verteidigen, bin ich bereit, einen Teil des Landes Israel aufzugeben, auch wenn es schmerzhaft ist.

Der Oslo-Prozess war in den neunziger Jahren mit viel Hoffnung verbunden. Heute bleibt kaum etwas davon. Was ging schief?
Beide Seiten ignorierten, was für die andere wichtig und schmerzhaft ist. Israel hat nicht realisiert, wie zentral die Landfrage für die Palästinenser ist. Diese haben das Gefühl, ihnen sei eh schon mehr als die Hälfte ihres Bodens weggenommen worden, und können nicht akzeptieren, dass Israel die Präsenz der jüdischen Siedlungen und somit der Okkupation im besetzten Gebiet seit Oslo mehr als verdoppelt hat. Die Palästinenser ihrerseits haben nicht gemerkt, wie sensibel Israel auf das reagieren würde, was aus den Moscheen kommt. Dort verbreitete sich immer mehr eine Kultur des Hasses und der Anstiftung zur Gewalt. So fühlten sich beide Seiten nach Oslo betrogen.

2004 haben Sie Ihr Knesset-Mandat aufgegeben und sind heute als Geschäftsmann tätig. Warum?
Ich hatte vor ein paar Jahren das Gefühl, dass Israel, um es in biblischen Worten zu sagen, ein Königreich ohne Propheten ist. Ich hatte Mühe damit zu leben, dass ein politisches Wertesystem fehlte. So entschloss ich mich, etwas anderes zu tun. Ich will Einfluss auf das israelische Wirtschaftsleben nehmen …

… und Sie schreiben Bücher.
Ich will einen Beitrag zum öffentlichen Diskurs leisten. Nachdem ich aus der Knesset zurücktrat, schrieb ich ein Buch mit dem Titel »Gott ist zurück«. Von Israel ausgehend analysierte ich die religiöse Dimension im 21. Jahrhundert und die Tatsache, dass Konflikte immer mehr

wegen Spannungen zwischen Religionen und nicht mehr zwischen Staaten entstehen. Im Laufe der Arbeit an diesem Buch wurde mir klar, dass etwas fehlte. Es dauerte eine Weile, bis ich es gefunden hatte: In Israel und vielleicht in der ganzen Welt gibt es noch eine andere Religion, es ist die Religion des Holocaust.

Das ist der Inhalt Ihres neuesten Buches?
Es ist eben auf Hebräisch erschienen. Sein Titel ist: »Hitler besiegen«. Es ist eine Schrift gegen die Omnipräsenz des Holocaust in unserem Leben. Ich vertrete darin die These, dass Israel im Grunde genommen noch nicht gegründet, sondern noch immer ein großes Auschwitz-Flüchtlingslager ist. Solange wir nicht dieses Trauma loslassen, sind wir in Gefahr.

Damit berühren Sie einen der sensibelsten Punkte jüdischer Identität.
Ich bin davon überzeugt, dass wir den Holocaust in unserem Selbstverständnis neu einordnen und definieren müssen. Wir müssen damit aufhören, das Geschehene nur zu beklagen und müssen nach vorne schauen und daraus lernen.

Was bedeutet das?
Wir müssen unser Monopol für das Leiden aufgeben. Wir sollten aus der Erfahrung mit dem Holocaust viel sensibler werden – auch für das Leiden von anderen. Konkret heißt das: Wenn wir sagen »nie mehr«, müssen wir meinen »nie mehr« für alle auf der Welt, nicht nur für uns.

Nachwort

Gaza – ein überflüssiger Krieg

»Es bricht mein Herz, Israels Dummheit zu sehen. (…) Als religiöser Jude werde ich darin bestätigt, wie leicht es ist, die liebende Botschaft des Judaismus in eine Botschaft von Hass und Herrschaft zu pervertieren.«
Rabbi Michael Lerner, San Francisco 2009

»Das Töten ist nicht der moralische Kern. Der Kern ist Selbstverteidigung. Ein gerechter Krieg beginnt mit der Selbstverteidigung der eigenen Staatsbürger.«
Asa Kasher, Ethikberater der israelischen Armee, nach dem Gazakrieg im Januar 2009

Mehr als 1300 Tote, bis auf 13 Israelis alles Palästinenser, unter diesen über 400 Kinder, Familien, die bis zu 30 Mitglieder verloren haben, wie etwa die Großfamilie der Samounis, die vom Olivenanbau lebte. 5000 zerstörte, 20 000 beschädigte Häuser, 100 000 Obdachlose. Dazu Anklagen, Israel habe Waffen wie weiße Phosphorbomben sowie die in den USA neu entwickelten DIME-Granaten[1] auf die Bevölkerung von Gaza abgeworfen, was sogar den sonst so zaghaften EU-Außenbeauftragten Javier Solana zu der Forderung veranlasste, man müsse untersuchen, ob Israel in Gaza Kriegsverbrechen begangen habe. All das ist verbunden mit psychologischen Traumata, unter denen besonders Kinder nach drei Wochen eines unbarmherzigen Bombardements lange leiden werden. Erinnerungen kommen auf an den Ort Qana im Südlibanon, wo im Jahr 1996 106 libanesische Zivilisten starben, die sich vor den Kämpfen zwischen der Hisbollah und israelischen Truppen auf einen UNO-Militärposten geflüchtet hatten. Getötet wurden sie durch israelischen Granatenbeschuss. Wie jetzt bei der Hamas argumentierte Israel auch damals, der Feind habe sich in der Nähe der Zivilisten versteckt.

Shock and Awe in Gaza. So wie Donald Rumsfeld, ehemaliger US-Verteidigungsminister, einst die Menschen der irakischen Hauptstadt Bagdad in Schrecken versetzte, so litten nun auch die Einwohner des Gazastreifens. Verlassen war die Bevölkerung auch von der Hamas, welche das Leiden der von ihr beherrschten Menschen zuließ und nicht die Größe fand, ihren vergleichsweise harmlosen Raketenbeschuss israelischer Städte im Namen der Humanität zu beenden und stattdessen darauf setzte, dass die Schreckensbilder aus Gaza die Welt gegen Israel aufbringen würden. Nach dem Bau von Mauer und Zaun nun das Inferno von Gaza: Manche Palästinenser sprechen bereits von einer zweiten *Nakba,* von einer neuen Katastrophe, welche jener von 1948 ähnele, in der das alte Palästina während des ersten israelisch-arabischen Krieges untergegangen ist.

Jeder Tote, jeder Verwundete ist einer zu viel – ob Israeli oder Palästinenser. Doch die Last der Leiden liegt in unverhältnismäßig deutlicher Weise auf Seiten der Menschen von Gaza. Der Leiter der UNRWA in Gaza, John Ging, hat in vielen Interviews immer wieder die Opfer unter der Zivilbevölkerung beklagt. Warum hat Israel nicht nur das Tunnelnetzwerk an der ägyptischen Grenze bombardiert, um den Waffennachschub der Hamas zu unterbinden? Warum wurde, wie in Ramallah im Jahre 2002, die palästinensische Infrastruktur – das Parlamentsgebäude, Ministerien und Polizeistationen, Schulen, Moscheen und sogar UN-Gebäude – angegriffen? Nur wegen hier vermuteter Waffen oder der dort möglicherweise versteckten Kämpfer der Hamas? Ministerien und Schulen gehören nicht der Hamas, sondern den Bürgern von Gaza. Wollte Israel ein für allemal verhindern, dass in Gaza der Nukleus eines palästinensischen Hamas-Staates entsteht? Wenn Israel andererseits der Hamas die Herrschaft über Gaza entreißen wollte, so war der Krieg ein voller Misserfolg. Die Hamas ist noch da, sie baut neue Tunnel, sie regelt den Verkehr, sie ist die Ordnungsmacht in Gaza.

Dieser Krieg war mehr als viele andere ein vollkommen irrationales Unterfangen – es sei denn, man unterstellt, die gerade in Israel regierenden Parteien hätten ihre Wahlchancen aufbessern wollen. Doch eine solche, eher niedere Beweggründe unterstellende Erklärung reicht als Motiv für einen Krieg dieses Ausmaßes wohl kaum aus. Tief im israelischen Bewusstsein ist noch immer der Holocaust verankert, die Ermordung von sechs Millionen Landsleuten innerhalb weniger Jahre. Die – heute allerdings eher unbegründete – Furcht vor einer Wiederholung eines solchen Völkermordes führt dazu, dass Israel jeden Widerstand gegen seine Politik mit dem Versuch gleichsetzt, der Gegner von heute wolle die Juden abermals ausmerzen. Einen solchen Völkermord plant niemand, weder der iranische Präsident Mahmud Ahmadinejad (trotz seiner wilden Worte) noch die Hamas. Israelis wie Avraham Burg (siehe Kapitel 8) argumentieren deshalb, der Holocaust sei zu Ende, er sei überwunden, es sei an der Zeit, dass sich sein Land von dieser Vergangenheit befreie und auf Politik und Diplomatie statt auf Gewalt setze.

Zudem gibt es – auch darauf hat Avraham Burg aufmerksam gemacht – noch andere leidende Völker. Man muss eine kleine Rückblende öffnen, um etwa das Schicksal der Bürger von Gaza voll zu begreifen. Menschen, die in Gaza 1967, dem Jahr des Sechstagekrieges, geboren wurden, hatten kaum jemals eine Chance, dieses Miniterritorium zu verlassen. Viele der Einwohner Gazas sind Flüchtlinge oder Nachkommen von Flüchtlingen. 42 Jahre, oft die besten ihres Lebens, haben sie unter einer meistens harschen israelischen Besatzung verbracht. Die meisten Menschen wollen nicht kämpfen, sondern haben nur noch ein Ziel – nämlich in Frieden zu leben und mit ihren Familien einen kleinen bescheidenen Wohlstand zu erreichen. Haben die israelischen Kriegsplaner diese simplen menschlichen Bedürfnisse in Rechnung gestellt, als sie in solch unverhältnismäßiger Weise auf militärisch eher harmlose Raketenangriffe der Hamas antworteten, welche zudem vermutlich hätten unterbunden werden können, hätte Israel nur seine Wirtschaftsblockade aufgehoben oder gelockert? Die *Süddeutsche Zeitung* schrieb: »Der (Irr-)Glaube in Israel an die Armee ist allmächtig und läuft quer durch alle Bevölkerungsschichten. Das Militär soll richten, was die Politik nicht schafft: Ruhe stiften. (…) Israels Militäroperationen sind das Lebenselixier der 1987 gegründeten Hamas. Israels Armee-Einsätze liefern ihr die Existenzberechtigung. Die Gleichung ist ganz einfach: Gäbe es Frieden und Wohlstand im Gaza-Streifen, gäbe es keine mächtige Hamas. Die Menschen dort würden dann nicht den mittelalterlichen Islamisten folgen, sondern ihre Zukunft planen.«[2]

Doch weder Israel, noch die USA und auch nicht die EU waren bereit, positive Hamas-Signale zu registrieren. Avi Shlaim, ein in Oxford lehrender jüdischer Historiker und einst Soldat in der israelischen Armee, schreibt: »Wie andere radikale Bewegungen, so begann auch die Hamas, ihr politisches Programm zu mäßigen, als sie an die Macht gekommen war. Die Hamas begann, sich von der auf ihrer Ideologie gründenden Ablehnung Israels hin in Richtung auf eine pragmatische Gewöhnung an eine Zwei-Staaten-Lösung zu bewegen. Im März 2007 formten Hamas und Fatah eine Regierung der nationalen Einheit, die bereit war, einen langfristigen Waffenstillstand mit Israel auszuhandeln. Israel aber weigerte sich, mit einer Regierung zu verhandeln, von der die Hamas ein Teil war.«[3]

Die Ereignisse seit dem Jahr 2006 liefern den deutlichen Beweis, dass dieser Krieg hätte verhindert werden können. In Gaza, sagen Politiker und Journalisten, nutzten Syrien und der Iran die Hamas, um einen politischen – und manchmal auch militärischen – Krieg gegen Israel zu führen, ohne selbst einzugreifen. »Stellvertreterkrieg« nennt man eine solche Konstellation. Die Vorkriegssituation in Gaza, insbesondere die Weigerung Israels, der USA und der EU, den Wahlsieg der Hamas anzuerkennen, legt aber auch eine andere Vermutung nahe – jene nämlich, dass die USA, die EU und Israel in Gaza ein Exempel statuieren wollten: Niemals und nirgends auf der Welt, so würde dieses Exempel lauten, werden wir mit einer islamistischen Organisation verhandeln, stattdessen werden wir sie stets vom politischen Prozess auszuschließen versuchen. »Diese Botschaft richten wir«, so könnte man die in Washington, Brüssel und Jerusalem damals verantwortlichen Politiker weiter paraphrasieren, »an die Hisbollah im Libanon, an Al-Qaida in Pakistan, an die Taliban in Afghanistan, an Terroristen im Irak und an alle ähnlichen Organisationen.«

Die Botschaft hat ihren Ursprung im Sieg der Hamas über die Fatah-Fraktion bei den Parlamentswahlen vom Januar 2006. Damals errang die Hamas die Mehrheit der Sitze im palästinensischen Parlament. Die Welt war fassungslos, ebenso überrascht aber war die Hamas selbst. Auf ein Regieren war die »Islamische Widerstandsorganisation« in keiner Weise vorbereitet. Ziemlich schnell bot sie der Fatah eine gemeinsame Regierung an. Darin sollte, so äußerten sich Hamas-Vertreter seinerzeit vor Journalisten, Präsident Mahmud Abbas für die Beziehungen mit Israel verantwortlich sein. Am 21. Februar 2006 wurde der im Chati-Flüchtlingslager (Nordgaza) geborene, als politischer Pragmatiker geltende Hamas-Mann Ismael Haniye Ministerpräsident. Er war einst von Israel für drei Jahre inhaftiert und im Jahre 1992 vom israelischen Premier Yitzhak Rabin in den Südlibanon deportiert worden. Am 19. März 2006 formte er seine erste Regierung (24 Minister, 19 Hamas, fünf Unabhängige, unter ihnen eine Frau und ein Christ). Doch die USA, Israel und in ihrem Schlepptau die EU waren nicht bereit, mit einer solchen Regierung zu kooperieren. Diese Staaten und auch Kanada sperrten finanzielle Mittel. Die Regierung von George W. Bush versuchte, in geheimer Zusammenarbeit mit Mohammed Dahlan, seit langem Sicherheitschef in Gaza und getreuer Fatah-Mann, die Regierung Haniye durch einen Coup zu stürzen.[4] Nach Vermittlungsversuchen Saudi-Arabiens, das eine gemeinsame Hamas-Fatah-Regierung forderte, bildete Ismael Haniye am 15. März 2007 sein zweites Kabinett.

In diesem stellte die Hamas elf Minister, die Fatah sechs, Unabhängige sieben, die Kommunisten einen und die »Demokratische Front zur Befreiung Palästinas« ebenfalls einen Minister. Wie im ersten Kabinett war Mariam Saleh von der Hamas für Frauenfragen zuständig. Nach der einseitigen Machtübernahme der Hamas in Gaza wurde diese Regierung am 14. Juni 2007 von Präsident Mahmud Abbas entlassen. Seitdem gibt es zwei palästinensische Regierungen – eine in Gaza und eine in Ramallah. Israel verschärfte seine wirtschaftliche Blockade des Gazastreifens, die Al-Qassam-Brigaden der Hamas verschärften ihren Beschuss südisraelischer Städte. Israel führte einen Wirtschaftskrieg, die Hamas griff zur Waffe der Schwachen, dem Terror.

Auch wenn die Hamas-Geschosse kaum Menschenleben forderten, so darf man weder die Gefahr, noch die psychologische Wirkung auf die Einwohner in Südisrael unterschätzen. Mit ihren Selbstmordattentaten hat die Hamas in den Jahren vor dem Mauerbau bewiesen, dass sie durchaus bereit ist, sehr viele israelische Zivilisten auf einmal zu töten – und dass es ihr gleichgültig ist, ob Juden nun wieder fürchten müssen, vernichtet zu werden. Dennoch: Der zeitliche Ablauf der Ereignisse seit Januar 2006, besonders der von den USA in Kooperation mit dem Fatah-Mann Mohammed Dahlan versuchte Coup gegen die Hamas, dokumentieren, dass die Hamas keineswegs die alleinige Schuld an der politischen Misere in Gaza trägt.

Durch die Aberkennung des Wahlsieges, den die Hamas in absolut freien Wahlen errungen hatte, ist die demokratische Reputation der westlichen Troika auf Jahre, wenn nicht länger, schwer beschädigt worden. Hätte man seinerzeit auf eine geschickte Diplomatie statt auf ein Wirtschaftsembargo gesetzt, wäre die Hamas, wie einst die PLO Jassir Arafats, vermutlich bereit gewesen, sich allmählich in das politische System Palästinas einzugliedern. Ein Krieg wäre dann vermieden worden.

Im Sommer 2008 schlossen Israel und die Hamas unter Vermittlung Ägyptens einen sechsmonatigen Waffenstillstand. Dieser Waffenstillstand wurde zwar von beiden Seiten gelegentlich gebrochen, hat aber ansonsten funktioniert. In den sechs Monaten vor dem Waffenstillstand feuerte die Hamas 2278 Raketen auf Israel, in den Monaten des Waffenstillstandes waren es 329. Einige dieser Raketen wurden in den ersten Tagen des Waffenstillstandes im Sommer auf Israel abgefeuert. In dieser Anfangszeit des Waffenstillstandes war Hamas noch damit beschäftigt, andere Gruppen wie etwa den »Islamischen Heiligen Krieg« unter ihre Kontrolle zu bringen und von Angriffen auf Israel abzuhalten.[5] Seit sich Israel 2005 aus dem Gazastreifen zurückgezogen hat, wurden 18 Israelis getötet. Im selben Zeitraum fanden etwa 2000 Palästinenser durch israelische Angriffe den Tod.[6] Am 4. November 2008 aber, als die Welt gebannt auf den Wahlsieg Barack Obamas in den USA schaute, tötete Israel sechs Mitglieder der Hamas-Al-Qassam-Brigaden, die angeblich einen israelischen Soldaten entführen wollten, eine Behauptung, die nicht mehr zu beweisen ist. In der israelischen Presse wurde sie nicht ganz ernst genommen. Viele der oben genannten 329 Raketen, die Hamas während des Waffenstillstandes auf Israel abfeuerte, stammen aus den Wochen nach der Tötung der sechs Hamas-Kämpfer. Bleiben 13 Raketen, die während des Waffenstillstandes vom 1. Juli bis 1. Dezember 2008 auf Israel fielen.[7] Zweifellos sind auch diese 13 Raketen, die Menschenleben gefährdeten, 13 Raketen zuviel. Aber haben diese Raketen den Krieg gerechtfertigt, zumal die Hamas bei einer deutlichen Lockerung des israelischen Wirtschaftsembargos gegen die 1,5 Millionen Einwohner Gazas womöglich einer Verlängerung des Waffenstillstandes zugestimmt hätte?

Asa Kasher, Professor für Philosophie und Ethikberater der israelischen Armee, sagt: »Die Operation ist gerechtfertigt, denn sie wird gedeckt durch das Kriterium des letzten Hilfsmittels. Voraussetzung für einen Krieg ist demnach die Garantie, dass alle Alternativen erschöpft sind. Erst wenn alle anderen Mittel gescheitert sind, politische und diplomatische, sind militärische gerechtfertigt.«[8]

Doch es waren, wie eingangs gezeigt, ganz und gar nicht alle anderen Mittel ausgeschöpft. Warum also eine solch harsche Reaktion? Um wiederum mit Avraham Burg zu sprechen: Israel sei, sagt er, eine »Gesellschaft in Furcht«, eine Gesellschaft, die ständig nur vom Holocaust spreche, die folglich in einem »permanenten Status der Paranoia« lebe, was wiederum zu einem »übermächtigen Gebrauch der Armee« wie im Krieg gegen Gaza führe.[9]

Andere jüdische Intellektuelle äußern sich noch kritischer. Der bereits zitierte Avi Shlaim, Autor des Buches »The Iron Wall«, kommentierte, Israel sei in die Reihe der Schurkenstaaten einzureihen: »Ein Schurkenstaat bricht gewöhnlich internationales Recht, besitzt Massenvernichtungswaffen und praktiziert Terrorismus – die Anwendung von Gewalt zu politischen Zwecken. Israel erfüllt alle diese drei Kriterien.«[10] Man muss allerdings nicht so weit gehen wie Professor Shlaim. Es genügt, ein Wort des Friedensaktivisten Uri Avnery zu zitieren. Er sagt schlicht: »Schließlich und endlich ist dieser Krieg auch ein Verbrechen gegen uns selbst, ein Verbrechen gegen den Staat Israel.«[11]

Nach dem Inferno sollte, das gaben die USA und die EU noch im Januar 2009 zu verstehen, Gaza wieder aufgebaut werden. Amerikaner und Europäer sagten aber auch, sie würden sich am Wiederaufbau nur dann beteiligen, wenn auch die Fatah-Partei von Präsident Mahmud Abbas (dessen Amtszeit im Übrigen im Januar 2009 ausgelaufen ist) an einer neuen Regierung beteiligt sei. Eine solche Regierung gab es bereits einmal, im März 2007. So dreht sich die Politik im Kreise und kehrt an einen ihrer Ausgangspunkte zurück. Ein »Zwei-Schritte-vor-, drei-Schritte-zurück« ist im Nahen Osten nichts Ungewöhnliches. Ungewöhnlich ist auch nicht, dass solch ein seltsamer Wechselschritt fast jedes Mal in einen Totentanz ausartet.

Unabhängig von allen politischen Konstellationen muss Gaza wieder aufgebaut werden. Israel und die Hamas müssen seinen 1,5 Millionen Einwohnern endlich die Möglichkeit geben, ein vergleichsweise normales Leben ohne ideologische Zwangsjacke führen zu können. Vor allem müssen Fatah und Hamas begreifen, dass sie nicht ihren eigenen politischen Zielen, nicht dem Westen, nicht Syrien und nicht dem Iran, sondern den Palästinensern im Westjordanland und Gaza zu dienen haben. Erst dann werden die Palästinenser ein gewichtiger und akzeptierter Verhandlungspartner sein. Und natürlich müssen alle Seiten, Israelis wie Palästinenser, auf Gewalt verzichten.

Anhang

Anmerkungen

Einleitung

1 Yehudit Kirstein Keshet: Checkpoint Watch. London 2006, S. 90
2 David Grossman im Interview mit der Frankfurter Allgemeinen Sonntagszeitung (FAS) am 30.5.2008
3 Ray Dolphin: The West Bank Wall. London 2006, S. 8
4 Frankfurter Allgemeine Sonntagszeitung vom 30.5.2008
5 Uri Avnery: Keine Sonderbehandlung! In: Uri Avnery: Ein Leben für den Frieden. Heidelberg 2003, S. 232
6 Baruch Kimmerling: Politicide. London 2003, S. 155
7 Idith Zertal, Akiva Eldar: Lords of the Land. New York 2007, S. XIII
8 Kurt Sontheimer: Hannah Arendt. München 2006, S. 190 ff.
9 Siehe das Kapitel »Der Prophet der Mauer«

Ein Vorposten westlicher Kultur

1 Theodor Herzl: Der Judenstaat. Wien 1896, S. 15 ff.
2 Herzl: Judenstaat, S. 15
3 Herzl: Briefe und Tagebücher. Berlin 1983, S. 367
4 Ebd., S. 367
5 Palestine Documents. New Delhi 1998, S. 37 f.
6 Laqueur: Der Weg zum Staat Israel, S. 119. Dort auch das vorangegangene Zitat.
7 Dieser Satz findet sich bei Zertal, Idith/Eldar, Akiva: Lords of the Land, S. 279
8 Lesley McLaughlin: Ibn Saud – Founder of a Kingdom. London 1993, S. 165
9 Palestine Documents, S.108
10 Palestine Documents, S. 38 f.
11 Ebd., S. 74 f.
12 Ebd., S. 72
13 Palestine Documents, S. 192 ff.
14 Hannah Arendt: Die Krise des Zionismus. Berlin 1989, S. 73 f.
15 Stephen Sizer: Christian Zionism. Leicester 2004, S. 18
16 Documents on British Foreign Policy 1919–1939, 1st series, Vol. IV. Zitiert nach: Henry Cattan: Palestine and International Law. London 1973, S. 59
17 Ebd., S. 90
18 Wagner veröffentlichte vom 5. bis 11.10.2003 in der Beiruter Zeitung Daily Star eine Artikelserie unter dem Titel »A Historical Account of Christian Zionism.« Einige Angaben in diesem Buch stammen auch aus dieser Serie.
19 Ebd., S. 93 ff.
20 Avraham Burg: Vaincre Hitler. Paris 2007, S. 91

1 Ian S. Lustik: For the Land and the Lord. Washington 1988. Kapitel 3, S. 1
2 Shlomo Sand: Les mots et la terre. Paris 2006, S. 113
3 Ebd., S. 115
4 Ian S. Lustik: For the Land and the Lord. Kapitel 2, S. 7
5 Israel Shahak u. Norton Mezvinsky: Jewish Fundamentalism in Israel. London 1999, S. 69
6 Rabbiner Eliezer Waldman, Head of Religious School in Kiryat Arba, 21. Juni 2002. Zitiert nach: Shahak: Jewish Fundamentalism, S. XI
7 Shlomo Sand: Les mots et la terre, S. 116
8 Idith Zertal u. Akiva Eldar: Lords of the Land. New York 2007, S. XIII.
9 Ebd., S. 7 ff.
10 Tom Segev: One Palestine Complete. London 2000. S. 72. Die Ereignisse von Hebron ebendort, S. 314 ff.
11 Die folgende Darstellung nach Zertal/Eldar: Lords of the Land, S. 17 ff.
12 Zertal/Eldar: Lords of the Land, S. 28
13 Lustik: For the Land and the Lord, Kapitel 3, S. 1
14 Ehud Sprinzak: Gush Emunim – The Tip of the Iceberg. In: Jerusalem Quarterly, Nr. 21, Herbst 1981, Internetausgabe, S. 10
15 Shahak/Mezvinsky: Jewish Fundamentalism, S. 9
16 Shahak/Mezvinsky: Jewish Fundamentalism, S. 87
17 Ebd., S. 82
18 Lustik: For the Land and the Lord, Kapitel 4, S. 2
19 Ebd.
20 Zertal/Eldar: Lords of the Land, S. 37
21 Donald Neff: Fallen Pillars. Beirut 1995, S. 157
22 www.btselem.org, Suchbegriff Landgrab
23 Zertal/Eldar: Lords of the Land, S. 167
24 Ebd., S. 169
25 Jimmy Carter: Palestine – Peace, not Apartheid, New York 2006, S. 131 f.
26 Carter: Palestine – Peace, not Apartheid, S. 150 f.
27 Zertal/Eldar: Lords of the Land, S. 122 u. 266
28 Amira Hass: Gaza – Tage und Nächte in einem besetzten Land. München 2003, S. 28
29 Siehe auch Interview mit Dr. Mahmoud al-Zahar im Kapitel Widerstand und Kompromiss sowie Zertal/Eldar: Lords of the Land, S. 122
30 Alle diese Angaben bei Israel Shahak und Norton Mezvinsky: Jewish Fundamentalism. Die Autoren widmen Goldstein ein eigenes Kapitel. S. 96 ff. Dort auch die folgenden Ausführungen.
31 Gideon Levy: Les Points Faibles d'Israel. Besançon u. Paris 2003, S. 168 ff.
32 Amon Kapeliouk: Flight or Fight for Settlers. In: Le Monde Diplomatique, Januar 2001, Englische Internetausgabe
33 Ilan Pappé: The Ethnic Cleansing of Palestine. Oxford 2006, S. 30

Die Wälle des Unvermögens

1 Jürgen Ritter/Peter Joachim Lapp: Die Grenze. Berlin 2007, S. 184 f.
2 Thierry Paquot: Les murs de la peur. In: Le Monde Diplomatique. Oktober 2006
3 Hagene Belmessous: Voyage à travers les forteresses des riches. In: Le Monde Diplomatique. November 2002
4 Edward Blakely/Mary Gail Snyder: Fortress America. Gated and Walled Communities in the United States. California Planning Round Table. www.cproundtable.org
5 Sharon Rotbard: Mur et Tour. Matrices de l'architecture israelienne. In: Une occupation civile. La politique de l'architecture israélienne, S. 39 ff.
6 United Press International vom 7.9.2004
7 www.btselem.org
8 www.aiussa.org/press-room/2067/mustread123103
9 BBC News am 18.2.2004
10 www.amnesty.org
11 www.oikoumene.org

Der Prophet der Mauer

1 So die israelische Zeitung Yedioth Aharonoth am 29.7.2003. Zitiert nach: Ray Dolphin: The West Bank Wall. London 2006, S. 36 f.
2 Alle folgenden Zitate aus Lenni Brenner: The Iron Wall. London 1984, S. 73 ff.
3 Walter Laqueur: Der Weg zum Staat Israel, S. 357 ff.
4 Lenni Brenner: Zionism in the Age of Dictators. Beckenham/Kent 1983, S. 111 f.
5 Shlomo Sand: Les mots et la terre, S. 99 f.
6 Hannah Arendt: To Save the Jewish Homeland. In: The Jew Pariah. New York 1978, S. 183
7 Lenni Brenner: The Iron Wall, S. 75
8 Brenner: The Iron Wall, S. 79
9 Brenner: Zionism in the Age of Dictators, S. 113
10 Werner Brockdorff: Sonderkommandos des Zweiten Weltkrieges. München/Wels 1967, S. 398. Siehe auch Avraham Burg: Vaincre Hitler, S. 121 f.
11 Laqueur: Der Weg zum Staate Israel, S. 379
12 Brenner: Iron Wall, S. 100. Die Samson-Zitate bei Brenner: Iron Wall, S. 78
13 David Hirst: The Gun and the Olive Branch. London 1984, S. 126 ff., Ilan Pappé: The Making of the Arab-Israeli Conflict. London 1994, S. 162 ff., Walid Khalidi: Deir Yassin. L'autopsie d'un massacre. In: Revue d'études palestiniennes. Nr. 17. Paris, Herbst 1998
14 Hannah Arendt: Die Krise des Zionismus, S. 114 f.
15 Brenner: Iron Wall, S. 203
16 Im Gespräch mit der israelischen Zeitung Ha'aretz vom 8. Oktober 2004
17 Ausgabe vom 26. Mai 2003. Zitiert nach: Ray Dolphin: The Westbank Wall, S. 39 f.

18 Zertal/Eldar: Lords of the Land, S. 426
19 Arendt: Krise des Zionismus, S. 15

Flüchtlinge und neue Historiker

1 Benny Morris: The Birth of the Palestinian Refugee Problem Revisited, Cambridge 2004, S. 42
2 BBC News, Middle East, Voices: Gaza Closure and Shortages, November 2008
3 Joel Beinin: No More Tears. Benny Morris and the Road Back from Liberal Zionism. In: Middle East Report www.merip.org/mer/mer230//230_beinin.html, Anfang 2004, S. 2
4 Adel Yahya: The Palestinian Refugees 1949–1998. Ramallah 1999, S. 158 ff.
5 Ebd., S. 30
6 Benny Morris: The Birth of the Palestinian Refugee Problem. Cambridge 1987, S. 132 ff.
7 Ebd., S. 112 ff.
8 Ebd., S. 135 ff.
9 Benny Morris: The Birth of the Palestinian Refugee Problem Revisited, Cambridge 2004
10 Joel Beinin: No More Tears. Benny Morris and the Road Back from Liberal Zionism. In: Middle East Report www.merip.org/mer/mer230//230_beinin.html, Anfang 2004
11 Ha'aretz, 9.1.2004
12 The Peninsula Online, 29.3.2007
13 Pappé: Ethnic Cleansing, S. VII ff.
14 Ebda., S. 39
15 Ebda., S. 195 ff., Morris: Refugee Problem Revisited, S. 468 ff.
16 Morris: Refugee Problem Revisited, S. 590
17 Ilan Pappé: Ethnic Cleansing, S. 258
18 Robert Blecher: Living on the Edge. The Threat of Transfer in Israel and Palestine. Middle East Report, MERIP, Nr. 225, Winter 2002, www.merip.org. Robert Blecher arbeitet am Zentrum für Menschenrechte an der Universität Iowa, USA.
19 Adel Yahya: Palestinian Refugess, S. 106

Widerstand und fehlende Kompromisse

1 www.btselem.org., November 2008
2 www.btselem.org/english/statistics/Casualties.asp
3 Hannah Arendt: Die Krise des Zionismus, S. 97 f.
4 Alle diese Angaben bei Ted Swedenburg: The Role of the Palestinian Peasantry in the Great Revolt (1936–39), S. 138 ff. In: Ilan Pappé (Hg.): The Israel/Palestine Question, London 1999.
5 Rashid Khalidi: The Iron Cage. Oxford 2006, S. 77 f.
6 Bericht der Palin Kommission: Palestine Documents. New Delhi 1998, S. 109 f.

7 Palestine Documents: S. 110 f.
8 Ilan Pappé: The Ethnic Cleansing of Palestine. Oxford 2006, S. 30
9 Swedenburg: The Role of the Palestinian Peasentry in the Great Revolt, S. 146
10 Swedenburg: The Role of the Palestinian Peasantry in the Great Revolt, S. 145 ff.; Don Peretz: The Arab-Israeli Dispute. New York 1996, S. 15 ff.; Xavier Baron: Les Palestiniens, un peuple. Paris 1984, S. 61 ff.
11 Rashid Khalidi: The Iron Cage, S. 77
12 Zafarul Islamkhan (Hg.): Palestine Documents, S. 156 ff.
13 Swedenburg: The Role of the Palestinian Peasantry in the Great Revolt, S. 155
14 Kimmerling, Baruch/Migdal, Joel: The Palestinian People. Camebridge, Massachusetts 2003, S. 119
15 David Hirst: The Gun and the Olive Branch, London 1984, S. 93
16 Henri Laurens: La Question de Palestine, Band 2, Paris 2002, S. 390
17 Kimmerling: History of the Palestinian People, S. 135
18 Palestine Documents, S. 237
19 Vgl.: Rashid Khalidi: The Iron Cage, S. 136
20 Yoav Di-Capua: The Intimate History of Collaboration: Arab Citizens and the State of Israel. In: Middle East Report Online (MERIP), www.merip.org
21 Die Ereignisse bei: Ariel Scharon (with David Chanoff): Warrior. An Autobiography. New York 2001, S. 83 ff.; Und: Journal of Palestine Studies, Vol. XXXI, Nr. 4, Sommer 2002, S. 80 ff.
22 Yehuda Lukacs: The Israeli-Palestinian Conflict. New York 1991, S. 434
23 Amira Hass: Gaza. München 2003, S. 60. Die Zahlen laut Statistiken der israelisch-palästinensischen Vereinigung »Ärzte für Menschenrechte«, der Organisation B'Tselem sowie Unterlagen der UNRWA.
24 Amira Hass: Gaza, S. 368
25 Robert Malley: Camp David. The Tragedy of Errors. In: The New York Review of Books, Vol. 48, Nr. 13, 9.8.2001
26 Raid Sabbah: Der Tod ist ein Geschenk. München 2002
27 Khaled Hroub: Hamas after Shaykh Yassin and Rantisi. In: Journal of Palestine Studies Vol. XXXIII, Nr. 4, Sommer 2004, S. 21 ff.
28 Stephan Rosiny: Ein Bruderkampf am Rand des Abgrunds. In: Neue Zürcher Zeitung vom 19.6.2007, S. 46
29 Ramzy Baroud: Behind the Fatah-Hamas Confrontation. Gaza. Chaos foretold. In: Le Monde Diplomatique, July 2007, Englische Internetausgabe
30 Alain Gresh: Behind the Fatah-Hamas Confrontation. Palestine wrecked. In: Le Monde Diplomatique, Juli 2007, Englische Internetausgabe
31 Alvaro de Soto: End of Mission Report. – Under-Secretary General – United Nations Special Coordinator for the Middle East Peace Process and Personal Representative of the Secretary General to the Palestine Liberation Organisation and the Palestinian Authority – Envoy to the Quartet. May 2007. Veröffentlicht im Guardian am 13.6.2007
32 David Grossman: Albtraum ohne Erwachen. SZ vom 30.1.2006, S. 11
33 Volker Perthes: Der Weg führt über Jerusalem. In: SZ vom 2.1.2009, S.2
34 Amira Hass: Westbank and Gaza, Fatah and Hamas – Palestinians. Devided we Fall. In Le Monde Diplomatique, Oktober 2008, Englische Internetausgabe

In den Trümmern einer Hoffnung

1 Gideon Levy: Les Points Faibles d'Israel. In: Une Occupation Civile, S. 170
2 Shlomo Sand: Comment le peuple juif fut inventé. Paris 2008
3 Avraham Burg: Vaincre Hitler. Paris 2007
4 Tanya Reinhart: Israel/Palestine, S. 17
5 Amira Hass: Gaza, S. 388 f.
6 Tanya Reinhart: Israel/Palestine. Hier besonders das Kapitel Arafat's Security Record, S. 181 ff. Dort heißt es auf S. 183, dass der Direktor des israelischen Inlandsgeheimdienstes Shin Bet Arafat dafür gedankt habe, terroristische Anschläge verhindert zu haben.
7 Taher Masri im Interview mit Newsweek, Dezember 2001. Zitiert nach: Tanya Reinhart, S. 117
8 Amira Hass: Gaza, S. 384
9 Zitiert nach Deutschlandfunk: Kein Friede im Heiligen Land. Reihe Hintergrund, 15.12.08
10 Edward W. Said: The Campaign against »Islamic Terror«. In: Edward W. Said: The End of the Peace Process. New York 2001, S. 45 f.
11 Richard Falk: Slouching toward a Palestinian Holocaust. The International Foundation for Peace and Research, 29.6.2007
12 Henryk M. Broder: Nachwort. In: Hannah Arendt: Die Krise des Zionismus, S. 228

Ende eines Mythos – Beginn einer Umkehr?

1 Uri Avnery: Die Armee hat einen Staat. In: Uri Avnery: Ein Leben für den Frieden. Heidelberg 2003, S. 99 ff. Avnery schreibt etwa, dass in Israel der Wechsel im Amt des Generalstabschefs wichtiger sei als der Wechsel im Amt des Staatspräsidenten. Und: »Die Armee hält die Peitsche in den Händen, die kein Politiker zu ignorieren wagt.«, S. 101
2 Shlomo Sand: Comment le peuple juif fut inventé. Aufsatz in: Le Monde Diplomatique, Englische Internetausgabe, September 2008
3 Shlomo Sand in der englischen Internetausgabe von Le Monde Diplomatique, September 2008
4 Ebda., S. 426
5 Shlomo Sand: Comment le peuple juive fut inventé, S. 431
6 Avraham Burg: Vaincre Hitler, S. 52
7 Ebda., S. 129
8 Ebda., S. 130
9 Avraham Burg: Vaincre Hitler, S. 246 u. 250

Nachwort

1 DIME steht für Dense Inert Metal Explosives. Fachleute erklären das hochkomplizierte Geschoss in etwa so: DIME-Granaten entwickeln innerhalb eines relativ kleinen Umkreises einen ungewöhnlich hohen Druck. Durch diesen

Druck werden hoch erhitzte Kleinstmetallteile in Schrapnellform, angereichert mit einer pulverisierten feuerbeständigen Wolfram-Beimischung, freigesetzt, welche das Immunsystem beschädigen, schnell Krebs erzeugen können und die DNA angreifen.

2 Thorsten Schmitz: Israels Irrglaube. In: SZ vom 29.12.2008, S.4

3 Avi Shlaim: How Israel brought Gaza to the Brink of Humanitarian Catastrophe, In: The Guardian, 7.1.2009

4 David Rose: More Empty Denials on Gaza. In: Vanity Fair, März 2008, http://www.vanityfair.com/online/daily/2008/03/david-rose-more.html

5 Mouin Rabbani: Birth Pangs of a New Palestine. In: Middle East Report Online (www.merip.org) 7.1.2009. Die Angaben des Autors beruhen auf einer Studie des Intelligence and Terrorism Information Center beim Israel Heritage and Commemoration Center. Eine weitere Quelle ist das Israelische Konsulat in Washington.

6 Mouin Rabbani, wie Anmerkung 5. Sowie: Patrick Seale: Israel's Insane War in Gaza. Al-Hayat, Englische Internetausgabe, 2.1.2009

7 Diese Angabe stammt ebenfalls aus den in Fußnote 5 genannten Berichten.

8 Patrick Schwarz: »Das Töten ist nicht der moralische Kern.« Interview mit Professor Asa Kasher. In: Die Zeit, 15.1.2009, S. 4

9 Avraham Burg in einem Interview am 16.1.2009 in »Radio Netherlands Worldwide«. Interviewerin war die Journalistin Abir Sarras, im Sommer 2008 am Flughafen Ben Gurion von Israel ausgewiesen. www.radionetherlands.nl/currentaffairs/region/middleeast/090116-Israel-Burg-mc

10 Patrick Seale, The Battle for Legitimacy, Al-Hayat, 16.1.2009. Englische Internetausgabe. Und: Avi Shlaim: How Israel brought Gaza to the Brink of Humanitarian Catastrophe. In: The Guardian, 7.1.2009

11 Patrick Seale: The Battle for Legitimacy, Al Hayat 16.1.2009

Literaturverzeichnis

Arendt, Hannah: Die Krise des Zionismus. Neuausgabe. Berlin 1989

Avnery, Uri: Ein Leben für den Frieden. Klartexte über Israel und Palästina. Heidelberg 2003

Baron, Xavier: Les Palestiniens, un peuple. Paris 1984

Birnbaum, Nathan: Die jüdische Moderne. Frühe zionistische Schriften. Neuausgabe. Augsburg 1989

Boussois, Sebastian: Israël confronté a son passé. Paris 2007

Brenner, Lenni: The Iron Wall. Zionist Revisionism from Jabotinsky to Shamir. London 1984

Brenner, Lenni: Zionism in the Age of Dictators. Beckenham/Kent 1983

Burg, Avraham: Vaincre Hitler. Pour un judaisme plus humaniste et universaliste. Paris 2007

Burg, Avraham: The Holocaust is over. We Must Rise from its Ashes. New York 2008

Carter, Jimmy: Palestine – Peace, not Apartheid. New York 2006
Cattan, Henry: Palestine and International Law. The Legal Aspects of the Arab-Israeli Conflict. London 1973
Dolphin, Ray : The Westbank Wall. Unmaking Palestine. London 2006
Hass, Amira: Gaza. Tage und Nächte in einem besetzten Land. München 2003
Herzl, Theodor: Briefe und Tagebücher. Zionistisches Tagebuch 1895–1899. Berlin 1983
Herzl, Theodor: Der Judenstaat. Versuch einer modernen Lösung der Judenfrage. Wien 1896
Hirst, David: The Gun and the Olive Branch. The Roots of Violence in the Middle East. London 1984
Hundred Years of Palestinian History. A 20th Century Chronology. Hg: Palestinian Academic Society for the Study of International Affairs. Jerusalem 2001
Khalidi, Rashid: The Iron Cage. The Story of the Palestinian Struggle for Statehood. Oxford 2006
Keshet, Yehudit Kirstein: Checkpoint Watch. Testimonies from Occupied Palestine. London 2006
Kimmerling, Baruch: Politicide. The Real legacy of Ariel Sharon. London 2003
Kimmerling, Baruch u. Migdal, Joel S.: The Palestinian People. A History. Camebridge, Massachusetts 2003
Laqueur, Walter: Der Weg zum Staat Israel. Geschichte des Zionismus. Wien 1972
Laurens, Henry: La question de Palestine. Drei Bände, Paris 2002. (Hier zitiert Band 2: Une mission sacré de civilisation)
Lewis, Bernard: Semites and Antisemites. London 1986
Lukacs,Yehuda: The Israeli-Palestinian Conflict. A Documentary Record 1967–1990, New York 1991
Lustik, Ian S.: For the Land and the Lord. The Emergence of Jewish Fundamentalism in Historical Perspective. Council on Foreign Relations. Washington 1988
McLaughlin, Lesley: Ibn Saud – Founder of a Kingdom. London 1993
Morris, Benny: The Birth of the Palestinian Refugee Problem. Cambridge 1987, 1999, Revisted 2004
Morris, Benny: 1948 and after. Israel and the Palestinians. Oxford/New York 1990
Neff, Donald: Fallen Pillars. U.S. Policy towards Palestine and Israel since 1945. (Hg.) Institute for Palestine Studies. Beirut 1995
Palestine Documents. Hg. Zafarul Islamkhan. New Delhi 1998
Pappé, Ilan: The Ethnic Cleansing of Palestine. Oxford 2006
Pappé, Ilan: A History of Modern Palestine. One Land, two Peoples. Cambridge 2004
Pappé, Ilan (Hg.): The Israel/Palestine Question. Rewriting History. London 1999
Pappé, Ilan: The Making of zhe Arab-Israeli Conflict 1947–1961. London 1994
Peretz, Don: The Arab-Israeli Dispute. New York 1996
Reinhart, Tanya: Israel/Palestine. How to End the War of 1948. New York 2002
Ritter, Jürgen u. Lapp, Peter Joachim: Die Grenze. Ein deutsches Bauwerk. Berlin 2006

Sabbah, Raid: Der Tod ist ein Geschenk. Die Geschichte eines Selbstmordattentäters. München 2002

Said, Edward W.: The End of the Peace Process. Oslo and after. New York 2000

Said, Edward W.: The Politics of Disposession. The Struggle for Palestinian Self-Determination 1969–1994. London 1995

Sand, Shlomo: Comment le peuple juif fut inventé. Paris 2008

Sand, Shlomo: Les mots et la terre. Les intellectuels en Israel. Paris 2006

Segev, Tom: One Palestine Complete. Jews and Arabs under the British Mandate. London 2000

Shahak, Israel u. Mezvinsky, Norton: Jewish Fundamentalism in Israel. London 2004

Sharon, Ariel: Warrior. An Autobiographie. New York 2001

Shlaim, Avi: The Iron Wall. Israel and the Arab World. London 2000

Shlaim, Avi: The Politics of Partition. King Abdullah, the Zionists and Palestine 1921–1951. Oxford/New York 1988

Sizer, Stephan: Christian Zionism – Roadmap to Armageddon? Leicester 2004

Sontheimer, Kurt: Hannah Arendt – Der Weg einer großen Denkerin. München 2006

Swedenburg, Ted: The Role of the Palestinian Peasantry in the Great Revolt 1936–1939. In: Pappé, Ilan (Hg.): The Israel/Palestine Question. London 1999

Tuchman, Barbara: Bible and Sword. How the British Came to Palestine. New York 1956

Tuchman, Barbara: March of Folly. From Troy to Vietnam. New York 1984

Vidal, Dominique: Comment Israël expulsa les Palestiniens, (1947–1949) Paris 2007

Warschawski, Michael: Mit Höllentempo. Die Krise der israelischen Gesellschaft. Hamburg 2003

Weizman, Eyal u. Segal, Rafi (Hg.): Une Occupation Civile. La Politique de l'architecture Israélienne. Besançon, Paris, Tel Aviv 2003

Yahya, Adel: The Palestinian Refugees 1949–1998. An Oral History. Hg. The Palestinian Association for Cultural Exchange, Ramallah 1999

Zertal, Idith u. Eldar, Akiva: Lords of the Land. The War over Israel's Settlements in the Occupied Territories 1967–2007. New York 2007

Zeittafel

1798	Napoleon landet in Ägypten. Er fordert die Juden des Orients auf, das alte Jerusalem wiederherzustellen.
1836	Der britische Lord Shaftesbury schreibt einen Artikel, in dem er die Rückkehr der Juden nach Palästina anregt.
1881	Antijüdische Pogrome in Odessa.
1893	Nathan Birnbaum veröffentlicht seine Schrift »Die nationale Wiedergeburt des jüdischen Volkes in seinem Lande als Mittel zur Lösung der Judenfrage. Ein Appell an die Guten und Edlen aller Nationen.«
1894	Prozess in Paris gegen den jüdischen Hauptmann Alfred Dreyfus wegen angeblichen Hochverrats.
1896	Theodor Herzl veröffentlicht seine Programmschrift »Der Judenstaat«.
1896	Der Osmanische Sultan erklärt gegenüber einem Vertrauten Theodor Herzls, es werde »keine Vivisection« seines Reiches geben, womit er der Idee einer Abspaltung Palästinas entgegentritt.
1897	Erster Zionistischer Kongress in Basel. Theodor Herzl sagt später: »In Basel habe ich den Judenstaat gegründet.«
1897	Deutsche Rabbiner vertreten die Ansicht, in Palästina einen jüdischen Staat zu gründen, widerspreche der messianischen Verheißung des Judentums.
1898	Kaiser Wilhelm II. besucht den Orient und trifft zwei Mal auf Theodor Herzl. Es gebe »gewisse Elemente« unter den Juden, sagt der Kaiser, die in Palästina unterzubringen nützlich wäre.
1903	Antijüdisches Pogrom von Kishinjew (heute Moldawien). Fast 50 Juden sterben, etwa 92 werden verletzt.
1903	Erste jüdische Einwanderungswelle nach Palästina (Aliya). Etwa 35 000 Menschen erreichen Palästina.
1914	Zweite Aliya. Etwa 40 000 Juden wandern nach Palästina ein.
1917	Der britische Außenminister Lord Arthur Balfour verspricht den Juden die Gründung einer »Heimstatt« in Palästina.
1920	Großbritannien erhält vom neu gegründeten Völkerbund das »Mandat« über Palästina, Frankreich über Syrien und den Libanon.
1920	Gewaltsame Auseinandersetzungen zwischen Arabern und Juden in Jerusalem; arabische Proteste gegen die zionistische Einwanderung.
1920	Wladimir Jabotinsky und andere zionistische Führer gründen die militärische Organisation Haganah (Verteidigung).
1920	Auf der Konferenz von Kairo plant Winston Churchill die Gründung Jordaniens. Das Königreich soll ein »Pufferstaat« zwischen der Arabischen Halbinsel und der jüdischen »Heimstatt« in Palästina sein.
1923	Wladimir Jabotinsky veröffentlicht seinen Essay »Die Eiserne Mauer« und gründet in der lettischen Hauptstadt Riga die zionistische Jugendbewegung Betar. Diese setzt sich für einen jüdischen Staat beiderseits des Jordan ein.
1923	Dritte Aliya. Etwa 40 000 Juden wandern nach Palästina ein.

1929 Vierte Aliya. 82 000 Juden kommen nach Palästina.

1929 In Hebron werden 67 Juden von militanten Palästinensern ermordet. Viele Juden werden aber auch von palästinensischen Einwohnern Hebrons vor ihren Peinigern gerettet.

1931 Gründung der Irgun Zvei Leumi (Nationale Verteidigungsorganisation). Diese Untergrundbewegung setzt sich für einen jüdischen Staat zwischen Nil und Euphrat ein.

1936 Die britische Mandatsmacht evakuiert die in Hebron lebenden Juden, weil sie weitere arabische Pogrome vermeiden will. (1967 kehren die ersten Juden nach Hebron zurück.)

1939 Fünfte Aliya. Etwa 250 000 Juden kommen nach Palästina.

1936–39 Großer Arabischer Aufstand gegen die britische Mandatsmacht und gegen die jüdische Einwanderung (erste Intifada). Nach dem Münchner Abkommen zwischen dem britischen Premier Chamberlain und Hitler schickt Großbritannien zusätzliche militärische Kräfte nach Palästina. Der arabische Aufstand wird niedergeschlagen, die Kirkuk-Haifa-Pipeline gesichert.

1942 Wannseekonferenz. Die Nationalsozialisten beschließen die »Endlösung der Judenfrage«, womit die systematische Vernichtung aller europäischen Juden gemeint ist.

1942 Eine Konferenz zionistischer Delegierter beschließt in New York eine beschleunigte Einwanderung von Juden nach Palästina.

1946 Der Theologe Reinhold Niebuhr erklärt in den USA, die Lage der Juden in Deutschland und die restriktive amerikanische Einwanderungspolitik machten eine massive Einwanderung der Juden nach Palästina notwendig.

1946 Jüdischer Anschlag unter Leitung Menachem Begins auf das King David Hotel in Jerusalem, den Sitz der britischen Mandatsverwaltung.

1947 Die UNO-Generalversammlung teilt Palästina in einen jüdischen und einen palästinensischen Staat.

1948 Jüdisches Massaker unter Leitung Menachem Begins an den Einwohnern des Dorfes Deir Yassin bei Jerusalem.

Am 14. Mai ruft David Ben Gurion den Staat Israel aus. Angriff arabischer Truppen auf den neuen Staat. Im Verlauf der Kämpfe werden arabische Gebiete besetzt, etwa 750 000 Palästinenser vertrieben. Die Palästinenser bezeichnen ihre Niederlage und den Verlust ihres Landes als Nakba, als nationale Katastrophe.

1948 Am 17. September wird der UNO-Vermittler Graf Bernadotte von jüdischen Extremisten ermordet.

In ihrer Resolution Nr. 194 beschließt die UNO-Generalversammlung am 11. Dezember 1948, dass jenen palästinensischen Flüchtlingen, die dies wünschten, die Rückkehr in ihre Heimat ermöglicht werden solle.

1949 Ende des ersten Nahostkrieges. Israel erobert einen Teil des den Palästinensern im UNO-Teilungsplan zugesprochenen Territoriums. Den Palästinensern bleiben etwa 23 Prozent ihres Landes, das aber von Jordanien besetzt bleibt.

1949 Die UNO gründet ein spezielles Hilfswerk für palästinensische Flüchtlinge, die United Nations Relief and Work Agency (UNRWA).

1950 König Abdallah I. von Jordanien annektiert einen Teil jenes Gebietes, das der UNO-Teilungsbeschluss 1947 für einen palästinensischen Staat vorgesehen hatte. Das Westjordanland und Ost-Jerusalem werden Teil Jordaniens.

1953 Bei einem Vergeltungsschlag gegen arabische »Terroristen« tötet ein israelisches Kommando unter Ariel Scharon in dem arabischen Dorf Qibia 69 Palästinenser.

1956 Der ägyptische Präsident Gamal Abdel Nasser verstaatlicht den Suezkanal. Israel, Großbritannien und Frankreich greifen Ägypten an, müssen sich aber nach einer diplomatischen Intervention von US-Präsident Dwight D. Eisenhower zurückziehen.

1959 Jassir Arafat gründet in Kuwait die Organisation Fatah.

1967 Sechstagekrieg. Israel besiegt in einem Blitzfeldzug die syrische, jordanische und ägyptische Armee und besetzt das Westjordanland, Gaza, den arabischen Teil Jerusalems sowie den Sinai. In ihrer Sicherheitsratsresolution 242 fordert die UNO Israel zur Räumung der besetzten Gebiete auf.

1968 Erste Siedler in Hebron.

1968 Jassir Arafats Fatah übernimmt die Führung der Palästinensischen Befreiungsorganisation (PLO).

1972 Die palästinensische Terrorgruppe »Schwarzer September« überfällt bei den Olympischen Spielen in München die israelische Mannschaft. Elf Israelis und sieben weitere Personen werden getötet.

1973 Yom-Kippur-Krieg. Syrien und Ägypten greifen Israel an, um eine Rückgabe der 1967 eroberten arabischen Gebiete zu erreichen, verlieren militärisch aber.

1974 Jassir Arafat spricht vor der UNO von der Möglichkeit eines Staates in Palästina, der für Juden, Christen und Muslime offen sei.

1974 Offizielle Gründung der Siedlerbewegung Gush Emunim, die ganz Palästina unter jüdische Kontrolle bringen will.

1978/79 Friedensvertrag zwischen Israel und Ägypten von Camp David. Israel muss den Sinai räumen. Den Palästinensern wird Autonomie in Aussicht gestellt. Menachem Begin und der ägyptische Präsident Anwar el-Sadat bekommen den Friedensnobelpreis.

1979 Der israelische Premier Menachem Begin schenkt dem amerikanischen Prediger Jerry Falwell ein Privatflugzeug, damit dieser die Position Israels überall in den USA vertreten kann.

1982 Israelische Truppen unter Verteidigungsminister Ariel Scharon dringen in den Libanon ein. Vertreibung Jassir Arafats und der PLO aus Beirut. Massaker christlicher Falangisten an Palästinensern in den Flüchtlingslagern Sabra und Shatilla unter Duldung israelischer Truppen.

1987 Ausbruch der zweiten Intifada (nach dem Aufstand von 1936).

1987 Gründung der »Islamischen Widerstandsbewegung« (Hamas) in Gaza.

1988 König Hussein von Jordanien stellt das von seinem Vorgänger 1950 annektierte und von Israel 1967 eroberte Westjordanland formell den Palästinensern zur Gründung eines Staates zur Verfügung.

1988 Der in Algier tagende palästinensische Nationalkongress spricht von der Anerkennung Israels.

1989 Mit dem Zusammenbruch des sozialistischen Lagers verliert die PLO einen wichtigen Unterstützer.

1991 Friedenskonferenz von Madrid. Israel wird nach der Räumung der besetzten Gebiete volle Anerkennung der arabischen Welt angeboten.

1992 Im Juni gewinnen Yitzhak Rabin und die Arbeitspartei die Parlamentswahlen. Ende einer 15-jährigen Likud-Regierungsperiode.

1993 9. September: Verträge von Oslo zwischen Palästinensern und Israel. Palästinenser hoffen auf einen eigenen Staat.

1993 13. September: Yitzhak Rabin und Jassir Arafat unterzeichnen in Washington die in Oslo ausgehandelte Grundsatzerklärung.

1994 25. Februar: Baruch Goldstein tötet in Hebron 29 Palästinenser. Im April beginnt Hamas eine Serie von Selbstmordattentaten.

1994 4. Mai: Kairoer Abkommen – Einsetzung einer Palästinensischen Selbstverwaltungsbehörde. Gaza und Jericho werden an die Palästinenser übergeben. Im selben Jahr kehrt Jassir Arafat aus seinem Exil in Tunis nach Gaza zurück.

1994 Jassir Arafat, Shimon Peres und Yitzhak Rabin bekommen den Friedensnobelpreis.

1995 28. September: Yitzhak Rabin, Shimon Peres und Jassir Arafat unterzeichnen in Washington das Interimsabkommen für das Westjordanland und für Gaza, das die Erweiterung des Regierungsbereiches der Palästinensischen Autonomiebehörde beinhaltet. Israel gestattet daraufhin begrenzte Autonomie.

1995 Ermordung des israelischen Premierministers Yitzhak Rabin durch den jüdischen Extremisten Yigal Amir.

1996 Februar/März: Bei Selbstmordattentaten der Hamas werden in Jerusalem 57 israelische Zivilisten getötet.

1996 Am 29. Juni gewinnt der Likud-Vorsitzende Benjamin Netanjahu die israelischen Parlamentswahlen.

1996 Die PLO streicht in Gaza jene Passage aus ihrer Satzung, welche die Vernichtung Israels fordert.

2000 13. Mai: Israel räumt den seit 1978 besetzten Südlibanon.

2000 11.–25. Juli: Verhandlungen in Camp David unter Vermittlung des amerikanischen Präsidenten Bill Clinton über die Schaffung eines palästinensischen Staates. Palästinenser und Israelis erzielen keine Einigung.

2000 28. September: Demonstrativer Besuch Ariel Scharons in Jerusalem auf dem Tempelberg/Haram al-Sherif. Die Palästinenser sehen darin eine Provokation: Ausbruch der dritten Intifada (nach den Aufständen von 1936 und 1987). In den ersten zwei Monaten werden 229 Palästinenser getötet, die meisten von ihnen Zivilisten, 73 davon Jugendliche unter 18 Jahren.

2000	Dezember: Verhandlungen zwischen Israelis und Palästinensern im ägyptischen Taba. Beide Parteien kommen sich näher. Der Wahlsieg Ariel Scharons im Frühjahr 2001 blockiert dann jedoch weitere Gespräche.
2001	22. Juni: 21 Israelis werden bei einem Selbstmordattentat der Hamas in Tel Aviv getötet.
2002	März: Auf der arabischen Gipfelkonferenz von Beirut bietet der damalige saudische Kronprinz Abdallah Israel volle Anerkennung durch die arabischen Staaten gegen Herausgabe der seit 1967 besetzten Gebiete und bei Lösung des Flüchtlingsproblems an.
2002	27. März: Verheerende Selbstmordattentate gegen israelische Bürger in der Stadt Netanja. 29 Israelis sterben. Ministerpräsident Ariel Scharon lässt die im Zuge des Oslo-Prozesses geräumten palästinensischen Gebiete wieder besetzen und ordnet den Bau von Sperranlagen an. Heftige Kämpfe im Flüchtlingslager Dschenin. Zerstörung der seit Oslo errichteten palästinensischen Infrastruktur, besonders in Ramallah.
2002	19. September: Beginn der Belagerung Jassir Arafats in seinem Amtssitz in Ramallah. Anlass: Bei einem Selbstmordattentat auf einen Bus in Tel Aviv waren fünf Israelis getötet worden.
2004	Ermordung von Hamas-Führer Scheich Ahmed Yassin durch einen israelischen Luftangriff.
2004	Jassir Arafat stirbt in Ramallah, wo er seit 2002 unter israelischem Hausarrest steht.
2006	Hamas gewinnt die palästinensischen Parlamentswahlen. Die Fatah kann sich mit der Niederlage nicht abfinden. Die Bildung einer gemeinsamen Regierung scheitert.
2006	Krieg zwischen Israel und der Hisbollah im Libanon.
2007	Nach blutigem Bürgerkrieg zwischen Hamas und Fatah ergreift die Hamas im Gazastreifen die Macht. Das Westjordanland bleibt unter Fatah-Kontrolle.
2007	US-Präsident George W. Bush versucht in Annapolis vergeblich einen Prozess in Gang zu bringen, der binnen eines Jahres zu einem Friedensabkommen zwischen Israelis und Palästinensern führen soll.
2008	November: Israel tötet sechs Hamas-Mitglieder, die, nach israelischen Angaben, versucht haben sollen, israelische Soldaten anzugreifen. Hamas schießt Raketen auf Städte in Südisrael. Israel belegt den Gazastreifen mit einer Blockade, die auch Hilfsgüter betrifft.
2008	27. Dezember: Israel beginnt ein mehrtägiges Bombardement des Gazastreifens, gefolgt von einer Bodenoffensive.
2009	20. Januar: Abzug der israelischen Truppen aus Gaza. Das Gebiet ist schwer zerstört.

Personenregister

Angaben zum Autor

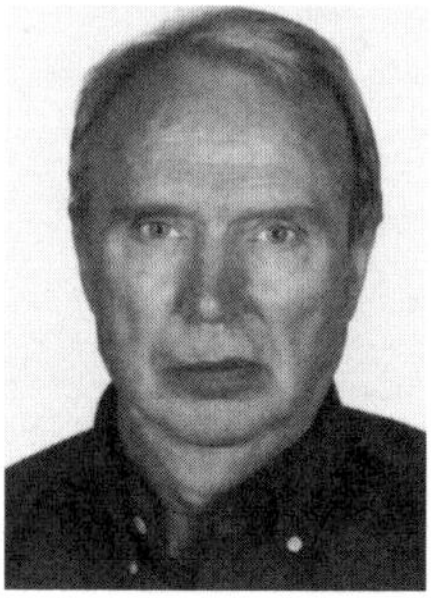

Heiko Flottau

Jahrgang 1939; Studium der Geschichte, Politik und Anglistik in Göttingen und Saarbrücken; 1969–1970 Journalistenstipendium in den USA; 1970–1975 Medienredakteur der *Süddeutschen Zeitung;* 1975–1978 SZ-Korrespondent in Frankfurt a.M., 1978–1985 in Belgrad, 1985–1992 und 1996–2004 in Kairo, dazwischen von 1992–1996 in Warschau; in Belgrad und Kairo auch als Korrespondent für die *Basler Zeitung* tätig; lebt als freier Journalist in Kairo.

Zahlreiche Veröffentlichungen, darunter: »Die Bande der Clans – Die Arabische Welt besser verstehen«, Freiburg 1992; »Vom Nil bis zum Hindukush – Der Nahe Osten und die neue Weltordnung«, München 2004 (2006 auf Arabisch).